高校档案事业
健康发展
探索与实践

主　编：周　彤
副主编：姜素兰　谢永宪　王　岩

中国出版集团有限公司
研究出版社

图书在版编目（CIP）数据

高校档案事业健康发展探索与实践 / 周彤主编. --北京：研究出版社，2023.12
ISBN 978-7-5199-1615-2

Ⅰ.①高… Ⅱ.①周… Ⅲ.①高等学校-档案事业-研究 Ⅳ.①G647.24

中国国家版本馆 CIP 数据核字（2024）第 005842 号

出 品 人：赵卜慧
出版统筹：丁　波
责任编辑：张立明

高校档案事业健康发展探索与实践
GAOXIAO DANGAN SHIYE JIANKANG FAZHAN TANSUO YU SHIJIAN

研究出版社 出版发行

（100006　北京市东城区灯市口大街 100 号华腾商务楼）
北京中科印刷有限公司印刷　　新华书店经销
2024 年 2 月第 1 版　　2024 年 2 月第 1 次印刷
开本：710 毫米×1000 毫米　1/16　印张：22
字数：347 千字
ISBN 978-7-5199-1615-2　定价：98.00 元
电话：（010）64217619　64217652（发行部）

版权所有·侵权必究
凡购买本社图书，如有印装质量问题，我社负责调换。

序

历史无声、档案有痕。档案，承载着历史、记录着发展、见证了改革、捕捉了变迁。它是传承历史、服务现实、放眼未来的重要载体，是文物，也是党和国家的宝贵财富。档案工作是维护党和国家历史真实面貌、保障人民群众根本利益的重要事业。

2021年7月6日，在党的百年华诞之际，习近平总书记专门作出重要批示，指出档案工作存史资政育人，是一项利国利民、惠及千秋万代的崇高事业，并提出了"四个好""两个服务"的目标要求，为做好新时代档案工作指明了方向。中央办公厅、国务院办公厅印发《"十四五"全国档案事业发展规划》，使档案事业发展上升为国家战略，擘画了未来五年档案事业发展宏伟蓝图，为档案事业高质量发展提供了行动指南。

高校档案人闻令而动、积极响应，以做好档案对学校工作和社会发展的基础性、支撑性工作为己任，以档案事业高质量、健康发展为目标，深入学习贯彻习近平总书记重要指示精神，精细研读"十四五"档案事业发展规划提出的各项任务，逐项对标，潜心思考，倾力研究、大胆实践，取得了一些初步的成果，总结了一些经验和体会，并适时记录下来，凝练为文。

本书收录了北京联合大学档案工作者、硕士生导师指导学生和北京市高等教育学会档案研究分会进行探索和实践的部分成果，内容涉及红色档案资源的开发利用、档案信息化和数字档案馆建设、电子档案单轨制管理研究、专题档案管理和利用研究、档案和校史的文化建设等多个方面。这些研究成果是高校档案人沿着新发展规划前行的印记，是展现"兰台人"兢兢业业、守正创新、担当作为精神的侧记。也许，它们还不够成熟，还需要完善，但一定能给你些启示，使你产生灵感的火花，推动你去思考、去探索、去研究和实践，进而为档案事业创新、健康发展贡献一份力量。

2023年6月

目录

一 档案工作者探索与实践成果

基于红色文化史料挖掘的口述档案采集与整理研究 …… 周 彤 / 3

红色档案资源助推高校党史学习教育策略探析 ……… 李 娜 / 8

北京市属高校数字档案馆建设的困境与对策
　　………………………………………… 赵 玺 王 佳 / 14

档案学专业学位硕士研究生实践能力提升探究
　　——以北京联合大学为例 ………………… 陈 锦 / 21

新《档案法》背景下北京红色档案文化管理探讨
　　………………………………………………… 苑焕乔 / 27

"互联网+"视域下高校学生档案信息化建设助力育人
　　路径探究 ………………………………… 王 佳 赵 玺 / 34

高校档案编研的育人价值思考 ………… 王 岩 张 宇 / 40

北京市残疾人高等继续教育20年历史沿革与未来
　　展望 ………………………………………… 麻一青 / 46

基于智慧校园建设的高校科研档案管理研究 ……… 张树蕊 / 55

1

地方性高校档案对外服务接诉即办工作实践与

  思考………………………………………夏木美／62

高校校办企业体制改革历史中内部控制建设的探

  究与实践……………………石　乐　许　静／70

校史馆布展推动高校校史文化传承作用研究…………张　宇／75

二　档案学专业导师指导学生思考与研究成果

基于文本分析的各省"十四五"档案事业发展

  规划对比……………………王　欣　王巧玲／85

红色档案资源的开发利用研究……吕咏蔚　周　青　姜素兰／97

基于用户需求的高校档案馆信息服务

  研究…………………………谢　晴　沈　蕾／105

面向信息服务的高校电子档案单轨制管理

  研究…………………………苏　丹　谢永宪／115

新时代下人物档案多重意义研究…………周　青　姜素兰／123

国内公共文化服务的档案资源整合

  研究综述……………………吴金燕　房小可／131

数字档案馆规划阐述………………许正泓　沈　蕾／138

人物档案分类与信息服务需求
　　研究……………………周　青　吕咏蔚　姜素兰 / 146
后保管模式下高校校友档案开发模式
　　创新……………………………翟佳璇　金　畅 / 157
数智时代高校档案管理信息化转型的 swot
　　分析及对策研究………………王　悦　姜素兰 / 164
基于 TAM 模型的铁路工程建设数字档案馆用户
　　接受行为研究……金　畅　赵　楠　江若飞　王韵哲 / 171
新形态下口述红色档案的价值实现
　　路径研究………………………吕咏蔚　姜素兰 / 178
北京市档案事业发展规划历程探析
　　——"十五"至"十四五"时期……刘胜男　王巧玲 / 183
基建类电子文件材料归档研究……………金美罗　谢永宪 / 191
基于 SERVQUAL 模型的档案馆公共文化服务
　　质量研究………………………朱明明　房小可 / 198
科技名人档案现代展示技术研究…………周　青　姜素兰 / 211
大数据时代高校人事档案信息化管理
　　研究……………………………吕　洁　张　敏 / 219

三　北京高教学会档案研究分会 2020 课题研究成果

高校档案工作功能定位影响因素分析……陈　军　谢巍弘　费建梅 / 229

区域协同背景下名人档案管理的对策探析………周　青　姜素兰 / 235

规范决策档案管理　赋能学校决策活动………………赵宪珍 / 241

档案管理资源多元化对高校电子档案"双轨制"单轨化进程的

　　影响分析………徐彦红　刘江霞　耿　硕　黄少卿 / 246

数字人文背景下高校红色档案资源建设的思考…曹亚红　范泽龙 / 262

新形势下高校档案工作人才培养与队伍

　　建设探究………安贺意　邓丽娜　修孟茜　申　莉 / 269

档案服务隐形化之初探

　　——以北京理工大学自助打印办理业务为例…………岳　鹏 / 275

档案在高校文化建设中的作用及其实现途径研究………王玉江 / 283

高校口述档案资源建设探析………………………………朱　笛 / 288

高校数字档案资源建设问题探析………梁全英　马俊云　龙　瑶 / 298

浅析高校扶贫档案的思想政治教育价值及其

　　实现路径……………………………………朱　彤　王淑阁 / 304

大数据时代学生成绩档案数据可信化管理探析

　　——以华北科技学院为例…………………………付小伟 / 310

"双奥之城"背景下奥运档案的管理、开发利用与价值传承研究
　　——以首都体育学院(北京国际奥林匹克学院)为例
　　………………………… 王　雁　王小伟　姜素兰 / 316

欧洲电子档案信息生态链模型及其启示
　　——以瑞典国家档案馆为例……………………… 郭　鹏 / 324

高校校史文化的功能定位及其实现
　　研究………………………… 佟　杰　张露　赵一娜 / 334

后　记……………………………………………………………… 342

一
档案工作者探索与实践成果

基于红色文化史料挖掘的口述档案采集与整理研究[*]

周 彤

摘 要：本文以"记忆建构"和"口述红色档案采集整理流程研究"为切入点，采用了文献调研、调查访谈、经验总结、理论构建四种研究方法，以现有口述红色档案相关的理论实践研究以及自身参与的"抗美援朝老战士口述档案采集"项目为依据，设计出一套较为科学规范的口述红色档案采集整理流程，对如何更好地开展口述红色档案采集整理工作提出了相应的建议。

关键词：口述档案；红色文化；采集整理

红色在中华文化中具有多重含义，它代表着权威、勇气、喜庆、美丽、革命。红色文化不是简单地将红色和文化二者相叠加，在不同领域具有不同的定义。本文研究的红色文化特指广大人民群众在中国共产党领导下，在实现中华民族的解放与自由的历史进程中和新中国社会主义三大改造时期，整合、重组、吸收、优化古今中外的先进文化成果基础上，以马克思列宁主义的科学理论为指导而生成的革命文化。[1]发掘和利用好红色文化独特的价值功能，既是红色文化传承的促进，又能为铸魂育人注入强大的精神动力。本文从红色文化保护的角度出发，阐述口述采集亲历者历史的采集和整理实践。

一、研究背景及意义

中国的红色文化有其自身形成、发展、积淀和创新的演进历程，包括

---

[*] 本文系2021年度北京市档案局科研项目"基于红色文化保护的口述档案采集与整理研究（2021-14）"研究成果。

周彤（1968— ），女，江苏常州人，北京联合大学副校长，副研究员，主要研究方向为教育管理与档案文化。

在中国共产党领导下进行的新民主主义革命、社会主义革命和建设、建设中国特色社会主义等各个历史时期。它具体体现在人、物、事、魂几个方面，是爱国主义，是集体主义，是舍生忘死的英雄主义，曾经激励了一代又一代中华儿女去拼搏奋斗。随着时间的推移，那些光辉历史的亲历者相继离世，健在者因年事渐高而记忆日渐模糊。他们保存的物、经历的事、展现的魂也会因之日渐散失、被淡忘。

2021年是中国共产党成立一百周年，党在百年的发展过程中产生了大量红色档案。在这些红色档案中，口述红色档案因其形成主体为事件亲历者或知情者，更为真实而尤为珍贵。习近平总书记在2021年2月20日的党史学习教育动员大会中的重要讲话，国家档案局在《全国档案事业发展"十三五"规划纲要》提出"鼓励开展口述历史档案、国家记忆和城市（乡村）记忆工程、非物质文化遗产建档等工作"。这些都表明，口述红色档案的采集和整理不仅充实了红色档案的种类和数量，保护了红色文化，也为红色档案的开发利用提供了源泉，传承了红色文化，为讲好党的故事，传承红色基因提供了重要素材。

"口述历史"，是指作为一种史学方法来定义时可以解释为是运用相关方法，是口述内容的一种记载形式，为史学的研究方法或研究项目。"口述史料"，特指其为史料学中存在形式的一个类别，为史料学角度采集留存下来的口述成果。"口述档案"，国际档案理事会的《档案术语词典》认为：口述档案是为了研究利用或者充实馆藏的需要而对相关人员所进行的有针对性或者有目的性的访谈所搜集的口述资料，而这些口述资料往往包括了口述过程中采集的音视频文件以及采访过程中的手写记录以及音视频文件所转化成的文字稿等。[1] 刘耿生（2010）提出：口述档案是通过人的口头、记忆等传播手段转化为可保存在书面形式的档案。[2] 从本质上来说，"口述档案""口述历史""口述史料"之间实质相同，区别不大，可以通用。

目前国内外对口述红色档案采集和整理的研究主要集中在采集上，而且多为档案馆、档案局对当地或少数民族口述档案的录音录像拍摄等方面的采集，对象单一，内容简单，方法一般。本文把研究线路从采集延伸到整理，包括访谈（包括录音、录像）、音视频转录（文字）、资料数字化、资料归档和数据库建设等程序，为口述红色档案的保护和开发做好了铺垫，更有利于红色文化的保护。本研究成果将为口述档案、红色档案资源建设提供新的理论指导和实践方案，为我国红色文化的保护、传承和开发利用提供系统性的建设思路和参考咨询，带来的学术、社会和经济效益将是非常客观的。

二、研究对象和方法

本文以基于红色文化保护的口述档案采集与整理研究为研究对象。具体以中国共产党百年华诞为背景，研究口述红色档案采集和整理的理论和实践，总结出一套科学合理的理论体系，构建出一套行之有效的实践体系，为红色文化保护提供借鉴和参考。遵循"现实背景需求分析—研究问题发现—理论与实践研究—理论体系和实践体系构建"的思路进行研究。通过文献研究法、调查访谈法、理论构建法、经验总结法等进行研究。针对红色文化保护的呼声和需求，在深入研究现有口述红色档案采集和整理的理论、充分调研现有口述红色档案采集和整理的案例的基础上，构建一套理论体系和实践体系，填补空白点。这是一个全新的具有一定开拓性的课题。深入剖析口述红色档案采集和整理对口述档案、红色档案以及红色文化的价值，将红色文化保护贯穿于口述红色档案采集和整理的理论体系和实践体系构建全过程。

研究重点是总结出基于红色文化保护的口述红色档案采集和整理的一套科学合理的理论体系。主要是将历史学、档案学、社会学、信息学等学科的理论进行科学有机糅合；构建出基于红色文化保护的口述红色档案采集和整理的一套行之有效的实践体系。主要是对已有相关案例进行条分缕析，归纳总结。研究难点是口述材料采集和整理一系列流程的精心设计和严格把控；在构建基于红色文化保护的口述红色档案采集和整理的理论体系和实践体系的过程中，将红色文化保护这一目的贯穿始终。

三、研究结论和创新点

（一）研究视角的创新

通过实践论证并进一步提升对理论的理解，通过对口述红色档案采集整理流程的研究，一方面是对现有《口述史料采集与整理标准》的应用与落实，体现了理论标准对实践工作的指导作用，另一方面通过在实际项目执行过程中出现的问题也是对现有标准的论证与反馈，通过理论实际相结合的形式，进一步补充完善口述红色档案采集整理工作流程中的不足，从而构建更为科学可行的口述红色档案采集整理流程，具有很高的实践价值。

（二）口述工作流程的创新

区别于以往传统的口述档案采集整理流程，本研究中口述红色档案的采集整理工作中新增了"比对印证"环节。在口述红色档案材料整理的过程中，在比对印证环节中口述红色档案经过全面严谨的比对印证大大增强了口述红色档案的可信度，口述红色档案材料方能上升为真正的口述红色档案。

采集后期整理则包含了音视频处理，制作信息采集表、采集内容的转录、转录文字材料校对确认、回访以及比对印证五个环节，其中比对印证是增强口述红色档案可信度的关键，也是论义的创新点之一，主要包含了口述红色档案与传统文献的比对、多维度口述红色档案的比对以及专业机构印证三个方面；采集整理完成即可签订法律确权书并完成归档。

口述红色档案中蕴含的红色基因对于保护红色文化、构建红色记忆、留存红色基因、讲好党的故事具有重要作用，相关的采集研究成果对于红色书籍出版、党史宣传教育、中小学生思想政治学习等都具有深远的意义，通过口述红色档案采集的形式不仅能够弥补现有红色历史档案的不足，还能扩大档案研究的空间和范围。口述红色档案采集整理项目的有效实施是形成口述红色档案的关键，对口述红色档案质量的好坏以及后期的开发利用都具有十分重大的影响，口述红色档案采集整理流程的研究是口述红色档案质量的保障，是保证口述红色档案准确性、真实性、客观性的关键。研究以红色文化保护为目的，设计出科学可行的口述红色档案采集整理具体工作流程，以期能够通过规范采集整理流程进一步推动口述红色档案工作的规范化发展，能为口述红色档案采集整理工作提供实际借鉴，为口述红色档案项目的顺利开展贡献绵薄之力。

参考文献

[1] 雷鲁嘉.我国少数民族口述档案的采集及其保障研究［D］.南京大学，2018.

[2] 黄静.档案工作在中美社会记忆构建中的途径之对比研究［J］.机电兵船档案，2022（4）：28-31.

［3］徐拥军.档案记忆观：社会学与档案学的双向审视［J］.求索，2017（7）：159-166.

［4］王英玮.《口述史料采集与管理规范》内容及存在问题探讨［J］.北京档案，2019（2）：22-27.

［5］继卫.口述档案的采集［J］.档案天地，2020（6）：1.

［6］陈蕾.口述档案采集流程分析［J］.兰台世界，2020（1）：49-51.

红色档案资源助推高校党史学习教育策略探析

李 娜

摘 要：红色档案资源是中国共产党革命历史的原始记录，也是真实的记载，具有无可替代的凭证功能，对还原和学习历史史实具有重要作用。为了有效发挥红色文化资源的潜在优势，高校在开展党史学习教育的过程中，需要对这些资源进行深入研究、充分挖掘、系统归纳和科学运用，并利用红色档案资源丰富党史学习教育的内容，持之以恒推进党史学习教育走深走实，推动党史学习教育常态化长效化。

关键词：红色档案资源；高校档案；党史学习教育

习近平总书记在党史学习教育动员大会讲话中强调，广大党员要学习党史、新中国史、改革开放史、社会主义发展史，用好党的红色资源，做到知史爱党、知史爱国，在学习领悟中坚定理想信念，在奋发有为中践行初心使命。党史学习教育开展以来，高校制定党史学习教育实施方案，将党史学习教育纳入党委理论中心组学习、支部组织生活计划、师生理论学习教育计划。党的创新理论学习面临更高要求，必须将"四史"学习教育和党史档案研究深入结合，必须正确认识党史档案与党员教育培训融合的重要性，必须创新党史学习教育方式方法。本文旨在分析如何充分利用红色档案资源在拓宽党史教育渠道、创新教学形式和宣传手段、调动党员干部学习积极性等方面推陈出新，探索出独具特色的党史教育培训新路径。

一、红色档案资源的重大教育意义

红色档案是指自中国共产党成立以来，在革命、建设和改革发展时期

李娜（1980— ），女，山东潍坊人，北京联合大学直属单位党委办公室综合科科长，讲师，硕士，研究方向为思想政治教育，E-mail: wtlina@buu.edu.cn。

形成的具有研究价值的历史资料,比如工作文件、宣传报刊、理论书籍、影像资料和各类实物等。红色档案资源是党史资料保存、研究、教育的重要阵地,记载了中国共产党100年以来的辉煌成就,蕴含着丰富的历史、文化和信息,是中华民族浴血奋斗的珍贵记忆,是革命传统的根基和红色文化的象征,也是中华民族可持续发展的精神动力和支柱,更是党史学习教育的最好素材。

习近平总书记高度重视红色文化教育,反复强调要把红色资源利用好、把红色传统发扬好、把红色基因传承好。高校在进行党史学习教育的过程中,要借助红色档案资源优势,发动师生紧紧围绕学懂弄通做实党的创新理论,坚持把学习党史与学习新中国史、改革开放史、社会主义发展史结合起来,与庆祝中国共产党成立100周年结合起来,结合工作实际有针对性地开展党史学习教育,大力弘扬爱国主义精神,进一步丰富党员党史学习教育培训内容、深化新时代中国特色社会主义思想的教育意义。

红色档案史料能丰富党史学习教育的情感温度,档案史料翔实生动地将党的浴血奋战的历史以图片、影像、实物和讲述的方式呈现眼前,师生在党史学习教育过程中做到走深走实、入脑入心,能真切地感受到我们党艰难困苦的奋斗历程、求真务实的优良作风、浴血奋战取得的成就和改革发展过程中的经验教训,以此更好地增强师生对党史的政治认同、理论认同、思想认同、情感认同,化为继续奋进的动力和决心。

二、深入挖掘红色档案资源的教育内容

(一)合理利用地缘优势,全方位梳理北京红色文化资源

红色档案和红色文化资源密不可分,北京是中国革命历史的天然博物馆,红色文化资源极其丰富。据统计,北京市红色遗址共有215处,其中革命遗址184处,其他相关遗址遗迹31处。这些红色文化资源丰富多彩,独具特色,有着强大的文化张力和深厚的历史底蕴。时间横跨五四运动、中国共产党成立、大革命、土地革命、抗日战争和解放战争。位于城区的以重要历史事件和历史人物的活动纪念地为主的红色教育基地有90余处,位于郊区的抗日民主根据地纪念园区、游击战争纪念馆和烈士纪念碑等有80余处,既有大家耳熟能详的包括天安门、人民大会堂、人民英雄纪念碑等意义重大的红色地标,也有长辛店红色遗址群、平北革命根据地纪念园、焦

庄户地道战遗址纪念馆等革命历史遗址、遗迹，以及中国共产党历史展览馆、国家历史博物馆、北京市档案馆等，都是著名的革命教育基地。北京丰富的红色文化资源承载着伟大的历史变迁和深厚的文化底蕴，是在历史长河中形成的文化遗产，将这些珍贵的历史宝库融入高校思想政治教育中，需要充分理解和挖掘红色资源所蕴含的时代价值。

（二）把握历史规律，厘清历史脉络

不懂历史的民族没有根，淡忘英雄的民族没有魂。红色档案资源内容广泛，涉及党的建设、军队建设、社会建设、经济建设等多领域内容。首先，选取和提炼这些红色文化资源，既要注意从整体上对革命历史进行全景式的呈现，又要根据本地资源特色，利用档案记载和实地考察，对历史细节展开画龙点睛式的补充和解读，进一步丰富完善中国共产党革命历史的红色谱系。其次，北京市丰富的红色资源体现着革命历史一脉相承的延续性，对它们进行整合运用的过程中既要历时态地把握其发展脉络，厘清历史线索，使红色资源的育人功能得到多维度的延伸和拓展。最后，在深入挖掘红色资源的过程中，从具体的历史时空出发，既要实事求是地还原和揭示史实，也要对本地红色资源的内涵做到提炼和升华，但须注意坚持科学性与价值性、合规性与目的性的统一，避免刻意拔高，使其失真。

（三）拓宽档案征集渠道，做好档案资料的延续

一方面，要抢救性地征集红色档案资源。既要从各社会群体、战争亲历者、革命者后代手中广泛征集红色档案资源，也要组织力量通过采访、拍照、录像等方式采集革命老同志的口述档案，补充丰富红色档案内容。另一方面，着力保护和收集党带领全国各族人民实现从站起来、富起来到强起来的伟大历史进程中形成的各类档案资料，比如脱贫攻坚和抗击新冠疫情等伟大斗争的档案资料，用档案记录和见证这个伟大的新时代。

档案文献是研究党史的重要依据，也是传承历史文化的鲜活素材。配合党史学习教育，公开征集校史中党史相关档案资料和实物，编撰档案年鉴、大事记、专刊专栏，展示一批优秀史料和杰出人物事迹，讲述为党、为国、为校、为师生无私奉献的鲜活生动故事，充分发挥红色档案的资政育人价值。发挥新媒体主渠道作用，将依托多年来研究整理的党史著作和乌史资料库编辑上线，并推出"校史馆里的中国故事""历史上的今天"等文案，推动党史学习教育有声有色、入脑入心。

三、红色档案资源助推党史学习教育的策略

（一）创新红色档案资源教育方式，提升红色档案资源助推党史学习教育的成效

开展党史学习教育以爱党、爱国、爱社会主义、爱人民、爱集体为主线，围绕政治认同、家国情怀、文化素养、宪法法治意识、道德修养等重点优化学习内容，实现红色档案资源与学党史相协调，在深入挖掘其科学内涵、道德意蕴的基础上，充分发挥北京红色文化资源的思政教育教学功能，需要找准红色资源与高校思想政治教育的最佳切入点和着力点，使红色文化真正进课堂、进教材、进头脑。把生动的红色案例与政治理论结合起来，做到"寓理于史、寓理于情"，形成史实与理论充分融合的教育体系。

（二）开展红色教育实践活动，发掘珍贵红色档案背后的教育价值

红色档案资源有着丰富的政治价值、道德价值、文化价值和时代价值，在红色档案资源保护与整合的基础上，在实景、实情、实境中回顾党的光辉历史、重温革命精神，引导党员干部感悟信仰的价值和精神的力量。多形式、多载体地拓展宣传渠道，用好用活红色档案信息资源，讲好档案背后每一个红色故事，更好地推动红色档案事业发展，助力红色文化传承。开展专题研讨、举办读书班、实地参观等活动，采取个人自学、精读细研、领读原文、现场教学、专家辅导等方式，分享党史故事，交流学习体会深入开展党史学习教育，推动党史学习教育走深走实。

（三）创新红色档案资源的表现载体，以高校师生便于接受的形式呈现

北京红色文化资源分布广泛，多数革命遗址、纪念场所具有不可移动和承载力有限的特点，充分利用各种新兴媒介，创建良好的拟态环境，在红色文化的传播过程中将知识性、价值性、娱乐性融为一体，使历史的、抽象的红色文化资源能够转化为具体形象的教育教学资源。通过科技手段创新其表现载体，可以拓宽红色文化资源融入高校党史学习教育的路径，增强红色资源的吸引力和渗透力。比如通过新媒体VR交互、5G实时感触等方式进行线上"云游"参观，或者将"一二·九"运动、卢沟桥事变、"三一八"惨案等历史情境制作成三维动态视景和交互式的虚拟体验系统，

使观者在强烈的情感氛围中强化心理体验，进一步形成深层次的理性认识。高校还应该将红色档案资源融入数字校园的开发建设中，建立和完善包括文献资料、图片、视频、课件等在内的红色文化教育专题资源库。

（四）注重个性化，切实发挥红色档案资源思政教育的作用

将红色文化资源融入艺术类专业课教育，培养有理念信仰、意志品格和专业技能的社会主义接班人和又红又专的红色文化传承人。比如在艺术类专业课程中以舞台剧、歌剧、红歌合唱比赛、纪录片、党史故事会等形式创新红色文化教育方式，用写实、鲜活的创作基调，塑造丰满的、有血有肉的英雄人物，让英雄人物"平民化""接地气"，以贴近人性和时代气息的教育内容，对红色档案史料进行再现和传承，创新红色文化的教育方式，使得红色精神教育入心入脑，久久为功。

（五）建立高校与红色档案资源基地长效合作机制，实现协同发展

高校与红色档案资源基地密切合作，建立长效合作机制。红色资源区的发展能够为党史学习教育和大学生思想政治教育提供实践教学场地，以党支部或者班级为单位进行现场微党课和思政课教学，教育师生深刻领悟马克思主义中国化的内在原理，深刻领悟为什么历史和人民选择了党和社会主义，进一步坚定"四个自信"。现场实践教学增加了高校党史学习教育和思政课的内容，将思政教育课堂搬到红色档案资源基地，使收藏在馆所里的文物、陈列在大地上的遗产、书写在古籍里的文字成为教书育人的丰厚资源，用鲜活的现场教学增进学生对中国共产党、对国家和中国特色社会主义的思想认同和理论认同。可以提升思想政治教育的效果，吸引师生前来红色档案资源基地参观学习，最终实现高校思想政治教育与红色档案资源基地同向、同步、全面发展。

我们要在党的历史伟绩中汲取智慧营养，在党的伟大精神品质中获得动力源泉。推动党史学习教育和爱国主义教育基地红色教育有机融合，弘扬中华优秀传统文化、革命文化、社会主义先进文化，培育和践行社会主义核心价值观，更好地发挥红色档案资源对党史学习教育的推动作用。

参考文献

［1］吴利群，卢清，康文迪.红色资源转化为红色教育的内在机理与

实施方略［J］.四川教育（理论），2022（Z2）：13-15.

［2］中共北京市委党史研究室.北京市革命遗址通览［M］.北京：中共党史出版社，2012：3，7.

［3］刘新月，黄延敏.北京红色文化资源融入高校思想政治教育的路径［J］.北京教育（德育），2021（C1）：59-64.

北京市属高校数字档案馆建设的困境与对策

赵 玺 王 佳

摘 要： 数字档案馆是今后档案管理工作发展的趋势，北京市属高校数字档案馆建设尚处于摸索阶段，通过对市属高校数字档案馆建设过程中遇到的困境分析，提出了相应的应对对策，包括明确档案工作定位，阐明数字档案馆对学校发展的重要作用；做好顶层设计，逐步融入全校业务工作，提升工作效能；厘清业务工作主次，逐步推进现有档案资源全面数字化工作；促进联盟平台建设，大力推进市属高校档案交流平台完善工作；解放思想迎接转变，有针对性提升数字档案馆管理人员素质。

关键词： 数字档案馆 困境 对策 模式转变

档案工作是维护党和国家历史真实面貌、保障人民群众根本利益的重要事业。经验得以总结，规律得以认识，历史得以延续，各项事业得以发展，都离不开档案。"十四五"时期，《"十四五"全国档案事业发展规划》更着重强调要高质量、全方位地加速推进数字档案馆建设。

一、数字档案馆建设背景与现状

"十三五"期间，我国的数字档案馆（室）建设工作已取得了可喜成绩，逐步建立起一个以档案数据信息为基础、以安全运行为保证、以方便使用为基本要求的数字档案馆（室）体系，已建立了41个国家级示范性数字档案馆（室）和89个国家级数字档案馆（室）。

北京市各区县、企事业单位也在积极推进数字档案馆建设，其中北

赵玺（1978— ），北京人，北京联合大学档案（校史）馆馆员，实验师，主要研究方向为数字档案馆室建设；王佳（1979— ），北京人，北京联合大学档案（校史）馆馆员，助理实验师，主要研究方向为学生档案管理。

京公交集团数字档案馆建设成果显著，成为北京市数字档案馆领域的领军代表。

北京市高校范围内的数字档案馆建设还处于探索阶段，数字档案馆建设面临巨大机遇和挑战，率先建成示范性及先进性的数字档案馆将会极大提升高校在市属高校中的影响力。

二、市属高校数字档案馆建设中面临的困境

（一）数字档案馆建设在学校整体发展规划中的定位问题

档案归档收集是学校档案部门的基础性工作，作为学校各项工作的收尾环节，是学校校园文化建设和可持续发展的坚实后盾。但大部分市属高校的档案部门与其他核心部门业务相比较，无论在政策扶持力度，还是财政支持方面都无法相提并论，不利于数字档案馆（室）在高校中普及。由于传统档案管理方式下资源利用效率不高，丰富的档案资源不能够充分利用，"咨政"功效没有得到发挥。

（二）数字档案馆建设与学校各业务工作融合问题

根据北京市数字档案馆建设的相关政策，市属高校数字档案馆室建设一般纳入学校整体信息化发展范畴，由各学校自己统一安排部署。同时，数字档案室建设也要与学校OA系统及各业务部门在用的专用系统相融合，如何将业务部门的相关数据电子化后，按归档要求进行数字化整理、归档、入库，也是亟待解决的重要环节。国家档案局制订了数字化归档的相关政策，要求各业务部门的系统要提供电子归档的接口功能，但各学校实际操作还需要各方面统一协调，才能逐步实现。

（三）传统归档资源数字化问题

数字档案馆建设完成后，可以实现归档资源的增量数字化，但市属各高校都存在大量传统的纸质、实物等已归档资源，还需要对已有的存量资源进行数字化，真正转化为数字档案馆可检索、再利用的数字资源。前期存量资源数字化实施过程中，市属各高校的标准不尽相同，进行分析研究、综合加工、深度开发档案信息的能力较为欠缺，难以形成深层次、高质量的档案信息产品，挖掘档案的价值、实现档案信息共享能力还有很大的提升空间。

（四）各高校数字档案馆建设交流平台尚未形成

市属高校建设数字档案馆是大势所趋，但各高校的具体情况不同，建设实施过程中面临困难种类各异。数字档案馆建设缺乏统一的沟通平台和标准解决方案，极易造成功能相近的数字档案馆系统平台投入差异巨大的局面，而且今后业务系统接口增加、系统功能升级维护成本将不可估量。市属高校示范性数字档案馆尚未形成规模，建设还处于摸索阶段。市属各高校间缺乏沟通交流平台，建设经验及教训不能及时共享，不利于数字档案馆的普及。

三、市属高校数字档案馆建设的对策

（一）明确档案工作定位，阐明数字档案馆对学校发展的重要作用

纵观各层级"十四五"规划政策文件内容，对数字档案馆（室）的建设都提出更高、更明确、更具体的要求，对于数字档案馆及数字资源建设的深层次开发利用也作了明确指示。市属各高校档案部门也要积极响应号召，深刻挖掘档案工作在学校整体发展中的服务价值，将"存史 资政 育人"的功能融入学校各项主体工作之中。同时，档案部门应持续推进传统档案管理向数字档案馆管理的转变，制订新数字档案馆工作制度，切实梳理、优化现有工作流程，高效利用数字档案资源，为各项工作提供坚实的信息保障。

（二）做好顶层设计，逐步融入全校业务工作，提升工作效能

依据北京市经信局具体部署要求，市属高校数字档案馆建设要划归全校信息化建设范畴。档案部门与学校信息网络部门要充分沟通，共同做好顶层设计，使数字档案馆建设所需各项技术要求，精准融入信息化建设过程。市属高校数字档案馆建设不能独立于其他业务开展，归档工作是各业务工作的末端环节，需要将各业务数据的数字化工作集成在各业务流程之中，实现信息增量数字化。

（三）厘清业务工作主次，逐步推进现有档案资源全面数字化工作

市属各高校现有传统档案资源量巨大，档案数字化工作要结合高校自身规划发展，聚焦核心业务（如：教务管理、会计管理、人事管理、学籍

管理等），优先完成学校重点工作所需的档案资源，逐步扩展至全面业务工作信息资源，为数字档案馆建设提供基础信息支撑。同时，档案部门数字化工作要依据最新标准持续进行，并结合数字档案馆的实际需求不断调整，以适应信息化时代不断发展的趋势。

（四）促进联盟平台建设，大力推进市属高校档案交流平台完善工作

市属高校档案工作部门间调研工作一直持续开展，线上交流交互平台也初步实现。数字档案馆建设尚处于摸索阶段，在具体操作层面，还有诸多个性化问题亟待解决，迫切需要针对核心建设问题的系列主题调研，汇集各种建设过程中遇到的问题、解决方案、先进经验以及应避免的失败教训。通过联盟平台，组织者还可以邀请获评全国先进数字档案馆的单位进行线下讲座、具有数字档案馆建设成功经验的软件厂商进行问题答疑，充分利用好联盟平台，将极大推进全市数字档案馆的建设进程。

（五）解放思想迎接转变，有针对性地提升数字档案馆管理人员素质

市属高校档案部门管理人员整体素质还有待提高，特别是数字档案馆建设的大力推广，势必要求管理人员无论从传统管理模式向数字化管理模式的思维转变，还是管理数字档案馆工作能力、技术水平，都需要进行全面提升。学校要提供能力提升、专业进修以及职称晋升的机会，档案工作人员也要主动加强提升自己工作水平，共同发力使数字档案馆"硬件"架构能有高质量的管理人员"软件"驱动，从而提供优质服务，促进学校各项工作高效完成。

四、建成数字档案馆带来的显著成效

市属高校进行数字档案馆建设，将对传统档案"收管存用"工作产生飞跃式影响。

（一）电子化归档为主，增量数字化为辅

归档工作要求归档文件材料的完整性，内容真实可靠，手续完备，需要签章的材料必须签字盖章；归档案卷外观要整齐，尺寸大的要通过裁剪、折叠整齐，尺寸小的要粘贴在正规文件用纸上保证与整卷大小一致；归档时，每个案卷前应有案卷封面、卷内文件目录，后应有卷内备考表。传统

归档方式需要人工参与全过程,需要耗费管理人员大量时间和精力进行整理。

使用数字档案馆系统后,通过与各业务工作平台接口集成,实现业务系统电子文件自动归档功能,归档要求可在系统接口中设置,对于归档部门提交的电子文档进行鉴定,符合要求的电子文档才可顺利归档。系统平台还可提供后台文件转换服务,自动将DWG、WPS、WORD、PPT、EXCEL、CVS、TXT等常见格式文件转换为PDF格式,以达到符合电子档案长期保存的要求,大大提升工作效率。

(二)科学分类管理,高效配置调整

传统档案管理工作地点基本在保存档案的档案室,需要专业人员进行针对性管理。工作环境一般处于地下室或仓库,对人员的健康容易造成影响。

建成数字档案馆后,针对常用档案库类型(文书、科技、合同、会计、实物、照片、音视频等),数字档案馆能够提供标准分类表及标准库结构模板;允许各全宗在标准模板的基础上进行个性化调整;允许自行调整分类、自行调整代码表或定义新的代码表;允许自定义条目的著录表单和列表显示顺序等;支持自定义库房结构、提供标准的代码库(保管期限、脊背宽度、利用目的、密级等);支持分档案库类型定义流水字段的自增规则、档号规则(分段配置规则的表达式)、立卷规则、排序规则等;对于需要在档案库之间移动数据的,支持配置资源库与目标库的字段对应关系。

(三)便捷存储备份,安全性能提升

传统档案主要类型为纸质材料,势必造成存储难度大,对档案保存环境的温度、湿度要求较高,衡定各项指标范围内才符合保管要求。在日常管理中,八防工作也是工作人员格外关注的因素。此外,在档案调阅环节中,还会面临纸张受损或是内容丢失等问题,所以传统档案完整性是重要的参照标准。

电子档案管理的载体为计算机,资源通常保存于硬盘中,可以轻松实现在线备份、离线备份功能,而且用更高的标准来衡量,异质备份、异地备份实现难度也大大降低。同时,在档案调用过程中,数字档案馆只要在对应的信息媒介平台下操作即可,更为方便。

（四）高效挖掘资源，提供优质公共服务

传统档案使用时通过目录检索可查询到档案原件，调档则需要执行严格的保管规章制度，且内容的复制再利用程序复杂，效率不高。

数字档案馆系统平台，为使用者提供了优质的再开发环境。用户可以使用数字档案室对电子档案资源进行综合利用，实现档案检索、智能化查询、电子档案浏览、借阅、复制、编研及效果利用反馈等常用操作功能。系统平台还支持对档案在全过程生命周期（产生、管理、存储、利用、鉴定、销毁）等业务环节，对数据资源进行汇总和统计分析，为进一步提高各单位的档案管理水平、挖掘档案利用价值提供重要的参考信息。

五、结语

通过数字档案馆的建设，将逐步实现数字资源体系战略发展目标，实现"三个转变"。

（一）管理模式转变

档案管理模式从传统实体转变为电子档案数据管理模式，建设覆盖学校各项档案业务工作的数字档案室系统，对海量电子档案保障及长久保存、实现"单轨制""单套制"管理。

（二）存储载体转变

档案管理对象从传统载体档案转变为电子文件数据，扩展管理范围，将档案"后端"管理跃升至业务"全程"，打通各项业务工作归档通道，形成通过业务系统归档接口可持续获取数字资源的能力。

（三）服务方式转变

档案服务方式从被动服务转变为主动服务，档案管理服务工作从"幕后"转变为"前台"，不断提高服务效率和质量，逐步形成数据挖掘服务的能力，为实现数字化转型、"智慧校园"的战略目标打下数据管理和智慧服务的基础。

参考文献

［1］蔡盈芳.电子文件归档中电子签名的处理研究［J］.档案学研究，2019（04）：103-108.

［2］金畅.高校数字档案馆信息服务策略研究［J］.北京档案，2021(10)：

29-30+33.

[3]冯剑波.高质量推动全国数字档案馆建设[J].中国档案,2022(04):16-18.

[4]姚丽璇.湖北省区县级数字档案馆建设的问题与对策研究[D].武汉大学,2019.

[5]王洋.企业数字档案馆(室)建设问题与对策[J].北京档案,2022(02):32-34.

[6]蒋术.数字档案馆建设探索与实践——以中国华能为例[J].北京档案,2021(12):30-33.

档案学专业学位硕士研究生实践能力提升探究
——以北京联合大学为例

陈 锦

摘 要：本文以职业需求为导向，培养应用型技能型人才为目标，以北京联合大学为例，从实践指导教师视角，分析档案学专业学位硕士研究生实践能力提升存在的薄弱环节，并提出了"提升专业软实力，严把入门关""丰富实践维度，完善实践评价机制""兴趣职业双轮驱动，激发实践志趣"这三个解决对策。

关键词：档案学；专业学位硕士研究生；实践能力

一、前言

2009年，教育部发布《关于做好全日制硕士专业学位研究生培养工作的若干意见》。2013年，教育部和人社部又出台了《教育部 人力资源社会保障部关于深入推进专业学位研究生培养模式改革的意见》，明确改革目标以职业需求为导向，以实践能力培养为重点，以产学结合为途径，建立与经济社会发展相适应、具有中国特色的专业学位研究生培养模式[1]。这些文件的相继出台，显示出国家对专业学位硕士研究生人才培养的高度重视。

2009年我国首次启动全日制专业学位硕士研究生招生，在硕士研究生总数中占比为15.9%。到2017年，专业学位硕士研究生比例突破50%，2020年达60%。根据国务院学位委员会、教育部印发的《专业学位研究生教育发展方案（2020-2025）》，到2025年其招生规模占比达2/3。专业学位硕士研究生培养规模的不断增长，符合当前我国对研究生培养的结构布局，满足我国经济发展的需求[2]。

随着档案在社会发展中发挥越来越重要的作用，国家对档案管理方面

陈锦（1979— ），女，江苏盐城人，北京联合大学档案（校史）馆馆员，助理研究员，主要研究方向为高校档案管理，E-mail: shuiyou@yeah.net。

的人才需求也日益增长。习近平总书记指出："档案工作是一项非常重要的工作，经验得以总结，规律得以认识，历史得以延续，各项事业得以发展，都离不开档案。"这一重要论述，深刻揭示了档案工作对党和国家事业发展的重要性，彰显了档案工作在存史资政育人等方面的显著优势。档案学专业学位硕士研究生属于高层次应用型专门人才培养，是服务国家经济建设和社会发展需要，全面推动档案事业发展的重要举措。

二、档案学专业学位硕士研究生实践能力影响因素

全日制专业硕士学位研究生较学术型学位研究生不同，对学生实践能力、技能培养方面更加突出，以职业需求为导向，产学教结合为链接，培养能适应特定行业或职业实际工作需要的应用型高层次专门人才。专业实践能力的培养是提升专业学位研究生培养质量的关键。

本文作者从实践教师视角，探究全日制专业学位硕士研究生实践能力影响因素主要有以下几个方面。

（一）生源质量参差不齐

学生大多数不具备现场生产实践经验，技能基础比较薄弱，而且不少生源是跨专业报考或者通过调剂招录。以我校来说，有些热门专业，报考人数较多，就业市场前景乐观，招录的生源质量相对较高，学生综合能力很强。如我校的会计专硕，每年报考人数很多，达到国家当年录取分数线的佼佼者众多，竞争相当激烈，学校对跨专业报考的或者调剂的考生根本不予考虑，能参加复试的全是本科专业涉及财务管理、会计学等领域的考生。对于一些热门普通专业，各大高校都申请设置了相应硕士学位点，生源质量拼的就是高校声誉和影响力，招录生源的选择性就大大降低，那对于一些冷门专业来说，生源质量就更是不尽如人意了。

（二）实践师资队伍建设薄弱

目前存在实践指导教师形式化，没有完善的实践导师聘任考核机制，存在随意性。在分配实践导师时，不能从专业角度或者研究方向去分配。对于校外企业导师来说，由于自身工作原因，精力和时间上都不能给予充足的保证，很难从专业角度深入对学生的指导。

（三）学生实践维度单一

就实践载体而言，目前存在研究生实践基地类型单一、实践项目较少、

专业面不宽的问题。单一的基地类型无法满足不同方向的研究生实践的需求。如我校图书情报专业，涉及图书、情报、档案三个方向。如果实践基地数量太少，则接收进入基地实践的学生数量有限。有的已经挂牌的实践基地，由于制度不完善或者工作性质特殊，还不能为学生实践能力的培养提供有效的保证[3]。

（四）学生实践兴趣不浓

实践形式单一，仅通过企业实习、校内实践等方式远远不能充分调动学生的实践志趣，学生疲于应付，不能真正达到技能训练的提升。问题是创造之源，疑问是创新之母，只有学生有兴趣研究档案学，才能提高重视，才会关注前沿，才会思考、质疑，并不断克服障碍，不断进步，进而提高自身的创造力[4]。

三、档案学专业学位硕士研究生实践能力提升对策

笔者以北京联合大学为例，以学生实地实践为基础，通过面对面调研和访谈形式，分析档案学专业学位硕士研究生实践能力提升对策。

北京联合大学2018年开始招收图书情报硕士专业学位研究生，学制3年。图情专硕研究生分三个研究方向，分别有竞争情报、数字图书馆、档案现代化管理。硕士点办学定位以"依托行业、合作育人、应用为本、服务北京"为办学理念，面向图书情报与档案管理相关行业，立足于信息资源开发技术应用和服务，培养掌握图书情报与档案管理知识和技能，能够综合运用管理学、信息技术和本学科理论方法解决图书情报档案工作的实际问题，具有较高职业素养，适应国家和北京经济社会发展需要，并胜任档案管理及其他管理和咨询工作的高层次、复合型、应用型专业人才。下面笔者从档案工作实践指导教师的角度，提出提升学生实践技能的几点浅见。

（一）提升专业软实力，严把入门关

生源是学校学生培养质量的基础，把好入门关是高校培养高质量应用型人才的关键所在。档案学这一学科由于其自身的特殊性，社会认同感不强，往往被认为是"冷门"专业，由此报考的人数相对较少。有些学校为了完成招生计划，往往降低门槛。对于考研学生来说，为了减缓就业压力或者追求高学历，不少学生从非档案专业调剂到档案专业。这类学生的专

业基础知识相当薄弱，档案类基础理论和常识性问题都很缺乏。有些考生对录取的专业没有认同感，仅仅为了追求一个高学历。

我校图书情报专业学位硕士点依托北京市一流本科专业————档案学专业，支撑学科专业包括档案学、信息管理与信息系统两个本科专业和信息资源管理一个硕士专业。档案学专业1978年开始招生，是市属高校的唯一一家。目前，本学科有专任教师22人，其中教授8人、副教授10人、博士14人。拥有北京大学、中国人民大学等高校图情领域专业的校外专家组成的学术团队，也聘请了一些行业、领域内实践一线资深专家作为兼职导师。近五年来，学科组专职老师承担国家社科基金7项、国家及北京市软科学项目2项、教育部人文社会科学基金和一些省部级项目十余项，并承接国家档案局等单位的横向项目十多项。在《档案学通讯》等核心学术期刊发表论文五十余篇，出版多部专著及教材。学术成果多次获得国家档案局优秀科技成果奖、北京市教学成果奖等。

学校采取宁缺毋滥的原则严把入门关。在招考中会考查学生的专业理论知识，对档案事业的兴趣度以及档案学前沿动态的了解状况，确保能培养出名副其实的档案学技能型高层次人才。自2018年招生以来，我校图书情报专业相当火热，每年都按照招生计划第一志愿招满学生，生源质量越来越优秀。

（二）丰富实践维度，完善实践评价机制

我校本硕士点依托本校的两个国家级实验教学示范中心、众多校外研究生人才培养基地，以及国外多所高校和研究机构等密切合作，提供丰富的教学实践活动，提升学生的专业实践能力。学校具备良好的教学和科研条件，并在北京档案局、北京市科学技术情报研究所等单位建立了校外研究生实践和实习基地。同时与校内图书馆、档案馆就学生研究方向有针对性地开展手把手实操训练。

除了基地场所实践形式外，本硕士点还积极开展科创比赛，以练代赛，能够积极调动学生实践动手能力，激发科创精神，从中获取实践成果价值感，大大提升了学生实践能力培养，加强学生实践技能、研究方法的培养，注重培养学生掌握科学研究或解决实际问题的能力。

在实践制度建设方面，我校印发了《关于进一步强化实践教学的实施方案》，学校把握顶层设计，指引实践行动指南。本硕士点完善了实践指导机制，教师学生双考核制度，明确考核任务、实践成效总结汇报、实践质量评价体系等，切实保障实践出成效，实现育人价值理念。

（三）兴趣职业双轮驱动，激发实践志趣

采取调研和访谈形式了解学生思想动态。以兴趣为导向，问题是兴趣之源，疑问是动力之母，只有调动学生对实践方向的兴趣，才能加强重视，才会关注、思考、质疑并不断探索进步，进而提升自身的实践技能，高校在未来才能培养出名副其实的应用性复合型高层次人才。

以职业为导向，相信学生们都对自己未来的职业有所期盼和焦虑。根据兴趣和所研究方向，针对实践内容，普及与专业相关的就业信息和就业范围。让学生们提前熟知未来就业方向和途径，做到未雨绸缪，提前丰富自己的实践经验，了解行业规范和内容，并为之有针对性地提升自己的实力。有了兴趣与职业这两驾马车，实践志趣大大提升，相信学生在实践过程中会积极发挥主观能动性，激发实践热情，就不会出现疲于应付，得过且过，思想行动懒散的状态。

四、结束语

全日制专业学位研究生是应社会发展需求而生的一种新型培养模式，旨在培养应用性复合型高层次人才。档案学研究生作为我国档案事业的高层次人才，其能力关乎我国档案事业的健康发展，培养单位应该采取切实可行的措施，努力把档案学研究生培养成主力军[4]。本文以北京联合大学图书情报专业学位硕士研究生培养为例，以实践教师的视角，通过调研和访谈形式了解了影响学生实践能力的因素，并从提升专业软实力、丰富实践维度、激发实践志趣这三方面给出了一些浅见，加强产学教融合契合度，保证研究生在实践环节中能充分投入，从而提升学生知识运用能力、沟通交流能力、团队合作能力、专业实践能力、统筹规划能力、归纳反思能力、应变创新能力等等技能培养。

参考文献

[1]张学敏，宋正河等.涉农工程类专业学位研究生实践能力培养探究[J].高等农业教育，2020（06）：101-105.

[2]王周利，蔡瑞等.食品工程专业学位硕士研究生实践能力提升与

探索[J].安徽农业科学,2022(10):268-270+274.

[3] 马令勇,李清.建筑与土木工程全日制专业学位研究生实践能力培养探究[J].中国教育技术装备,2015(07):69-70.

[4] 高岩,高欣.档案学研究生创新能力培养研究[J].宁夏师范学院学报(社会科学),2012(02):138-140+147.

新《档案法》背景下北京红色档案文化管理探讨

苑焕乔

摘　要：2021年7月6日，习近平总书记在对档案工作重要批示中突出强调，"推动档案事业创新发展，特别是要把蕴含党的初心使命的红色档案保管好、利用好"。北京市红色档案文化资源丰富，发源时间早，影响巨大且深远。在学习新《档案法》之际，将其运用于北京红色档案文化管理实践，有助于解决当前红色文化遗存管理问题，促进红色档案文化依法保护；运用现代新技术，将蕴含党初心使命的红色档案数字化，实现永久保存传承；创建红色档案文化网络共享服务平台等现代开放模式，将其融入党员学习、学校课堂教学等，实现"传承红色文化、赓续红色血脉"的历史使命。

关键词：新《档案法》；红色档案；档案管理

一、引言

红色档案是档案的重要组成部分，是指在革命历史时期由中国共产党领导的机关、组织和个人在各种对敌斗争和政治活动中形成的，具有保存价值的包括文字、口述、图像、音视频、实物等多种形式的历史记载。红色档案是革命文化资源的重要组成部分，是记录和反映中国共产党诞生和奋斗历程的原始记录，除了新民主主义革命时期，还包括社会主义革命和建设时期。

北京作为马克思主义早期传播的主阵地和中国共产党的诞生地，其红色文化资源极为丰富且源远流长。早在1919年五四运动后，李大钊等革命先驱在北京建立马克思主义研究小组，酝酿中国共产党组织的成立；

苑焕乔（1971—　），女，河北保定人，北京联合大学档案（校史）馆馆员，助理研究员，硕士，主要研究方向为历史学、档案学。

1923年，中国共产党领导京汉铁路大罢工，北京丰台长辛店火车站工人积极参加争取"自由和人权"的斗争；1935年中国共产党在北平组织"一二·九"学生爱国救亡运动；1939年，共产党领导下的八路军第四纵队，挺进北平西部和北部山区开辟了平西、平北抗日根据地；新中国成立前夕，毛泽东带领共产党人从西柏坡到北平"赶考"；以及定都北京、设立人民英雄纪念碑等。北京红色档案文化类型多、历时长，影响深远、巨大，记录了中国共产党的奋斗历程和革命建设的伟大成就，有着光荣革命传统和优良工作作风，是党员学习和青少年爱国主义、社会主义核心价值观教育的重要材料。

2021年，红色档案在《"十四五"全国档案事业发展规划》中首次出现，明确提出深入挖掘红色档案资源，让红色档案助力理想信念教育发展[1]。在新时代新征程大背景下，红色档案具有重要的政治引领、经济转化、文化传承和社会教育等当代价值[2]。

自2021年1月1日起施行的《中华人民共和国档案法（2020版）》（简称新《档案法》），增设"档案信息化建设"和"监督检查"两章，富有远见地提出了档案工作的发展趋势，将加强档案依法管理及其信息化建设、推进档案开放服务，即档案管理的"三个走向"——"走向依法管理、走向开放、走向现代化"[3]作为新《档案法》的亮点。在全面学习新《档案法》之际，以"三个走向"为指导，探讨北京红色档案文化管理新模式，对加强爱国主义和社会主义核心价值观教育，具有重要现实意义。

二、新《档案法》贯穿北京红色档案文化管理全过程

学习实施新《档案法》，贯彻习近平总书记有关档案工作重要批示，就要保护好利用好北京红色档案文化资源，扎实推进红色档案文化保护利用和安全体系建设，不断提高红色档案文化法治化、信息化和现代化服务水平，发挥其"存史、资政和育人"作用。

档案管理，尤其是包含中国共产党初心使命的红色档案管理，在我国是党性、政治性很强的工作。因此，北京红色档案文化管理，必须坚持党的基本路线，档案部门要在新《档案法》"三个走向"指引下，为"传承红色基因、赓续红色血脉"作出应有贡献。

（一）北京红色档案文化信息化管理

随着计算机和网络技术发展，实现红色档案文化的信息化管理，是当前我国红色档案文化长期保存、创新发展的必然选择，也是提高红色档案文化保护利用水平的重要手段。

实现北京红色档案文化信息化管理，就是运用计算机、网络和数媒等现代技术，将记载北京红色档案文化的文字、图像、音视频及其文献资料，革命前辈及相关人士回忆录、访谈录等材料，全部信息化数字化，建立红色档案数据库。在此基础上，通过计算机网络终端达成红色文化资源共享利用，实现红色档案文化的信息化、现代化管理。

（二）北京红色档案文化依法保护

学习实施新《档案法》，将其"三个走向"运用于北京红色档案文化保护工作，制定北京红色档案文化资源保护法规，使其保护纳入法治化轨道，以维护北京红色档案文化资源的完整与安全，便于长久保存、社会共享利用，这是指导红色档案文化建设的重要原则。为此，贯彻执行新《档案法》有关档案工作的法律法规和方针政策，综合规划北京红色档案文化保护工作。

（三）北京红色档案文化面向社会开放

"立足档案，面向社会，服务大众"，是我国档案工作的方针。新《档案法》贯穿北京红色档案文化开放利用，以新《档案法》实施为契机，做好红色档案文化面向社会开放，服务党史教育和创新利用服务。

利用数字传媒和AI等现代技术，传承北京红色档案文化，不但改变其原有红色档案保存载体及利用形式，而且便于红色文化资源的重构与创新利用，系统阐释红色档案文化所蕴含的革命精神，把党的百年奋斗史展现出来，把革命先烈感人事迹生动表现出来。

三、北京红色档案文化管理存在的问题

目前，北京红色档案文化遗存数量多，部分红色遗址保护级别较高，总体修复情况良好。但随着社会经济快速发展，北京红色档案文化保护开发利用，面临着诸多新情况、新问题，具体表现如下：

（一）北京红色档案文化保护法律意识淡薄

红色档案文化遍布北京各区县，许多红色文化遗址位于城内大杂院和

京郊经济落后地区，所以保护难度较大，存在问题较多。

北京270处红色文化遗存，被列入全国重点、市级和区级文保单位，分别为18处、29处和52处[4]，其他文化遗存未列入文物保护单位，得不到社会的重视和法律保护。即使已列入国家级和市级的文化遗存遗址和纪念建筑物等，被单位、大杂院居民和个人占用的现象也屡见不鲜，保护红色遗存地档案文化的法律观念普遍薄弱，法律意识更为淡薄。

1982年，我国正式实施了《中华人民共和国文物保护法》。1985年1月，文化部颁布的《革命纪念馆工作试行条例》第八条规定："革命遗址、纪念建筑和文物、资料是国家宝贵的物质文化遗产，……必须按照《中华人民共和国文物保护法》的规定，做好有关革命遗址、纪念建筑和文物、资料的保护工作。"[5] 目前，北京市红色文化遗存及红色档案资源保护，依据国家文物保护法进行，但北京市没有专门的红色档案保护法规。

（二）北京红色档案文化资源，产权归属复杂，信息化滞后

据北京市党史工作部门普查，截至2018年12月，全市有红色遗存227处、相关遗存34处、纪念展示教育基地9处[6]。北京市确立了"集中连片主题保护"目标，推动建设"中国共产党早期北京革命活动、抗日战争和新中国成立"三大红色文化主题片区。以"中国共产党早期北京革命活动"主题片区为例，打造以"北大红楼"为中心，分布在东城、西城等5个城区，共有31处旧址的红色主题片区。[7] 它们的产权归属复杂，有文物保护部门、旅游开发部门、国家单位、个人私产等等，增加了红色档案文化资源保护难度，特别是个人私产或使用的红色资源的保护状况令人担忧；归属部门太多也导致管理方式不一致。

另外，由于档案专业人员缺乏和信息化所需资金的约束，红色档案信息化程度低、多为实物档案保存和展陈，红色档案信息化、数字化管理亟待提升，进而影响红色档案长期保存，更不利于红色档案文化的传承和红色血脉的赓续。

（三）红色档案文化社会开放不够

目前，全国大部分红色档案文化管理机构，或多或少存在重管理轻开放利用的现象，主要工作重心多放在红色档案的完整保存与安全管理上，红色档案整体利用率偏低，而有高度、有深度的红色精品档案开放服务，更是少之又少，北京也不例外。

首先，全国普遍存在红色档案文化资源的历史文化内涵深度挖掘不够、创新利用不足等现象，北京市红色档案文化的开放展陈，也存在同样问题。同时，红色档案推广体验性不强，创新利用不足。如：开发的红色文化纪念馆，开放展陈方式大多雷同，表达手法大同小异，特色不突出。

其次，尽管北京一些著名的红色档案文化纪念馆，采用红色电子地图、声光电虚拟场景等，但大多纪念馆（室）采用静止展示，或通过一张张黑白老照片、手稿、遗物等展陈，讲解员解说多以历史简介为主，语调严肃、趣味乏陈，难以激发参观者"二次参观"欲望。

四、新《档案法》背景下北京红色档案文化创新管理探讨

学习实施新《档案法》，使我们牢记档案"记录历史、传承文明、服务社会、造福人民"的历史使命，本着对历史负责、为现实服务、替大众着想的原则，以创新的精神，积极探索北京红色档案文化保护利用新思路、新途径，采取切实有效措施，把红色档案文化所蕴含的爱国爱党爱社会主义和革命奋斗精神传承下去。

（一）制订北京红色档案文化保护法

新时代党和国家高度重视红色档案文化的管理工作。作为首都北京，红色档案文化资源丰富且影响深远，迫切需要深入挖掘其内涵，传播其精神；需要加强其保护开发利用的统筹规划工作；发挥其服务大局、资政育人和推动经济社会发展的功能。

目前，红色档案文化保护开发利用，缺乏专门法律条例指导，新《档案法》也缺乏红色档案专章规定，尽管在《文物保护法》等专门法中散见一些红色档案文化保护规定，但缺乏实操支撑。为此，北京市可以2018年中办、国办颁发的《关于实施革命文物保护利用工程（2018—2022年）的意见》和2019年国家文物局出台的《革命旧址保护利用导则》为根本遵循，参考其他省市发布的红色文化保护条例等，制定北京红色档案文化地方保护利用法规，并结合《北京城市总体规划（2016年—2035年）》，将北京红色档案文化保护开发利用有关内容纳入城乡发展规划，保管好、开发好、利用好红色档案，发挥红色档案的应有作用。

（二）建立联席会议制度，实现红色档案信息化管理

（1）建立红色档保护开发利用联席会议制度。鉴于北京红色文化遗存

布局分散、归属单位众多等原因，红色档案文化保护开发利用有必要实行由市委领导、政府负责、部门协同、社会力量参与的联席会议工作制度，遵循依法保护、合理利用、赓续传承的原则，联席会议负责指导、统筹、协调、监督红色档案文化资源保护开发利用工作，协调处理工作中的重大问题，确保北京红色档案资源的完整性和文化精神的传承赓续。

（2）增加资金投入，加强红色档案信息化建设。新时期需要借助网络和数媒等现代信息技术，对其进行信息化数字化转化，形成红色档案数据库，更好地宣传赓续红色文化。如：北京红色档案的信息化，包括红色档案信息的整理、数据库建设、档案资源的开发利用、档案信息化人才队伍建设等等。

（三）做好北京红色档案文化开放服务工作

习近平总书记指出，要用心用情用力保护好、管理好、运用好红色资源[8]。在不得危及国家安全、公共安全、经济安全、社会稳定等前提下，公开红色档案文化信息，有利于资源共享和创新利用，充分发挥其"资政"和"育人"作用。

（1）建立统一的红色档案信息平台，依法向社会公众开放。党史办、档案馆、博物馆、文物管理部门、文旅部门、退役军人事务部等部门，应按照各自职责对红色文化资源建立档案，并纳入统一的红色档案信息服务平台，便于公众查阅利用。同时，可鼓励网站、自媒体通过数字化、智能化技术，建设网络红色文化智慧博物馆、展馆，生动传播红色文化。

（2）鼓励北京市党史、档案、文物、文旅等单位，与高等学校及社科院等教学科研部门，加强教学和科研合作，开展北京红色档案文化内涵、精神及故事的挖掘工作，创作多种形式的作品，创新宣传方式，传播红色文化，赓续红色血脉。

同时，北京市可推动与其他省市档案馆、党史馆、纪念馆、博物馆、图书馆等单位的合作，加强馆际红色档案文化资源共享和协作，开展红色档案文化交流、联合展览、巡回展览等。

（3）红色档案文化资源，不但要对其各种载体形式的档案加以保护，还要对其进行创新活化利用，让广大党员、青年学生和人民群众都能就近就便接受红色文化教育，以及主题党日活动等。

依托北京红色档案文化资源，依据相关规定创建爱国主义教育、党史教育、廉政教育、国防教育等基地，通过组织广大党员、学生参观学习、主题教育、社会实践等形式，开展爱国爱党和革命传统教育，发挥红色档案文化的社会教育功能。同时，高等院校和中小学校应将红色档案文化融入其思想政治教育、文化知识传授等教学中，推动红色档案文化进校园进课堂，使广大学生树立社会主义核心价值观和正确人生观。

参考文献

［1］本刊讯.中办国办印发《"十四五"全国档案事业发展规划》［J］.中国档案，2021（6）：18-23.

［2］张雷珍.论红色档案的当代价值及其实现路径［J］.浙江档案，2022（5）：52.

［3］李兴祥.以"三个走向"为遵循积极作为［N］.中国档案报，2016-1-28（1）.

［4］北京市文物局.北京市文物局关于公布北京市第一批革命文物名录的通知［EB/OL］.（2021-03-27）［2023-06-29］.http：//wwj.beijing.gov.cn/bjww/362679/362680/482911/10959841/index.html。

［5］文化部.革命纪念馆工作试行条例［EB/OL］.（1985-01-09）［2023-06-29］.https：//baike.baidu.com/item/%E9%9D%A9%E5%91%BD%E7%BA%AA%E5%BF%B5%E9%A6%86%E5%B7%A5%E4%BD%9C%E8%AF%95%E8%A1%8C%E6%9D%A1%E4%BE%8B/14577659?fr=ge_ala。

［6］刘岳、宋传信.北京红色遗存现状、特点与保护利用，北京党史［J］，2019（3）：27。

［7］朱松梅.保护革命地标，赓续红色血脉［N］.北京日报，2022-10-16（004）.

［8］习近平：用好红色资源，赓续红色血脉，努力创造无愧于历史和人民的新业绩［J］.共产党员，2021（22）：4-6.

"互联网+"视域下高校学生档案信息化建设助力育人路径探究

王 佳 赵 玺

摘 要：互联网信息技术的不断发展，为高校学生档案管理工作创新提供了新的方向。基于"互联网+"的背景下，运用网络信息化技术进行学生档案管理工作，可深度挖掘学生成长规律，提升档案管理服务效能，发挥学生档案以文化人育人价值，完善学校三全育人体制机制。本文围绕"互联网+"视域下高校学生档案信息化开展分析研究，探究档案育人工作路径。

关键词："互联网+"；学生档案；档案信息化；档案育人

引言

我国政府提出的"互联网+"行动计划明确指出，要积极推动传统行业和互联网技术的深度融合，创新传统行业的工作模式，实现由传统到网络信息化的转型升级。当前，很多高校学生档案管理工作仍然采用传统的人工查询、存储和使用的方式，部分高校实现了档案电子化，但档案信息化和网络化程度较低，尤其是在面向学生应用，基于互联网技术的档案管理方式和档案育人方式等方面，仍有待深入研究和持续实践。

一、我国高校大学生档案信息化现状

当前我国高校大学生的档案流动性强、数量繁多，信息化运用管理效能不足将制约高校的日常事务管理能力。多数高校普遍采用纸质类线下实体性载体的管理方式，部分高校实现档案电子化和数字化，但未能实现面向学生应用的档案管理和信息处理，网络化和信息化程度较低，工程系统

王佳（1979— ），北京人，北京联合大学档案（校史）馆馆员，助理实验师，主要研究方向为学生档案管理；赵玺（1978— ），北京人，北京联合大学档案（校史）馆馆员，实验师，主要研究方向为数字档案馆室建设。

性不强，展现出的应用价值过低[1]。

（一）学生档案信息化水平较低

高校学生来自全国各地，其档案表现为来源方式多样、数量庞大、保存不固定等特点，由传统纸质档案管理转化为网络信息化管理，实现了线上网络档案的工作量困难而繁杂。实际工作中，很多高校在接收学生档案、留存档案与管理档案的过程中普遍停留在传统纸质档案管理的方式，部分实现了基于传统工作流程的档案电子化，通过网络信息化技术手段转递毕业生的个人档案材料。在校生的评奖评优材料、转换专业、参军服役、保留学籍等方面的管理工作上存在信息记录缺失、转接时间周期长、工作效率不高等问题，由于未能推进全面网络信息化的覆盖，运用能力不足，造成了更新档案信息不及时、查档操作困难、管理工作效率低等状态。

（二）基于学生的档案网络化应用程度较低

传统模式下的档案管理，在学生档案查询使用、流转储存和数据挖掘等方面信息化、网络化应用程度较低，表现在三个方面：面向学生的档案流转信息化程度不高，面向学生的档案应用网络化程度不高，面向学生档案育人功能的信息挖掘程度不高。

（三）档案育人理念贯彻程度较低

高校档案应用既是学生管理的一方面，也是挖掘档案资源，实现档案育人，推进高校文化建设的重要一环。高校档案作为高等学校开展各类活动直接形成的对学生、学校和社会有保存和利用价值的各种图标、声像、文字等不同形式、载体的历史记录，具有强大的教育功能和独特的育人价值，是高校育人工作中其他载体不可比拟的。高校作为培养人才的前沿阵地，在落实立德树人根本任务时，应寻求与高校档案的育人契合点，充分发挥高校档案的功能及价值，教育和影响学生。[2]

二、"互联网+"在高校学生档案管理工作中的优势

（一）有利于档案的查阅、存储、利用

基于"互联网+"时代背景下，高校针对大学生的档案信息管理工作应采用网络信息化、电子化技术等创新管理模式进行。因为网络信息化的电子档案在管理过程中体现的便捷化查阅、保存状态稳定、时间周期长、追踪掌握快捷等优点，较之传统纸质档案具有显著优势，归档过程中管理

者可借用多种介质的电子档案形式完成，档案数据库的录入工作将更加精准高效，学生本人的档案信息追踪、录入、存储、查阅、交换等借助网络信息化技术传送到档案管理员和用人单位，实现循环利用各类网络数据，充分挖掘学生档案信息中的重要价值，更加精准、高效地为师生提供多元的高品质服务。[3]

（二）有利于促进学生档案流转信息处理

学校学生档案会因为学生学籍信息变动、入党、就业等发生频繁流转，流转时档案管理信息的变动需要档案管理信息系统支持。另外，"互联网+"背景下大学生档案的信息化建设和普及对学生就业档案流转也有着关键作用。如果学校能提供操作高效、精准、便捷的信息化学生档案，有助于就业单位掌握大学生个人信息、衡量学生的全方面综合素质与学业科研能力等方面的信息，从而提升用人单位选人的精准度。[4]

（三）有利于推进学校精准育人

中央围绕全国教育问题召开的工作会议中，明确提出了实施教育数字化战略行动。在数字化背景下，以学生档案应用需求为目标，以数字化技术为基础，构建高校档案信息化管理体系，通过互联网和管理相结合的方式，完善学生档案管理工作的内容，利用数据挖掘、大数据分析、人工智能等技术精准获取学生日常生活学习的数据信息，在保护学生隐私的前提下，对大学生的数据信息进行分析，描画精准数据画像，使思想政治教育融入学生档案管理工作当中，推进精准育人。

三、"互联网+"高校学生档案信息化建设助力档案育人的路径

（一）强化档案信息化建设意识和数字化管理思维

在"互联网+"时代背景下，高校档案信息化需要强化信息化建设意识，树立学生档案管理工作信息化认知，提高运用网络信息化技术对开展学生档案管理工作具有重要影响的认识度，不断学习信息化档案管理知识；强化自身的数字化管理思维，坚持育人为本、服务学生的工作理念，加深运用网络信息化开展工作的思维模式，对信息化档案管理模式、智能化应用发展趋势有清晰认知，加大现代信息技术的深度应用，为"互联网+档案管理"的转型优化奠定技术基础，推动高校档案管理融入"智慧高校"的建设中。

（二）提升档案应用的数据分析能力

运用数据分析学生特点是时代发展的需要，是信息化发展的必然趋势。现在在校大学生都是"00后"，他们是伴随着互联网等新媒体新技术一起成长起来的一代，他们接受信息的渠道丰富多元，思想状态深受网络信息影响，他们的活动轨迹、创造的数据、分享的数据都反映出他们内心的思想、心态、价值观和行为方式。档案信息化的重要目标是实现学生档案数据分析，面向档案应用，提升数据分析能力，全面挖掘数据的价值，将数据进行整合分析，为构建档案育人提供数据支持，使档案服务方案具有针对性；档案管理工作中应融入大数据理念，把区块链、隐私设计、数据水印等新理念、新技术融合应用，形成数据驱动管理与数据驱动决策的新制度；管理运用档案工作的老师可以主动寻求与新媒体运营公司在档案管理过程中的合作，对不同情况学生的网络数据，进行精准、高效的整理、查档、调取等工作，实现批量归档工作的高质量完成。

（三）建立学生档案管理信息系统

学生档案管理信息系统的建设，不仅是解决以往学生档案保管、查询和共享问题的主要途径，而且可以更好地统筹数据资源为学校育人和思想政治工作服务。在搭建完成基础框架和数据业务对接架构之后，需要通过构建档案管理信息系统来帮助信息服务平台实现资源整合和功能应用。首先，要强化校内各个职能部门的共同参与建设，实现学生档案管理信息系统与财务系统、教学管理系统、后勤管理系统等其他信息系统的互联互通，形成各部门协同的统筹工作机制，使档案资源的收集、获取、整理实现全过程性和即时性建设；其次，还要实现与校外其他相关就业单位和政府部门的战略合作关系，秉承"互联网+"跨界融合的发展思维，充分利用互联网平台优势，实现档案信息资源的开放共享，促进档案管理工作提质增效、高质量发展。高校学生档案管理信息系统应是基于校园网OA系统平台的联合办公信息管理系统，要确保信息中心的技术性和安全性。

（四）构建学生档案信息服务平台

现阶段，平台化已经成为"互联网+"背景下最为突出的时代特点，因此高校应构建学生档案信息服务平台来落实档案管理信息化的各种职能，以信息服务平台为载体，推动服务学生的各项具体工作的开展。学生档案信息服务平台应分析档案数据应用和学生服务需求，收集学生学业全过程信息数据，实现平台信息数据的互通共享，推动开展档案育人；学生档案信息服务平台应充分利用互联网平台的优势和作用来促进学生档案管理和相关就业单位、政府职能部门、市场需求、学校发展等方面的有效融合；学生档案信息服务平台应打造良性网络服务圈，将涉及学生的各项工作成果融入互联网的资源系统中，实现信息的共享、开放，以此来提升档案管理效能；学生档案信息服务平台还要充分借助自媒体网络、新媒体平台的资源优势，提供更加宽广、多维的网络服务，借助网络平台使电子信息资源或者档案查询变得更加精准、高效、快捷。[5]

（五）发挥档案信息平台育人功能

高校档案育人要坚持以学生为中心，挖掘档案育人元素，探索信息平台育人途径，融入思政工作，增强档案育人实效。档案育人元素可融入课堂主渠道推进课程思政，挖掘学生档案中案例素材、红色档案文化，融入课堂教学，通过课堂的集中展示和讲解，起到正面引领、反面教育、文化传承等作用，助力学生成长；档案育人文化可融入学生日常思想政治活动，在重要时间节点、重大活动中融入文化元素；搭建浸润式档案育人环境，建设线上线下档案展馆，通过历史文化、校史文化、优秀榜样群体展览，厚植当代大学生的爱国情怀，树立其明确自身肩负时代责任与历史使命的价值观念，营造育人氛围；要充分利用"互联网+"服务平台，在档案管理流转过程中融入档案文化，开发档案文化创意产品，吸引学生兴趣，推动档案文化元素的多形式、多载体传播，实现润物无声、潜移默化的文化育人。

高校学生档案记录着高等院校大学生的信息材料和成长记录，是高校长期发展中形成的无形财富，是高校的文化传承，具有强大的育人功能和育人价值。目前面向应用的高校学生档案信息化建设还有很大的发展空间，在加强"互联网+"意识层面上，高校的各级育人主体要不断提高运用网络信息化能力的认识，充分认识与利用高校档案在大学生成长成才中的教育功能及价值，在整体规划的基础上寻求系统、有序、合理的方法和路径，寻求与高校档案育人的契合点，逐步实现学生档案管理信息化，提升高校档案管理和育人工作实效，全面助力大学生的成长成才。

参考文献

[1]王伟.以"互联网+"为导向的高校档案利用模式创新[J].沈阳

大学学报（社会科学版），2021（3）：363-367.

［2］何洛汐."以档育人"：高校档案对大学生的教育功能及其价值探析［J］.黑河学刊，2023（1）：71-77.

［3］志伟，刘晓艳，甄少磊.关于高校学生档案管理工作的探析［J］.北京档案，2022（4）：35-37.

［4］宋竹.基于互联网的高校档案馆信息服务策略研究［D］.哈尔滨工业大学，2017.

［5］李奇勇."互联网+"时代高校档案管理模式转型优化研究［J］.数字档案创新研究，2023（5）：1-3.

高校档案编研的育人价值思考

王 岩 张 宇

摘 要：档案编研是高效能开发利用档案信息资源的有效方式，是高校档案管理部门落实立德树人根本任务的着力点。高校档案工作要围绕中心工作开展，实现档案编研的育人价值。在分析档案编研的基本内涵和高校档案编研内在意义的基础上，分析了高校档案育人价值的体现层次，从选题、质量、典型路径三个方面探讨了决定编研成果育人效果的三大要素。

关键词：档案编研；高校档案；档案育人

高校档案是高等学校从事招生、教学、科研、管理等活动直接形成的对学生、学校和社会有保存价值的各种不同形式、不同载体的历史记录[1]，记载着高校教育事业的发展历史和丰硕成就，蕴含着丰富的人文精神和科学精神，能以其特殊的文化特色和内涵影响学生的思想品德和价值观念，是对学生进行思想政治教育和文化教育的极好教材和宝贵财富。开发档案信息资源，编研、出版档案史料和参考资料，开展多种形式的宣传教育活动，充分发挥档案的文化教育功能，是高校档案机构的管理职责之一。同时，档案编研是开发与应用高等教育相关信息的重要手段之一，积极研究和实践对助推育人工作具有较大意义。

一、档案编研的基本内涵

"编研"一词在档案界被广泛使用，包含着丰富的内容。但是，在档案界之外却鲜少使用。从古代的《说文解字》到近代的《辞源》，以及现代使用较广的《现代汉语词典》和新版《辞海》中均未收录这一词条。从词义学角度进行分析，可以理解为"编研"是由"编"和"研"两个单字动词

王岩（1977— ），女，黑龙江绥化人，北京联合大学档案（校史）馆馆员，副研究馆员（档案），主要研究方向为档案、校史编研；张宇（1982— ），女，北京人，北京联合大学档案（校史）馆馆员，馆员（档案），主要研究方向为档案利用、校史编研。

组成的联合结构动词，"编"是按一定的原则、规则或次序来组织或排列，"研"是深入探究。"编研"一词结合"编"和"研"两字字义，在档案学义为编纂、编撰和研究。在1986年出版的陈兆祦、和宝荣主编的《档案管理学基础》中定义档案馆（室）的编研工作为"以馆（室）藏档案为主要对象，满足社会利用档案的需要为主要目的，在研究档案内容的基础上，编辑史料，编制参考资料，参加编史修志，撰写专门著述。"[2]定义简明扼要地指出了档案编研工作的对象、目的和内容，也体现出档案编研工作具有社会服务性、条件性、资料加工性和研究性。

二、高校档案编研的内在意义

高校档案的立卷和归档大多按年度开展，内容往往系统性不足。如何将反映某一方面的材料联结起来反映全貌，使档案更好地发挥价值，关键在于开发和利用。积极开发档案信息资源，更好地为学校各项工作服务，是高校档案工作赖以存在和不容推卸的责任。开展档案编研工作是高效能、深度开发利用档案信息资源，改变传统的"坐等上门、你查我调"的被动服务方式，主动提供利用服务，更好地发挥档案价值的重要途径。通过编研可以富集档案中最有价值的部分，发挥档案的效益性和功能性，实现档案信息的增值。

具体来说，高校开展档案编研的内在意义主要在于以下几点：一是有助于发挥档案的文化属性，通过编研挖掘档案所承载的大学文化和大学精神，服务学校文化建设，助推实现大学的文化传承功能；二是有助于发挥档案的育人作用，通过编研攫取档案中丰富的育人元素，服务学校立德树人根本任务，助力学校提升人才培养质量；三是有助于满足档案利用者的时效性需求，通过编研让静止的档案流动起来，主动提供档案利用服务，打破利用档案的空间和时间局限，满足学校各部门和广大校友希望及时、便捷获取全面、准确的档案信息的需求；四是有助于提高档案的价值和信息利用率，档案中蕴藏着巨大的历史文化资源，只有通过开发才能实现其价值，通过编研整合档案信息资源，是发挥档案价值的重要手段；五是有助于提高档案工作水平，通过编研检验和反馈档案各个业务环节工作质量，找到对基础性工作的新要求，推动档案工作形成一种良性循环；六是有助于对档案原件的保护，通过将编研成果提供利用，满足利用者部分查阅需求，减少纸质档案原件被翻阅的频次，有利于档案的长久保存；七是有助于提高档案工作人员业务素质，通过编研可以提高参与人员综合和概括信息资料的能力、文字表达能力、现代办公手段运用能力以及协调沟通和组织能力，使档案工作人员综合业务能力得到锻炼和提升。

三、高校档案编研育人价值的体现层次

从党的十八大提出"把立德树人作为教育的根本任务"[3]，到党的十九大强调"落实立德树人根本任务"[4]，立德树人成为新时代高校办学治校的新使命、新任务。如何把育人和育才相统一，把思想政治工作贯通人才培养体系，提升立德树人成效，是每所高校都在积极探索和研究的主题，是学校各领域、各环节的共同任务。以馆藏档案资源为内容，依托档案编研，把档案建设融入学生思想政治教育和大学精神培育中，是高校档案管理部门落实立德树人根本任务的着力点，也是高校档案工作的应有之义和应尽之责。

高校开展档案编研工作发挥育人价值的层次主要有以下几方面：一是思想教育，高校档案材料记载的学校办学历程中的重大历史事件、学校的校训校风、取得的成就是重要的爱国爱校教育素材，记载的知名学者和校友成长历程，包含了引人深思的学理和启迪思想的人生智慧，是引导学生树立理想信念，形成正确的世界观、人生观和价值观，对学生进行理想信念教育的生动教材[5]；二是文化教育，高校档案记载了校园文化的历史，能让我们了解其起源和发展，校园文化活动反映的制度文化和精神文化，是对学生开展文化教育传承校园文化的重要素材；三是科研教育，高校档案记载的教师和学生在科研探究中实事求是、刻苦钻研的态度和精神是对学生进行科学精神培育的重要材料，保管的大量科研资料是学生开展科学研究、培养科研能力的重要资料[6]；四是审美教育，高校档案中一些蕴含文化信息的实物档案、声像档案、人物档案等，是学校开展直观、形象的审美教育，学生陶冶情操、完善审美体验和心理结构、提高审美实践能力的有益资料。

四、影响高校档案编研成果育人价值的三大要素

（一）契合育人需求的编研选题

档案编研成果育人价值的成效在很大程度上取决于编研选题恰当与否。

如果选题不适应学校的需要，编研的各个环节做得再好，也会失去实施的意义。开展档案编研工作，选题应围绕学校的中心工作及当前的热点、难点，保证政治性、客观性，具备系统性和时效性，兼具学术性和新颖性。要充分发挥编研的育人价值，需紧扣档案中具备育人价值的内容，特别是反映学校独特的办学思想、体现学校地方性、应用型的办学定位以及管理特色、专业办学、教学科研成果、名课名师、特殊事件、校园文化、荣誉成果等各种形式和载体的特色档案。其中，校史档案、人物档案、教学档案、科研档案、学籍档案都具有典型的教育功能。在确定档案编研的题目时，要了解自身馆藏档案的特点和类型，熟悉馆藏档案文献资源，依据学校当前工作要点进行预测，结合需求调查等，选取具有育人价值的题目，使档案编研工作更具现实意义。

（二）精益求精的编研质量

档案编研成果的质量在很大程度上取决于前期收集的基础材料的质量和后期对材料加工处理及考证的质量。档案编研过程中，编研的材料基础是否广泛、材料处理是否客观、存疑问题是否考证三个方面直接影响着编研成果的质量和使用价值。首先，开展编研工作要进行广泛的档案材料收集，这是保证编研质量的前提。这里所说的广不仅指档案材料内容的收集范围，还包括档案材料的载体形式，也就是不仅收集纸质档案材料，还要收集声像档案、实物档案及口述史料。其次，对档案材料进行处理时，要客观和实事求是，像孔子处理典籍一样"述而不作、信而好古"，进行一次编研，不妄自改动，保证编研成果与原文的高度一致；进行二次编研和三次编研忠于原文内容，不依个人理解随意发挥。再次，遇到有疑问的问题，要多方考证、去伪存真，对档案材料进行综合分析，理清前因后果，提出见解和看法并以注释等形式注明。

（三）易于施行的典型路径

（1）结合现实需求，固"编"强"研"，开展主题编研。围绕学校当时所需、实际问题和办学特色等进行主题档案编研，是发挥档案编研育人价值的有效路径之一。比如，服务理想信念教育可编研学校校史档案、名人档案；服务文化教育可编研社团建设档案、学生文艺活动档案；服务职业规划教育可编研校友档案；服务学科专业教育可编研教育教学档案、科研档案，等等。编研过程中，在做好基础性文字资料汇编的基础上，要注重研究和全面、系统分析，对材料进行深层次加工，不只重视"编"更要注重"研"，编研不只是文字资料的整合，还应包括档案编研者的理解和文字介绍。[7]

（2）挖掘档案故事和档案背后的故事。档案蕴含的信息可以分割为两部分：一部分是元信息，包含档案的大小、材质、文字或图片内容之类无需文本解释的信息；另一部分是其他的信息，可以叫做"背后的故事"，包括档案的形成过程、档案的入馆历程以及与档案内容相关的历史背景、典型事件和典型人物活动等。这些故事往往更具生动性、蕴含了可贵的精神和崇高的价值理念，是读者和观众更感兴趣更愿意倾听的内容。档案编研工作不只是对档案元信息的编研，也要注重挖掘档案和档案背后的故事，让静卧的史料和古籍文字鲜活起来，使之成为思想政治教育的鲜活教材。

（3）开展互联网+编研和利用，拓展信息资源开发新时空。进入21世纪后，特别是近十年来，以物联网、云计算，移动互联网等新技术为代表的新一轮信息技术革命飞速发展，使数据的信息智能收集和服务具备了客观条件。与此同时，互联网快速普及并深深嵌入到社会发展的方方面面，我国进入了互联网全媒体时代，新闻网站、手机报纸、数字杂志等新媒体迅速兴起，大众的阅读方式快速转向在线阅读、手机阅读、手持阅读器等数字化阅读方式。依托数字或智慧档案馆（室）建设，搭建档案编研在线平台，一方面实现资源库的在线使用和管理、在线文字编辑、排版，以及不同档案材料中文字、图片等信息的自动整合，另一方面通过微信、微博等移动新媒体，实现以交互式方式提供及时、准确的个性或专题利用服务，使编研成果形成促进育人价值发挥的作用力和吸引力。

结束语

档案编研不是档案工作的中心环节，但它是档案工作不可或缺的重要的、必要的环节，是充分发挥档案资源利用价值、提高档案利用效率以及进行档案文化建设的重要组成部分。身为档案工作者特别是高校的档案工作者，主动挖掘档案资源，积极围绕育人需求开展编研，为学校立德树人工作提供必要的素材和基础性支撑，是不容推卸的责任。这是高校档案工作创新发展的使命要求，也是档案部门乃至档案工作者获得认可和尊重、提升地位和作用的重要方式，对于档案工作者来说是一件非常有意义的工作。我们每一位档案人都应深入思考、积极行动，以己之力主动参与，让档案工作在学校育人路上也能留下浓墨重彩的印记。

参考文献

［1］教育部，国家档案局.高等学校档案管理办法［N］.中国教育报，2008-08-30（第二版）.

［2］陈兆祦，和宝荣.档案管理学基础［M］.北京：中国人民大学出版社，1986.

［3］中共中央文献研究室编.十八大以来重要文献选编（上）［M］.中央文献出版社，2014.

［4］中共中央党史和文献研究院编.十九大以来重要文献选编（上）［M］.中央文献出版社，2019.

［5］李艳玲.高校档案在大学生教育中的功能[J].档案管理，2010(2)：84

［6］王倩.基于文化视角下的高校档案服务建设的路径研究［J］.兰台世界，2014（17）：111-112.

［7］徐敏.基于立德树人的高校档案深度开发［J］.档案与建设，2014（7）：24-26.

北京市残疾人高等继续教育20年历史沿革与未来展望*

麻一青

摘　要：2002年教育部批准，北京教育考试院颁布，由北京联合大学实施的《北京市成人高校招生考试面向残疾人单考单招政策》填补了我国成人教育面向残疾人招生政策的空白，体现了教育的公正性、公平性，完善了残疾人终身教育体系。系统梳理20年政策不断完善的过程，学校开设针灸推拿、艺术设计、计算机等15个招生专业、编辑确立考试复习大纲、学位英语考试标准，制作了盲文录取通知书、毕业证书、学位证书，采取多种形式考试和特殊阅卷程序。制定灵活的学生管理制度、探索远程网络教学新模式和师资建设方案。建议加快面授与远程网络教育结合的应用研究，资助编写残疾人高等继续教育专用教材，尽快建立残疾人高等教育教师培训体系和科学构建残疾人终身教育体系。

关键词：历史沿革；单考单招政策；残疾人高等继续教育

引言

残疾人接受高等教育有四种入学形式。一是通过普通高校招生考试，进入高校学习，是接受高等教育的主要方式；二是通过教育部授予单考单招资质高校的招生考试，进入分布在全国的40多所高校学习，该方式局限于听障、视障考生，是重要方式；三是通过教育部批准的成人高考面向残疾人单考单招进入北京联合大学（下面简称北联大）学习；四是参加自学考试、远程教育、开放教育直接享受高等教育。第三种和第四种方式是残

---

* 本文系北京联合大学2021年教育教学研究与改革项目"北京市残疾人高等继续教育开拓与发展（JP2021Y005）"研究成果。

麻一青（1963—　），男，北京联合大学副教授，从事特殊教育教材教法、残疾人高等继续教育政策研究，参与多项残疾人招生政策的制定和调研工作，E-mail：tjtyiqing@buu.edu.cn。

疾人接受高等教育和终生教育的基本方式，将是今后发展最快，规模最大的教育形式。

一、残疾人高等继续教育单考单招政策的确立

单考单招政策是指经教育部和省、市考试院批准，由招生院校根据考生实际情况，单独命题、单独组织考试、单独录取的特殊招生政策。2002年北联大向北京教育考试院申请，后经教育部批准，北京教育考试院颁布，由北联大实施《北京市成人高校招生考试面向残疾人单考单招政策》，主要针对听障、视障、肢残三种残障人在高等继续教育领域实施单考单招。政策完善了我国成人高考制度，填补了我国成人教育面向残疾人招生政策的空白，体现了成人高等教育的公正性、公平性，开辟了残疾人终身教育的新渠道，创建了我国残疾人高等继续教育事业新的里程碑，在全国起到了典范作用。

二、残疾人高等继续教育招生政策的历史沿革

（一）社会调查研究提申请

北联大从"残疾人接受高等教育的政策保障""残疾人教育现状及就业问题""成人教育招生实行单考单招的紧迫性""针对残疾特点开设与之相适应的专业"四个方面论述北京市成人招生考试面向残疾人单考单招的理论依据、社会需求以及实施方案。2002年4月向北京教育试院提出《关于尽快实施成人高考对残疾人实行单考单招政策的请示》，申请2003年开办残疾人成人高等教育，招生录取采取单考单招的政策，拟招专业有：计算机应用、钢琴调律、针灸推拿学、艺术设计、服装设计。

（二）教育部确立政策

2002年5月考试院向教育部请示《关于北京联合大学特殊教育学院成人教育对残疾人实行单考单招办法的请示》（京考成招〔2002〕15号）。教育部高校学生司非常重视残疾人继续教育，提出要考虑残疾人参加成人高考及今后学习的障碍和实施细则，同时要求与残联探讨残疾人参加成人高考和以后学习的问题，商讨在高校现有软硬件条件下适合什么样的残疾人就读，先解决现有的、能够符合进入高校就读的残疾人，待无障碍设施条件改善再充分解决其他残疾人。2002年7月22日，北联大商函北京残疾人

联合会《关于北京市成人高考面向残疾人实施单考单招的残疾等级标准的建议》，8月12日北京残联回函《关于北京市残疾成人高等教育单考单招残疾等级标准建议的意见》（京残文〔2002〕109号），指出为保障残疾人受教育的权利，按照残疾人保障法的规定，建议对持有《中华人民共和国残疾证》，并有独立学习和生活能力的残疾人，均可纳入成人高等教育单考单招的范围。8月20日教育部《关于同意北京联合大学特殊教育学院成人教育为残疾人举行单独考试的函》（教学司〔2002〕48号），9月3日考试院《关于转发教育部〈关于同意北京联合大学特殊教育学院成人教育为残疾人举行单独考试的函〉的通知》（京考成招〔2002〕24号）[1]，确立了北京市成人高考面向残疾人单考单招的政策。

（三）政策实施

2003年1月15日，考试院下达关于《北京联合大学特殊教育学院成人教育为残疾人举办单独招生考试实施办法》的通知（京考成招〔2003〕4号）。规定：1.招生计划60、对象（听障、视障、肢残）、专业（计算机应用、钢琴调律、艺术设计、针灸推拿学）；2.报名时间3月10日到17日，北联大实施；3.考试时间5月10日至11日，及考试科目；4.评阅试卷；5.录取；6.招生纪律。2003年3月发生非典疫情，成人高校招生考试延期至11月第二个周六、日，报名、咨询等工作顺延。11月15、16日北联大为残疾人举办首届单独招生考试，取得成功。依据录取原则并考虑残疾考生的实际情况，经北京教育考试院成招办批准，正式录取63人。

（四）政策完善

招考政策的确立，唤醒残疾人求学向上的愿望，残联、协会向北联大反映残疾人求学的愿望。主管部门非常重视，秉承公正公平、以人为本的原则，逐步完善单考单招政策。

自2003年12月学校《关于北京联合大学特殊教育学院成人教育面向残疾人单考单招增加专业的请示》，到2009年《关于开展残疾人专职委员学历教育工作的委托函》（残联厅〔2009〕50号）中残联提出社会需求，这期间经教育部、考试院多次协调，考试院2004年又陆续请示教育部《成人教育面向残疾人单考单招增加专业的请示》（京考成招〔2004〕7号）（京考成招〔2005〕7号），教育部回复《关于同意北京联合大学成人教育面向残疾人单考单招增加专业的函》（教学司函〔2004〕56号）（教学招字第05020号）[2]，到2010年面向残疾人单考单招专业达到15个（见表1）。

表1 北京市成人高考面向残疾人单考单招招生专业目录

	专业	专业类别	层次	招生对象	批准年份
1	计算机应用	理工类	专科	听障、肢残	2002
2	钢琴调律	艺术类	专科	视障、肢残	2002
3	音乐学	艺术类	专科	视障、肢残	2002
4	服装设计	艺术类	专科	听障、肢残	2002
5	艺术设计	艺术类	专升本	听障、肢残	2002
6	针灸推拿学	中医学类	专升本	视障、肢残	2002
7	服装设计	艺术类	专升本	听障、肢残	2002
8	英语	文科	专科	视障、肢残	2004
9	艺术设计	艺术类	专科	视障、肢残	2004
10	计算机应用	理工类	专升本	听障、肢残	2004
11	针灸推拿	中医学类	专科	视障、肢残	2005
12	音乐学	艺术类	专升本	视障、肢残	2005
13	公共事业管理	文科	专升本	残疾人	2009
14	文化事业管理	文科	专科	残疾人	2009
15	会计	文科	专科	残疾人	2009

2005年北联大制定《关于我校成人高等教育艺术类专业和残疾学生学士学位外语考试标准的补充规定》（京联成〔2005〕1号）。2009年北京市残疾人联合会、北京市教育委员会、北京市民政局、北京市财政局关于印发《北京市残疾人学生和生活困难残疾人子女学生助学补助暂行办法》的通知（京残发〔2009〕47号）[3]，制定了减免残疾人参加成人高校学习学费的政策。至此，残疾人从考试入学，学习、毕业、获得学位，以及学费报销的高等继续教育各项政策基本完善。

三、残疾人高等继续教育招生政策实施近20年成果

（一）残疾人高等继续教育单考单招政策体现了教育公平正义

《中华人民共和国残疾人保障法》第二十条规定政府应当对残疾人开

展职业教育、成人教育，鼓励残疾人成才；第二十一条规定国家保障残疾人享有平等接受教育的权利；第二十三条规定残疾人接受高等教育，在课程设置、教材、教学方法、入学和在校年龄等方面可有适当弹性[4]。招生制度公平性就是教育机会的公平性，要求教育机会平等分配。美国教育家杜威认为，教育的三个主要功能是促进人的心智发展、通过人的社会化实现社会整合、促进社会平等。美国"公立学校之父"贺拉斯·曼认为"教育是实现人类平等的伟大工具，它的作用比任何其他人类的发明都伟大得多。"[5]残疾人受教育权利是我国《宪法》《教育法》和《残疾人保障法》赋予的基本权利，是基本人权，是满足人民政治、经济、思想等方面的最低的基本需要的权利。残疾人是社会的弱势群体，在基础教育阶段他们的身体素质、心理、认知水平、思维能力的发展均落后于健全人，残疾人群体的学习能力和水平与健全人是有差距的。因此，让残疾人与健全人在高考的同一起跑线上竞争，本身对残疾人就是不公平。平等的享受高等教育是残疾人的基本人权，单考单招政策就是为残疾人寻找一条公平的起跑线，寻求一种起点的平等。残疾人高等继续教育是衡量国家文明程度和教育水平的重要指标，发展残疾人高等继续教育是我国特殊教育发展规划的重要任务，培养高素质、高技能、合格的专科、本科残障人毕业生是《"十四五"特殊教育发展提升行动计划》的重点内容[6]。这不仅关系到全国和北京市特殊教育的发展，而且关系到残疾人群体的终生教育。

（二）立足首都服务全国提高残疾人受教育程度解决残疾人就业

残障人就业压力大，感到知识面狭窄，思路不够宽广，对知识和能力的渴求强烈，没有知识和技能就只能等、靠、要，给社会和其家庭造成较大负担，这既不利于社会的稳定，也不利于家庭生活质量的提高，更不利于残疾人自身的发展。没有知识和能力，残疾人自立、自强、自尊就是空谈。

表2　北京市成人高校招生考试面向残障人单考单招录取表

年	03	04	05	06	07	08	09	10	11	12	13	14	15	16	17	18	19	20	21	总数
录取	63	97	147	161	173	172	233	149	244	205	211	227	207	267	311	483	326	113	138	3927
非京	14	76	110	144	148	159	211	128	227	193	198	177	190	211	303	460	313	103	126	3491

数据来源于2003—2021年北联大录取底册

从2003年到2021年底，北联大单考单招录取各类残障人士3927人，学生们努力学习，提高学历层次，改变了人生。在中残联和地方残联支持下，学校陆续在云南昆明、湖南长沙、贵州贵阳、山西太原建立了学习中心，单考单招政策惠及其他省份。录取学生中，非京籍学生比例逐年提高。学生人数增长原因主要有：（1）残障人高等教育经费投入逐年增加[7]，教学设施和办学条件得到改善；（2）中残联和市残联在经费和政策上给予支持，同时获得社会捐助，经费逐年增加；（3）单考单招政策惠及全国，在残障人群体中得到普遍关注，需求度较高，录取非京籍残疾人考生数量逐年增加；（4）岗位对学历的要求和自身素质提高的需求。

（三）唤起社会关注资助残疾人教育

据统计宣传报道，单考单招政策的新闻单位有中央电视台（新闻联播）、北京电视台（北京新闻）、北京人民广播电台、北京晨报、现代教育报、信报、北京青年报、京华时报及各省电视台、报刊，新浪、腾讯等新闻网站，唤起社会关爱、支持残疾人事业的意识，政府教育形象得到宣传，特殊教育政策得到普及。据不完全统计，政府和企事业单位捐助的定向奖学金、办学经费、计算机机房、办公用品、汽车等折合人民币近300万。基本实现残疾人免费接受高等继续教育。

（四）编制考试大纲，制定系列标准

《考试复习大纲》和命题标准是基础教育学校确定教学目标的重要参考依据，北联大组织20多位专业教师，坚持实事求是和统一性、选拔性原则，编印单考单招复习考试大纲，包括专升本、高中起点专科、本科，内容涵盖语文、数学、英语、艺术概论、中医基础、综合理科、乐理、声乐器乐、摄影理论、设计基础、素描、色彩、中医推拿学基础等15个科目，大纲每五年修订一次，逐步向成人高考大纲靠近。2005年制定了残疾人高等继续教育学士学位标准。2003年开始制作全国第一张具有历史纪念意义的盲文录取通知书；2005年为学生颁发盲文毕业证书、学位证书，激励学生刻苦学习、积极向上的态度。

（五）以人为本创新多种教学模式，课程设置注重职业教育

2005年建立远程教育网www.ltyc.com.cn，探索面授与远程网络相结合的教育模式。2010年北联大与中国盲人协会合作建立视障远程教育网站[8]，2019年突发疫情，学校全面实施网络教育。随着教学课件的丰富和管理的

完善，新教学模式成为学习的主要方式，它减轻了学生的学习负担，减少学生流动和经济压力，90%的视障学生参与网络学习并顺利完成学业。职业资格证书是就业的必备证书，是用人单位选择劳动力的重要方式。教育计划将资质证书课程融合到相应的课程中，学员毕业既获得毕业证书，也获得相应的资质证书，能在竞争激烈的就业市场立足于先，求得更好的职业岗位。

四、发展中存在的问题

（一）报名考试服务程序繁琐，经费不足

残疾人单考单招工作包括报考、命题、试卷制作、组考、阅卷、录取等环节，与正常人考试相比，更加复杂、繁琐。根据视障考生需求，明文试卷需要翻译制作成现行盲文、双拼盲文、老盲文、听音、大字、计算机试卷六种，特点是批量小、种类多，每份试卷成本平均在70元左右；阅卷也需要将考生盲文试卷翻译成明文。为保障无障碍组考，从入场到考试顺利结束，服务人员与考生比例达到1∶1。

（二）残疾人高等继续教育投入多

首先，成人高等教育收费远低于其他形式的高等教育收费；其次，小班教学需要辅助人员较多；再次，残障学生生理、心理发展欠缺，突发事件较多，日常管理繁杂，需要配有心理辅导、手语辅导等系列人员；最后，残疾人及其家庭一般属于社会弱势群体，家庭收入少，生活困难。

（三）专业设置少，师资不足

残疾人高等继续教育专业设置不能满足残疾人的学习需求，心理学类、教育学类、语言类、社会学、哲学类等也是他们希望学习的专业[9]；主要的任课教师，职前没有接受特殊教育培训，特教能力弱，专业技能参差不齐；由于工作量大，特教津贴、福利待遇没有落实，因此教师积极性和专业水平难以保障[10]；在数量上和质量上，师资队伍不能满足教育的需求，无法做到因材施教，个别化教育[11]。

（四）教材紧缺

残疾学生来自不同地区、行业，年龄、工龄、文化、职业有较大差异，个体认知力不同，是一个多层次、多序列、多要素的综合体。目前教学普遍使用全日制教材，须删减和补充，知识衔接不流畅，降低学习兴趣。针对听障、视障认知学习特点，语言通俗易懂、深入浅出、突出重点、难点，具有针对性、实用性，适合学生自学，保证系统性、科学性、先进性、前沿性的教材尚属空白。

五、残疾人成人高等继续教育发展建议

（一）加强面授与远程网络教育相融合

远程网络教育是学生、教师以及教育机构之间采用多媒体进行远程系统教学和通信交流的教育形式，它以远程教育为主，兼容面授、函授和自学等传统教学形式，是终身学习体系的主要手段。对于残疾人教育，其优势是：（1）自主选择学习地点和学习时间，提高学习效率；（2）减少移动，节省费用，降低学习成本；（3）集中人力、物力、财力和教学资源，按照残疾生学习的感知特点，制作多媒体课件，建立网上课堂，保障对学习过程的指导和服务。实践证明，远程网络教育与面授相结合的新教学形式非常适合残疾人学历教育、职业教育等学习活动[12]。

（二）建立残疾人高等继续教育教师培训制度

残疾人教育教师既要有理论知识和实践技能，也要通晓特殊教育基本原理，掌握特殊教育技能，具有与残障人沟通的能力，懂得学生心理、生理、认知规律，引导其利用自身特点学习的能力。目前聘任教师特教能力只能职后自学或实践摸索，建议由主管部门牵头，建立残疾人教育师资培训体制。包括政府和特殊教育传统示范校配合的师资培训组织体系、运行畅通的网络实施体系、不断完善更新的知识体系、网络远程信息技术为平台的终身教育培训体系、任职资格标准和针对服务对象（视障、听障等类）领域的准入体系。

（三）科学构建残疾人终身教育体系

《国家中长期教育改革和发展规划纲要》提出，加快建立国民终身教育体系，残疾人终身教育是国民体系的重要组成部分，是特殊教育发展的重要任务。随着成人教育和远程教育陆续面向残疾人实施单招政策，在制度上为构建终身教育体系建立了良好的理论与实践基础。由教育主管部门、各级残联、北联大以及残疾人高等教育传统院校合作，共同构建残疾人终身教育体系，加快形成组织合理的管理体系、以计算机为平台的支持体系、各学科有机结合的知识体系，实现残疾人终身教育可持续发展。

参考文献

［1］北京教育考试院.北京高等教育招生改革与发展［M］.北京：中国人民大学出版社，2008：158、276.

［2］麻一青.残疾人高等继续教育开拓与政策研究［M］.北京：华夏出版社，2011：19-55.

［3］北京市残疾人学生和生活困难残疾人子女学生助学补助暂行办法（京残发〔2014〕4号）［EB/OL］.（2014-01-25）［2023-06-23］.http：//www.bdpf.org.cn/n1508/n1509/n1515/c68486/content.html.

［4］中华人民共和国残疾人保障法［J］.中华人民共和国国务院公报，1990（30）：1116-1125.

［5］［美］布鲁贝克.高等教育哲学［M］，杭州：浙江教育出版社，1987：66.

［6］"十四五"特殊教育发展提升行动计划［EB/OL］.［2023-06-23］.http：//www.moe.gov.cn/jyb_xxgk/moe_1777/moe_1778/202201/t20220125_596312.html.

［7］曹当勤，陈宁春.教育公平视野下的残疾人高等教育事业投入机制研究［J］.教育财会研究，2018（6）：63-67.

［8］麻一青.中国盲协与学校合作创建视障人远程教育.继续教育研究［J］，2019（6）：23.

［9］郑赫南.多给盲人增设专业［N］.检察日报，2011-10-17（5）.

［10］祝平.残疾人高等教育教师专业发展的支持保障体系研究.中国电力教育［J］，2012（7）：116.

［11］滕祥东.我国残疾人高等教育院校师资队伍建设探讨［J］.中国特殊教育，2011（10）：10.

［12］麻一青.远程网络教育是视障人群终身学习的最佳方式［J］.课外阅读，2012（2）：23.

基于智慧校园建设的高校科研档案管理研究

张树蕊

摘 要：在"智慧校园"这一概念逐渐被人们接受的今天，各大学纷纷把它纳入学校的建设中来。智慧校园就是在大学的日常教学和科研过程中，利用多种先进的智能信息技术，更好地为广大教生的工作和学习提供服务。将智慧校园的概念引入到高校档案工作中，可以有效提升档案管理效率和质量，对高校的建设起到积极的推动作用。目前我国大学的研究文件还普遍存在一些问题，如科研文件归档意识淡薄，科研档案工作没有跟上科学研究的发展，高校科研档案的使用率和研究结果的转化效率较低等。要抓住构建智能校园的机遇，重点从将科研档案管理系统与学校的各项信息服务系统进行有效整合、确定高校各类信息管理系统电子文档存档技术标准、建立一个以服务为导向的科研档案利用系统、实现档案管理软硬件智能化等几个角度来推动智慧校园的高校科研档案管理系统的实现。

关键词：智慧校园；高校科研档案；高校档案信息化

一、智慧校园建设概述

智慧校园建设是利用信息技术对校园进行全方位的数字化建设，是校园数字化基础上的升级。智慧校园的建设主要包括基础设施建设、教育云平台建设、网络安全建设三大方面。智慧校园是一种相对特殊的校园系统，是以校园作为基础，以大数据分析、云计算、物联网等先进信息技术作为核心，将全校师生、校园环境、教学设备等诸多因素加以整合，从而提供能够洞察与预测教育教学管理活动的智慧学习环境。

张树蕊（1981— ），女，河北肃宁人，北京联合大学档案（校史）馆馆员，馆员（档案），主要研究方向为高校档案管理。

二、科研档案在高校中的作用

科研是大学最重要的功能,它在国家科研工作中所占的比例很大。通过《我国高等学校 R&D 活动统计分析》,发现高校在国家研发经费中所占比例为11.8%;高校SCI文章在全国 SCI发文中所占比例为85.9%;在此基础上,各高校之间签署科技合同102,000件,约占全国总量的21.1%。要实现科技强国,就不能忽略大学科研工作。大学科研档案是大学科研工作的"伴生品",亟须强化它的管理,充分发挥它的作用,从而更好地为大学的发展提供更多的信息。

(一)科研档案是促进科学研究发展的根本

科学研究既有其传承性,又有其延续性,一份完备、系统的科研档案可以给研究者们带来有用的信息,从而减少他们的重复工作,即便是出现了负的结果,或者是被打断的研究项目,也可以作为一个可资借鉴的对象。丰富的科学研究记录和信息储备可以让今天的研究人员更好地了解其研究领域的前沿动态,为产生新的灵感、新概念、新技术做出巨大贡献,为学术研究工作提供持续的动力和不断创新的源泉[1]。

(二)高校科研档案是加强办学的基础

学科建设是一所大学发展的关键环节,从本质上体现着一所大学的办学层次、特色、学术地位以及核心竞争力。科研成果是学科评价的重要依据,尤其是对学科专业进行评价的结果,将会对其今后的人力、财力投入产生重大的影响。可以说,科研档案是学科建设、发展,服务高校和社会的历史见证和参考依据。

(三)科研档案是大学与当地经济文化交融的桥梁与纽带

大学的科研项目、获奖成果和论著是衡量大学科研水平和为社会提供帮助的主要指标。地方大学常常将其所在地区的经济文化、民生需求等视为其科研与服务的目标,从而形成了一种既有独特的价值观又有明显的地域特点的科技信息资源。例如,淮南师院成立了以发掘和研究淮南历史和文化为重点的"淮南子研究所""淮南稻田栽培所""儿童文艺中心"以及"淮南儿童美术教育"等,就是学校为当地服务的重要表现。应更好地搜集利用好这类文献资源,既能为当地的社会发展提供更好的信息,又能提高学校的声誉和影响力。

三、智慧校园背景下，档案管理信息化的表现

（一）收集、识别和归档电子文件和信息

在智能校园的背景下，学校内所有类型的智能终端设备（包括OA系统）、科研系统和所有其他内部业务管理系统都可以使用电子档案预归档平台与档案管理系统无缝连接。此外，人工智能和大数据技术正在档案管理系统中使用，因此，学校的档案数据收集不再局限于传统的纸质档案、实物档案及其数字化档案。档案数据预归档系统与学校内部信息运营管理体系和智能系统敏感终端建立硬件接口[2]，从而能够快速、主动、高效地收集、识别和归档信息运营管理系统和各类敏感终端收集的电子文件和信息。

（二）档案目录的自动编制技术

1.对自动编目技术的要求

在智能校园背景下，档案管理系统的编目主要是为了建立一个可以辅助数据库系统的文件目录管理体系，对数据库进行管理，对业务系统级的数据进行发掘和精确定位，现在的档案资料的著录工作已经从以前的静态数据转变成一个动态的过程，同时也是一个后台管理支持的过程。

2.共同设立档案目录库

在智能校园环境中，文件数据预归档平台可以挂接通信接口，该通信接口允许企业信息管理系统、智能终端、每个信息流程系统和校园档案管理系统创建相应的数据关系，最终形成档案资源的统一目录，这对于为用户提供数据发现和本地化服务，共享不同的业务流程系统的业务数据资源非常有用[3]。

3.编目依照设置规则完全自动化

在智慧校园中，用户查询的内容不再只有一个途径，用户可以通过各种软件来查询关键字和标题。这就要求不管是在目录管理手段上，还是在文件目录上，都要有一个与常规的档案分类不同的地方。由文件数据预归档平台确定的归档文档，根据来自不同信息内容管理系统或终端设备端口的数据、不同记录时间来归档。并且根据文件管理系统建立的档案编目规则，档案编目完全自动化。

4.开发智能档案管理系统

在智慧校园背景下，大数据和人工智能技术已广泛应用于档案信息管理，从而形成了一个综合使用档案数据的信息管理系统（SIS）。该平台可

以满足每个用户的不同需求，它基于数据库系统，通过自动分类、关键字搜索和信息的全自动关联，实现档案数据采集和系统智能检索，从而轻松获得完整准确的档案信息，使得档案信息的开发设计和应用具有及时性，缩短了档案资料编辑和开发设计的时间差，提高了工作效率。

四、智慧校园背景下，科研档案管理存在的问题

（一）科研文件归档意识淡薄

一是大学研究机构中出现了"重立项、轻归档、重形式"的问题，主要集中于项目申报、经费申请、奖励审核等方面，对科研文件的重视不够。二是由于课题组不重视研究工作中产生的文献资料的搜集和归档，极易造成一些档案资料的丢失。三是由于高校档案馆和科研管理部门之间联系不多，而且深入了解和跟进各个课题的进展情况，难以做到对课题档案的全程监管。

（二）科研档案工作没有跟上科学研究的发展

在科研工作中，"三纳入"和"四同步"难以贯彻落实，成为制约科研工作开展的重要因素之一。大部分科研文件都是零散的，有的科研项目材料的申报、中期检查和结题是研究者通过网络自己提交的，不留任何书面文件；一些研究课题属于协作课题，归属权不清，致使一些相关的文件档案被排除在学校档案馆的接收范围以外。目前，我国高校档案馆的信息化建设还不够成熟，还没有形成与科研部门和系统相衔接的科研档案信息管理系统，导致了部分科研档案的缺失[4]。

（三）高校科研档案的使用率和研究结果的转化效率较低

当前，我国高校科研档案管理工作较为落后，人们对科研项目的重视程度较高，但对科研档案的利用程度较低。有些科研档案得到搜集整理后，只在项目结题和科研人员评职称评奖等方面才显示其价值。这是因为，一方面，科学文件所牵扯到的知识面更广，使得档案馆工作人员难以对其进行更深层次的发掘；另一方面，科研档案涉及知识产权，对其开发和使用很容易引发侵权问题。此外，因为种种原因，有些重要的原始档案资料并没有归档，会对科研档案的完整性和总体价值产生不利影响。高校科研档案利用率不高，科研成果转化效率较低，科研成果与社会需求脱节。

五、基于智慧校园的高校科研档案管理系统的设计与实现

（一）将科研档案管理系统与学校的各项信息服务系统进行有效整合

目前大部分高校都已建立了办公自动化、科研管理、学籍管理等一系列信息服务系统，但是如果用传统的方式进行整理，会浪费大量时间和精力。档案数据预归档平台的使用，允许通过技术接口将档案管理系统与校园内的各种信息管理系统接驳，归档在校园内各种信息操作中获取的电子文件[5]。在区块链应用程序的强大支持下，有必要确保每个信息管理系统的预存档数据平台收集电子文档，以部署传输、存档整个过程，并在存档后，使存档数据达到真实性、完整性、易用性和安全性的要求。通过该方法，实现了把档案管理系统融入学校的各种信息管理系统中，推动了档案管理系统与学校的各种信息业务流程信息系统的交流整合，实现了数据和资源的共享，搭建了一个档案信息的多媒体共享平台，让学校的各种信息系统的增量电子文件可以在一个预归档平台上进行归档。

（二）确定高校各类信息管理系统电子文档存档技术标准

在构建智慧校园信息源的进程中，档案信息资源占有重要位置，高校档案管理部门设置了各类信息管理系统电子文档存档到档案预存档服务平台的操作模式，明确了归档信息包的算法，制定了相应的名称规范，出台了相应的管理办法，对各类信息管理系统中电子文档存档的规范进行了统一，重新构建了工作流程，形成了一套崭新的高校档案信息管理体系。

（三）建立一个以服务为导向的科研档案利用系统

只有提供高效的利用服务，才能发挥出科研档案的真实作用，实现科研档案的全面共享，这是科研档案的发展与应用的发展方向，也是科研档案以应用为中心的特征。建立以"服务型"为导向的科研档案资源使用与管理系统；一是扩大了科研档案的发布渠道，不仅有科研管理部门的网页，还有高校档案馆（室）的三微一端等，让有需要的人员都能更好更快地了解最新的信息；二是扩大使用的操作程序的视窗（包括联网使用的视窗和离线使用的视窗），以便利用者对查询的文件进行相关操作；三是针对利用者的需求，依托智慧校园深入研究科研档案管理，从多个层面对科研档案进行发掘，为利用者提供更为人本化的服务[6]。并以此为依据，整合用户的利用需求，提高相应需求的科研档案查询和利用工作，实现档案数据常

用循环的闭环管理。

（四）实现档案管理软硬件智能化

1.文件数据预归档平台

文件数据预归档平台是用于对从学院内部的各种信息管理系统中获取的电子文档及从每一台手机上获取的数据进行标识，并将标识后的所有的档案数据重新存储到科研文件管理系统中进行归档。

文件数据预归档平台是按照技术接口的标准，与校园中的各种信息业务管理系统、各种移动智能终端进行无缝地相连，在数字化、自动化技术、智能化的系统中，在对档案资料进行数据采集、整理、存储的过程中，按照权限的设定，从学校的各种信息系统中获取数据，进行识别和归档。区块链技术、电子签名、时间格式等技术是开发预归档平台的保障。它标记从不同信息业务流程操作界面获得的每个电子文档，以便在整个流程中建立链接，以满足不可更改、可追溯、安全可靠和分布式存档数据信息的需求，用于存储和保护个人隐私。在存档后，可追踪的电子文档确保了资料的完整性。

2.智能化仓库的智能化管理

档案馆的档案管理系统包括档案文件的智能管理系统、环境控制和调节的智能方法、智能密集柜、库房自动控制系统，实现档案馆档案文件的集中管理和系统维护。物联网与该系统的紧密接驳实现了科研档案的完全集成，自动记录了档案文件的出入库。智能化的环境监控与调整方式，是对库房内的各种信息进行监控，包括空气指标、温度湿度等，并以设定的环境质量标准为依据，对仓库环境进行自动调整。智能化密集柜的自控系统能够根据档案的提取和出库的指令，直接开启相应的密集柜，便于档案管理者进行档案数据的输入；仓库管控系统，要担负起智能控制系统的进库环境，出入库的档案材料和工作人员的各方面状态：在发生紧急事件的时候，可以启动报警装置，以确保档案的安全。

六、结束语

各个高校的智能校园程度都在逐步提高，并将伴随着科学技术的发展而逐步走向现代化、智能化。在智慧校园的建设过程中，高校档案工作遇到了新的形态和新的考验，高校档案工作不仅要做到便捷、高效，还必须同时注意到档案资料的安全性和机密性，这就要求高校的档案工作人员继续进行变革，同时也要配合智慧校园建设，使学校档案管理系统和管理体制得到及时的改进，从而建立起一套具有针对性、科学性的管理体制。

参考文献

［1］王树娴．高校档案数据治理能力提升路径探究［J］．兰台内外，2021（01）：73-75.

［2］李淑华．基于智慧校园建设下的高校档案管理机制研究［J］．档案管理，2020（02）：80-81.

［3］何京．基于智慧校园建设下的高校档案管理机制研究［J］．办公自动化，2022（20）：52-54.

［4］李春强．智慧校园建设背景下高校档案管理数字化的路径［J］．兰台内外，2022（18）：47-49.

［5］杨云贤．智慧校园建设对高校档案管理信息化的影响与实施路径［J］．山西档案，2021（06）：127-133.

［6］陆为．基于智慧校园建设下的高校档案管理机制研究［J］．兰台内外，2021（11）：25-27.

地方性高校档案对外服务接诉即办工作实践与思考

夏木美

摘　要：地方高校是贯彻落实党和政府的路线方针政策和服务师生的基层单位，而提高师生满意度、实现高校社会服务职能的重要途径之一就是落实好"接诉即办"工作。从高校档案利用工作贯彻"接诉即办"的实际出发，尝试对其做出分析并提出对策，包括提升认识，党建引领接诉即办工作；构建有重点有弹性有温度的诉求处置流程；加强总结，助力档案建设工作主动治理。

关键词：高校档案；档案利用；接诉即办

一、背景

党的二十大报告提出："要站稳人民立场、把握人民愿望、尊重人民创造、集中人民智慧。"习近平总书记指出："要牢固树立以人民为中心的发展思想"，具体来说就是要"把增进人民福祉、促进人的全面发展作为发展的出发点和落脚点。"城市是人类文明的产物，也是人类发展进步的结晶。以人民为中心是贯穿于中国特色社会主义城市治理现代化始终的一条红线，要深刻把握以人民为中心的价值取向，把城市治理中的人民利益放在首位，从群众最关心、最直接、最现实的问题入手，提高治理能力和水平。

2019年年初开始，北京市"接诉即办"工作正式落地。《北京市接诉即办工作条例》[*]正式以地方法规的形式将"接诉即办"的实践成果加以巩固。截至2022年12月30日，北京市12345热线累计受理群众反映问题1.05亿

夏木美（1983—　），女，辽宁阜新人，北京联合大学档案（校史）馆馆员，助理研究员，主要研究方向为高校档案管理、利用。

件，诉求解决率和满意率也有大幅度提升。

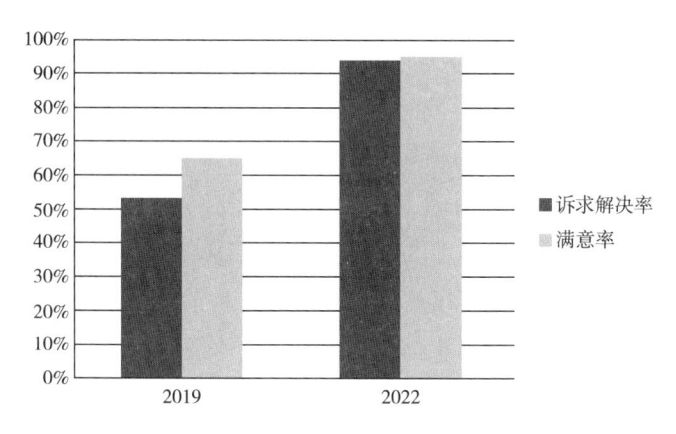

图 1 北京市 12345 热线诉求解决绿和满意率对比图

地方高校坚持档案工作，坚持"接诉即办"是践行以"以生为本"的重要途径，也是推进学校治理和档案建设的有力抓手。通过一定期间的工作实践，我们也逐步发现"诉"与"办"相融合的过程中，存在很多需要解决的问题。本文尝试对上述实践问题进行总结，并提出一定的解决方案。

二、"接诉即办"的含义

"接诉即办"，是对自然人，法人或者其他组织以下同城求诉人提出的涉及本行政区域的咨询，求助，投诉，举报，建议等诉求予以快速响应，高效办理，及时反馈和主动治理的为民服务机制。

通过"接诉即办"，政府部门能够更加及时地解决民生问题，有效维护了群众的合法权益，也提高了政府在民众心目中的形象和信任度。

三、档案"接诉即办"事件的类型

（一）档案利用流程的咨询

这类事件主要是档案利用人对档案利用过程中的流程、可以提供的档案材料范围、需要准备的材料等问题不了解，因此来电咨询。笔者认为这类事件是高等教育系统以外人士对于教育系统和档案管理了解不足造成的，不能作为投诉。绝大部分学生或校友都会遇见此类问题。

（二）档案利用政策的解释

这类事件主要是档案利用人对于现有的档案利用规定和流程理解不准确或不全面造成的。学校的文书档案作为记载学生在校期间轨迹的原始记录，包含很多个人信息和学校的管理信息，因此需要在档案利用人可以查询的档案范围内，经过身份核实才能进行查询。随着近年来数字技术的发展，生活中的很多事情变得越来越方便，电子商务、聊天软件的发展，使人与人的距离越来越短，人们的追求越来越趋向便捷。所以会出现档案利用人对于档案利用的政策不理解的情况。另一种情况是，随着社会的发展，档案利用的场所和范围得到不断扩展，法律越来越重视对于劳动者的保护。这种情况下，用人单位会另辟蹊径以校友在校期间学籍档案查询为入口，实现各种不同的目的。所以档案利用人在档案查询范围的政策方面会出现各种疑问。

（三）对档案利用提出诉求

这种情况主要是档案利用人所需要的材料通过档案无法解决，或者因为某种原因虽然找到了该利用人所需的档案，却无法证明其需要证明的信息，再或者因为某种原因该档案利用人要提取的档案不全。这种情况一般都是年代久远，涉及学院或者专业调整，涉及校际合并，当事人在校经历复杂或者个人信息修改等问题。这是档案利用服务"接诉即办"事件中比较难处理的情况。

四、档案"接诉即办"实践中存在的问题

（一）如何平衡好档案利用人和档案工作者的权利与义务

要明确诉求人和工作人员各自的权利和义务，对"正常诉求"和"无理取闹"在处置上有所区分。

高校档案利用"接诉即办"是高校档案部门按照学校和上级单位的要求，积极回应档案利用人需求的运行机制。但是，一些"无理取闹"的不合理诉求，一方面会占用人力和物力资源，埋没真正正当的亟须解决的诉求，降低解决问题的效率；另一方面影响了一线工作人员的积极性和创造性，尤其是面对素质千差万别的档案利用人及其委托人，如何有底气的规避"无理取闹"，从而保护"正常诉求"，也给工作人员留有思考、总结和提升的时间，这是一个问题。

2021年9月24日，经过北京市十五届人大常委会第三十三次会的审议，通过了《北京市接诉即办工作条例》，该条例的出台，标志着北京市将诉求人的权利和义务以地方性法规的方式加以明确。

《北京市接诉即办条例》对诉请人可诉求范围、诉求形式、诉求权利保障等方面进行了细致规定。同时，还从知情权、主体间平等关系、人文关怀等视角引申和拓展了诉求人的权利。

诉求人权利

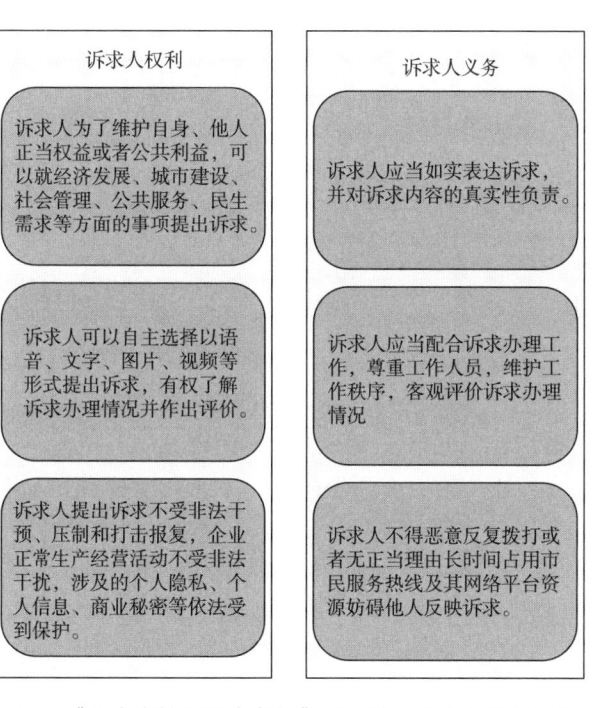

- 诉求人为了维护自身、他人正当权益或者公共利益，可以就经济发展、城市建设、社会管理、公共服务、民生需求等方面的事项提出诉求。
- 诉求人可以自主选择以语音、文字、图片、视频等形式提出诉求，有权了解诉求办理情况并作出评价。
- 诉求人提出诉求不受非法干预、压制和打击报复，企业正常生产经营活动不受非法干扰，涉及的个人隐私、个人信息、商业秘密等依法受到保护。

诉求人义务

- 诉求人应当如实表达诉求，并对诉求内容的真实性负责。
- 诉求人应当配合诉求办理工作，尊重工作人员，维护工作秩序，客观评价诉求办理情况。
- 诉求人不得恶意反复拨打或者无正当理由长时间占用市民服务热线及其网络平台资源妨碍他人反映诉求。

图2 《北京市接诉即办条例》规定的诉求人权利与义务

在高校档案利用"接诉即办"的实践中，要学习领会好《北京市接诉即办工作条例》，向档案利用人做好宣传，使《北京市接诉即办工作条例》一方面成为高校档案"接诉即办"的指引，另一方面成为高校服务育人和服务社会的突破口。

（二）如何处理好档案部门在涉档诉求中的职能和作用

档案是国家机构、社会组织以及个人从事社会活动所形成的保存起来以备查考的文字图像和声音等类型的原始记录。档案是由一个或多个文件组成的，这些文件中包含着某个特定机构或个人的实际历史或信息。

高校档案指高校从事招生、教学、科研、管理等活动直接形成的对学生、学校和社会有保存价值的各种文字、图表、声像等不同形式载体的历史记录。高校档案工作涉及高校工作的方方面面。诉求提出人，尤其是校外人员，在提出诉求时大多没有以科学研究的严谨精神做好计划，在语言组织上也不能正确地体现出档案工作在其诉求过程中的正确地位。因此会存在一些根据诉求人的陈述是涉及档案管理的事件，而在解决过程中档案管理部门仅仅起到配合作用的情况。当然，档案工作者对这种情况的处理，首先是表示理解，不能要求非专业人士对高校的行政管理尤其是档案管理有专业级的了解；其次是要关心学校的各方面工作，在"接诉即办"工作中发挥适当的作用。在档案管理工作范围内，要第一时间尽力解决，档案管理部门需要配合其他部门解决的，应当全力配合其他部门的工作。

（三）如何处理好"接诉即办"的具体案例和档案服务水平提升之间的关系

档案工作"接诉即办"面向的是千千万万的档案利用人及其各种各样的需求。每一个事件、每一份档案都是非常琐碎和独立的，如何在这些琐碎而繁杂的事件中寻找规律，一方面提升档案服务的能力，另一份面对档案的整理、收集和管理提出建议和意见，使档案服务成为有反馈、有领悟、有提升的鲜活的专业技术。这对我们每一个在档案管理相关岗位上的人员，无论是个人的成长还是工作的进步都非常有益。首先，我们要加强时间管理，这一点非常重要。要弄清楚档案利用人的需求是什么，遇到的问题是什么，抓住关键点，按照时间不同和远近程度合理安排处置工作的优先级别，提高自己的工作效率。第二，要在处理诉求事件中学会思考和解决问题的方法和思路。第三，要做好沟通，要做好与同事、档案利用人以及领导的沟通。第四，要不断学习和更新知识。在档案利用服务的事务性工作中，以工作中的案例为抓手，不断更新自己的知识、提升有用的技能，以适应不断变化的环境和要求。最后，要善于总结和归纳。面对一条条的档案利用记录，我们不应该将其束之高阁备查，而是要及时总结和归纳，以帮助自己发现其中的规律，找到进步的途径，提高工作效率。

五、对策及建议

（一）提升认识，党建引领"接诉即办"工作

首先，在思想上必须提高对"接诉即办"的认识高度。2022年12月

"北京党建引领接诉即办改革论坛"圆满召开。会议的主题报告《北京党建引领接诉即办改革发展报告》不仅是北京"接诉即办"改革的回顾与总结、经验与提炼，更是北京"接诉即办"改革今后的前瞻思考与战略谋划。在接下来的发展过程中，北京要在"接诉即办"的道路上继续深化改革，调适体系，优化管理，力争使北京变得更加健康，更加舒适，更加智能和更具韧性。

"接诉即办"诉求处理过程中，要增强基层党组织政治引领功能。通过强化党的基层组织体系建设、促进党政交叉任职、发挥单位部门各级党组织领导核心作用等措施，在制度设计中破解党建与治理"两张皮"难题。与此同时，抓接诉即是抓工作，还起到了服务凝聚群众的作用。"接诉即办"群众诉求是群众权益的反映。一方面，受社会生活复杂性的影响，很多城市治理问题从规则制定之初就不可能全面涵盖各种复杂个案，不可避免地出现了治理中的一些死角；另一方面，民众为维护个人利益而提出的诉求也成为民众参与基层治理的动力。

（二）构建有重点有弹性有温度的诉求处置流程

要贯穿"接诉即办"的各个环节，围绕档案利用人关切的重点，结合本单位的实际情况，建立"接诉即办"全部环节的处置流程。在处置流程中要覆盖各个流程，要突出重点，能够高效解决诉求的问题；要有弹性有内部纠错机制，能够及时处理办理过程中的各种状况；要有温度，使档案利用人感受到人文关怀和热情服务。

"接"的环节作为"接诉即办"的起始点和前提，是档案利用人接触档案工作者的第一个环节，也是解决好利用诉求的第一步骤。作为档案工作者，我们要做到"用心倾听"了解档案利用人提出诉求的原因，诉求核心要解决的问题什么，诉求办理时遇到什么困难；不但要了解内容，也要关注档案利用人的情绪和语气。做到记录清晰准确，合理安抚情绪，判断轻重缓急，明确档案管理部门在诉求提出人提到的事件中的地位。这个环节的关键是要"听"得准确、认真、用心，了解档案利用人的真实要求，对询问的要求进行及时回复；对无法回复的，则要找准自身部门的定位，如需与其他部门进行合作，应更高效、更高质量地接收和传递档案利用人提出的信息和要求。

"诉"的环节要传递出档案利用人的想法和需求。这是档案利用人为了自身利益向档案管理部门提出主张和诉求的过程，既是档案利用人的权利，更是义务。尤其是在党中央大力提倡构建"共建共治共享的社会"的情况下，档案利用人对档案形形色色不同利用需求的"诉"，反映出的是社会对于档案需求的不同变化，也为档案管理部门在档案建设和研究提出了要求和方向。

"即"体现是在诉求办理过程中，档案工作者要尽快明确问题、尽快落实责任单位、尽快行动、尽快解决，不拖延、不推诿。这不仅反映了档案服务的行动效率和管理态度，也反映学校管理育人、服务育人的情感。在实际操作中，我们不但要快速反应、快速办理，而且要通过各种形式及时与档案利用人取得联系，及时反馈办理进度，确保"接诉即办"机制落到实处。

"办"是整个流程的终点，也是最终目标。"办"好每一件档案利用诉求，就是为档案利用人排忧解难，让其体会到高校档案管理的能力和温度。对于一些包含了由来已久、事件经过复杂、历经变迁材料不全等要素的问题，在解决过程中确实非常困难，但是能够打通很多原有不通畅的工作流程，这种情况下，可以以联席会等方式，进一步深化和拓展"接诉即办"工作，集中处理档案利用人反映的热点问题，进一步健全和完善档案工作的制度和机制。

（三）加强总结，助力档案建设工作主动治理

高校档案"接诉即办"工作不能停留在头疼医头、脚疼医脚的被动补救上，应当在适当的情况下主动开展工作。针对诉求较多的情况，要有预见性地开展工作；针对共性的问题，要及时发现不足，提升改善。将"接诉即办"工作与档案管理工作"主动治理"进行结合。想档案利用人所想，急档案利用人所急。举一反三、闻一知十，从档案利用人最需要、存在困难最大的问题出发，准确找到问题出现的痛点和难点，分析问题出现的主要原因，从而对症下药制定改进的措施。此外，将上述措施与目前档案管理工作相对照，看看是否存在同样的问题，真正达到以"接诉即办"带动档案工作主动治理的目的。

参考文献

[1]伍爱群.不断提升城市安全治理水平（深入学习贯彻习近平新时

代中国特色社会主义思想）[N]．人民日报，2023-03-02（9）．
[2] 中国社会科学院政治学研究所课题组．坚持人民至上 共创美好生活——北京党建引领接诉即办改革发展报告[J]．管理世界，2023（1）：15-28．
[3] 北京市接诉即办工作条例[N]．北京日报，2021-09-25（012）．
[4] 高等学校档案管理办法[J]．中华人民共和国教育部公报，2008（09）：5-9．
[5]《北京市接诉即办工作条例》表决通过！要点一图读懂[EB/OL]．（2021-09-25）[2023-06-23]．https：//www.beijing.gov.cn/zhengce/zcjd/202109/t20210925_2501613.html．
[6] 田金凤，何迎纳，张立申，姚旭，刘利，李轶琦，于立，田辉．大型国有供热企业"接诉即办"管理体系[J]．国企管理，2022（07）：92-98．
[7] 王文举，孙杰．以人民为中心的接诉即办运行逻辑[J]．北京社会科学，2022（02）：27-34
[8] 刘杰．职业院校贯彻落实"接诉即办"存在的问题及对策[J]．办公室业务，2022（12）：56-58．

高校校办企业体制改革历史中内部控制建设的探究与实践

石 乐 许 静

摘 要：为贯彻《国务院办公厅关于高等学校所属企业体制改革的指导意见》，尊重教育规律和市场经济规律，根据企业不同经营情况，推动高校所属企业体制改革，提质增效，高等院校对所属企业进行了全面体制改革。在清理关闭、脱钩剥离相关企业的同时，对保留企业进行公司制改制，建立现代企业制度。重点针对高校企业体制改革中的保留企业内部控制建设进行分析，包括保留企业内部控制建设架构和内部控制建设的工作思路。

关键词：高校；校企改革；内控建设

为深入贯彻《国务院办公厅关于高等学校所属企业体制改革的指导意见》（国办发〔2018〕42号），北京市教育委员会、北京市财政局印发了《北京市高等学校所属企业体制改革实施方案》，改革目标是解决高校所属企业存在的事企不分、监管缺位、法人治理结构不完善、资本运营效率不高等突出问题，保障高校所属企业国有资产安全和持续健康发展。

一、高校校办企业体制改制概况

高校根据相关文件精神，结合高校实际情况，制定所属企业体制改革实施方案，首先成立资产经营公司，将所属企业均转入高校资产经营公司，对所属企业进行全面清理，理清产权和责任关系，根据不同情况，采取不同方式，分类实施改革。

石乐（1977— ），女，河南项城人，北京联合大学经管办综合科科长，助理研究员（社会科学），主要研究方向为校企管理；许静（1978— ），女，河北安平人，北京联合大学科技处科技服务中心科长，助理研究员（教育管理），主要研究方向为科研管理。

（1）清理关闭。对僵尸企业、空壳企业和长期亏损、扭亏无望、不具备持续经营条件的企业，依法依规通过注销等方式清理关闭。

（2）脱钩剥离。对与高校教学科研无关的企业，可结合实际，按照国有资产管理程序，整体划转至国有资产监管的国有企业或国有资本投资经营公司，既可与高校和接收单位协商签订划转协议，明确各方权利关系，也可以依法规采取其他方式脱钩。相关收益统筹用于高校所属企业改革成本补偿和学校发展事业。

（3）保留管理。对与高校教学科研相关的企业和承担高校服务保障等企业，确需保留的，由高校研究提出具体保留意见并上报主管部门及改革工作小组。由改革工作小组和市政府审定后，可保留由高校资产经营公司统一管理。

改制之后，无论是控股还是参股，校资产经营公司是所有校办企业的唯一股东，代表学校行使股东权利。校资产经营公司是具有独立民事责任的主体，是独立承担有限责任，自主经营、自负盈亏、自我约束、自我发展的独立法人实体和市场竞争主体，同时担负起对企业资产保值增值的责任，依法保护学校合法权益。如果下属企业出现问题，学校不再负责，由资产经营公司承担。

二、保留企业内部控制建设架构

高校校办企业改革工作的重点是：进一步规范企业管理，建立现代化企业制度，处理好产学研三方的关系，坚持校办企业以科技成果转化或高新技术产业化为主的原则，建立权责明确、事企分开的管理体系。

（1）学校层面。高校通过制定校办企业管理办法，明确划分党委会和校长办公会、经营性资产管理委员会、资产公司董事会三者的管理职责和决策权限。其中，经营性资产管理委员会负责统筹组织协调学校所属企业管理工作，代表学校对资产公司行使出资人权利和股东职能；经营性资产管理办公室是经营性资产管理委员会的办事机构，对校办企业实施管理和服务；资产经营公司代表学校对外开展投资经营活动，对下属企业行使出资人权利。

（2）资产经营公司层面。成立董事会和监事会，任命经理层。以公司章程为基础制定《"三重一大"实施细则》《董事会议事规则》《监事会议事规则》以及投资、财务、人力资源、薪酬管理等各类管理制度,建立完善的法人治理机构和企业内部制度体系。

(3)二级公司层面。在学校和资产公司的指导和督促下,所有二级企业完成公司制改革,设置董事会和监事会,建立以公司章程为基础的内部管理制度体系,通过委派董事、监事,考核企业负责人等方式,积极做好国有资产监管,确保国有资产保值增值。

三、内部控制建设的工作思路

内部控制建设是高校及所属企业为防范经营风险,保护资产的安全与完整,促进各项经营活动的有效实施而制定的各种业务操作程序、管理方法和控制措施的总称。

1.高校对所属企业的监管

高校通过制定《"三重一大"实施细则》《校办企业管理办法》等相关制度,体现高校党委对所属企业党组织的领导;高校需明确划分高校党委常委会和校长办公会、经营性资产委员会、资产公司董事会三者的决策权限,通过委派董事、监事对资产公司进行管理与监督;高校需明确所属企业应纳入高校"三重一大"决策中的事项范围、标准和权限,对所属企业重大资产处置和投资权限进行明确规定;高校应建立所属企业及其负责人考核评价制度,激励企业提高经营业绩,规范经营行为;根据高校审计、纪检、巡查相关管理制度,建立对所属企业的监督机制;聘请专业机构对全资企业进行内控审计和评价,发现问题由专业机构协助企业进行整改落实;推动企业财务人员外派工作,强化对全资企业的财务管理、服务支撑及监督,促进校办企业财务管理工作的规范化、制度化。

2.所属企业内部制度体系

所属企业均需制定《"三重一大"实施细则》,规范所属企业重大经营管理事项需经党组织研究讨论后,再由董事会或经理层作出决定;所属企业建立以公司章程为基础的企业内部制度体系,制定财务管理制度和财务审批制度对出借资金、借入资金进行规定;建立适应企业运营及业务需要的决策流程,符合学校相关规定;资产经营公司建立对下级企业的审计、检查等监督机制;

3.规范所有企业国有资产产权变动、收购或处置重大资产行为

所属企业产权变动、收购或处置重大资产等经济行为需按法律法规、企业章程规定，经相关权力机构批准，按规定履行评估备案等国资监管程序，其中涉及"三重一大"的，必须履行学校或所属企业集体决策程序；所属企业产权转让需通过产权市场公开进行，采取非公开协议转让和无偿划转方式；所属企业改制经济行为按权限报股东会或董事会决策并按规定履行清产核资、评估备案等国资监管程序；交易价格以经核准或备案的评估结果作为基础确定，当交易价格偏离核准或备案的评估结果时履行集体决策程序；所属企业签订产权变动、收购或处置重大资产等众多经济合同履行审批手续，重大经济合同的签订方、合同标的、合同金额付款方式、付款节点的变更按规定履行决策程序。

4.规范所属企业经营管理

有限责任公司的独立经营，有利于增强校办企业内部的动力机制，有利于调动企业经营者及职工的积极性，有利于兼顾学校、企业与职工三者的利益，更有利于企业的持续健康发展。在资产评估、产权界定、不良资产剥离及核销、股本设置和配股等问题上，学校做出利益让步，允许边发展边规范。高校要严格控制所属企业的举债规模，资产负债率应控制在合理范围内；严格控制企业担保行为，对外担保应履行相应程序；采取审计、巡查、纪检等监督措施，杜绝对所属企业存在与其他企业进行股权代持、虚假合同、签订挂靠合同的情况；所属企业减免或豁免应收的收益应履行相应决策程序；资产公司或其他一级企业应对下级企业开展审计、检查等监督工作。

参考文献

[1] 翟福军.对高校校办企业体制改革的思考[J].中国市场,2008(39):140-141.

[2] 李丹.高校校办企业体制改革的建议[J].湖北成人教育学院学报,2019(03):20-22.

[3] 范俊麟,武慧娟.高校资产管理新模式的探索与研究——以广东工业大学为例[J].行政事业资产与财务,2014(25):16-17.

[4] 翁凌燕,朱俐.加快校办科技产业供给侧改革的几点建议[J].

中国高校科技，2017（08）：79-80.

［5］国务院办公厅关于高等学校所属企业体制改革的指导意见（国办发〔2018〕42号）［Z］2018.

［6］周菊英，周志荣．对高校校办企业规范监督管理机制的思考［J］．南京医科大学学报（社会科学版），2002（2）：145-147.

［7］王国勇．高校校办企业管理模式研究［J］.山东工艺技术，2018(15)：206.

校史馆布展推动高校校史文化传承作用研究

张 宇

摘 要：随着我国高等教育事业的发展，校史文化的建设也越来越受到重视，出色的展览有吸引人的力量。丰富的馆藏，特点突出的布展是讲好校史，传承文化精神，夯实育人功能的重要基础。高校校史的文化传承价值体现为价值观的延续、传承与创新、大思政课的教育功能。校史馆布展的重要性包括主题明确，激发学生的认同感；以史为基，强化代入感；以事为引，挖掘文化特色，增加归属感。校史展览实现校史文化传承的途径包括从平面到立体；加强专门人才队伍建设；健全育人机制，多部门有机联动；有助于凝练全校师生的奋斗目标。

关键词：高校展览；校史馆；文化传承

习近平总书记指出："中华文明源远流长，孕育了中华民族的宝贵精神品格，培育了中国人民的崇高价值追求。自强不息、厚德载物的思想，支撑着中华民族生生不息、薪火相传。"文化是一个国家、一个民族的灵魂。校史不仅是一种文化，也是一所学校的灵魂和命脉所在，校史馆即是展示校园文化的平台。

目前，我国校史馆的建设多以档案馆为依托，经过多年发展，已由单纯的校史资料整理和保存发展为集收藏、科研、教育等功能于一体的校园文化机构，具有展现学校办学历史、传承高校精神文化、蕴含丰富的校友与人力资源、凝聚高校科研资源价值内涵的优势。校史馆承担了记录学校办学历程、教育新生了解校史的责任，具有宣传校史、传承校园文化的育人导向功能。

笔者主要从文化功能角度，探析校史馆对文化传承的特殊价值，以加深我们对校史文化价值、育人功能的认识。

张宇（1982— ），女，北京人，北京联合大学档案（校史）馆馆员，馆员（档案），主要研究方向为档案利用、校史编研。

一、高校校史的文化传承价值

高校校史的文化育人和文化传承功能是突出亮点,其中育人功能是高校校史的核心功能。如何发挥其育人作用,充分了解高校历史发展过程,可以透过校园内的一砖一瓦、一桌一椅,一本旧书,两段故事……感受昨天的历史、现在的校园,畅想未来的自我,可以从教师、学长的一言一行中传承丰厚的文化精神和底蕴。

(一)价值观的延续

高校校史是开展爱国主义教育的重要载体。中国高等教育是近一百年来才发展起来的,期间伴随着中国社会从封建社会的懦弱挨打到五四运动的青年觉醒,再到共产党领导下的新中国的建立,大学也伴随着时代一步一步成长起来,每一所大学都是时代发展的缩影,例如北京大学、中国人民大学、北京联合大学等。它们是时代的缩影,具有丰富的爱国主义内涵,记载着一代代教育工作者筚路蓝缕、孜孜不倦的拼搏历程。作为大学生,从中体味先辈的精神,做人做事的原则,既有教育意义,又有亲切感、代入感。高校校史是开展爱国主义教育、革命传统教育、爱校教育的生动教材和有力支撑,因此,学好校史、用好校史是传承校园文化、延续核心价值观的最直接体现。

(二)传承与创新

高校校史文化的传承与创新功能,是指既要传承学校的传统文化,又要在这个基础上有所创新与突破。学校办学历程中,总会出现影响学校发展的重大事件、杰出人物、重要成果等,在学校的历史上留下浓墨重彩的一笔。这些人与事在不断叙说中,潜移默化地影响着学校发展的进程,激励着师生、校友去探究和思考校史,探索其中的发展规律,从而影响未来自身的发展。以史为鉴,不断挖掘校史的深层次内涵,不断加深对校史的认知,融合新时代中国特色,发掘更多与时代的契合点,推陈出新,与时俱进。

(三)大思政课的教育功能

学校的基本功能是育人。学校的校风、学风、价值观、文化传统等都可以通过校史文化展现出来。通过校史文化的影响和熏陶,师生、校友在提取文化价值、陶冶道德情操、提升政治素养的同时,思想得到了升华。校史文化教育是"大思政课"发挥其育人功能的生动体现。

二、校史馆布展的重要性

一馆一世界,一馆一特色。博物馆、专题展、校史馆等各类展馆都有其不可替代的特点,这是其存续的关键,安身立命的根本。这个特点因不断受到其所在的地域、所属的领域、自身的文化底蕴等多方面因素的影响,不断凝练,形成一种无形且强大的力量,从而使自身价值更加凸显,更具生命力。

校史馆是校史内容的承载者,校史展览是展现校史最直接的方式,因此如何布展就显得尤为重要。

（一）主题明确,激发学生的认同感

办展览是一件很有意义的事情,需找到原点、明确终点,需要做到内容与形式的有机结合,做出亮点,办出特色。不管是临展还是常设展览,都是在构建探寻历史、连接当下、启迪未来的公共文化服务空间。

校史展览在展线设计上需要做到主题明确,发展阶段划分清晰,能够帮助观者厘清学校的发展历史及重点特色内容。校史展览多以文字资料和图片资料为主要展示形式,辅之以必要的实物和视频资料,用于展示学校的办学定位、校风、校训、历史沿革,各个历史时期的重要事件和办学特色,学校在教学成果、师资队伍建设、科研工作、对外交流、党建与思想政治工作、校园文化等活动中取得的成绩。校史展览将这些资料呈现出来,讲好学校办学历程的同时,使学生在前辈的奋斗事迹、学习经历中,激发奋发向上的学习热情,增加学生对学校的认同感,更好地投入学习生活中去。

（二）以史为基,强化代入感

一个有灵魂的展览,每一个展品的摆放都能够起到画龙点睛的作用,能使整个展览活起来。校史展览浓缩了学校发展历史、办学历程和不同时期的学校面貌,使观展者能够回忆起学校发展的艰辛历程和先辈呕心沥血的奋斗经历。这些场景都是通过一幅幅画面、一个个数据、一件件实物讲述出来的。文字、图片、表格、实物、影像资料,以不同的方式将历史呈现出来,构成一个展览的血肉,让抽象的史实变得立体,使观者能够更为直观地去感知,更有代入感。

（三）以事为引,挖掘文化特色,增加归属感

如果说主题脉络是大脑,史实是骨血,那么从中表达的建校精神、先

辈的理想信念就是根脉。因为这些根脉的存在，让校史变得更有意义和价值。这些根脉存在于展览中所用的每一张图片、每个数据、每一件实物背后的故事中，这些故事不是孤零零、干巴巴存在的，而是互相串联起来，成就了整个展览。用鲜活的故事讲述有温度的校史，体味其中独属于大学校园的文化内涵，提升育人功能。

习近平总书记在考察中国人民大学时强调："中国人民大学在抗日烽火中诞生，在党的关怀下发展壮大，具有光荣的革命传统和鲜明的红色基因。一定要把这一光荣传统和红色基因传承好，守好党的这块重要阵地。要加强校史资料的挖掘、整理和研究，讲好中国共产党的故事，讲好党创办人民大学的故事，激励广大师生继承优良传统，赓续红色血脉。"这充分说明独特历史、独特文化与教育之间的重要联系。

每一所学校的校史都是一个汇聚时代发展的小缩影，校史展览更是开展爱国主义教育、爱校、荣校教育的宝贵资源和生动教材。通过挖掘、整理、探究校史资料的内在，利用通俗易懂的小故事，深入浅出地解说，让大学生深刻了解学校发展历程的艰辛和曲折、传承优秀创校先辈的风范和精神，增强学生的爱校、荣校的自豪感和认同感，使学生深入其中，增加其归属感。

综上所述，合理的布展对展示学校办学历程，传承校园文化有着不可忽视的重要作用。此外，在展览的布展理念上，也应实现转变。比如布展时，因为校史资料的不完整，习惯上有什么用什么，而不是需要什么用什么，致使展览在呈现时留有"遗憾"，适当地创造和补缺也是布展的必要手段。

三、校史展览实现校史文化传承的途径

（一）从平面到立体

作为校史文化的主要载体，校史展览往往通过声光电的综合手段将校史资料予以展示，是师生了解校史、校情的最直接的途径。近年来，全国上下重视文化发展、狠抓立德树人，通过大思政课，实现全方位育人。在实现校史文化的育人和传承功能上，单一地参观校史展览已经不能满足当下校史育人的需要，拓宽展览范围，转变布展理念，才能实现展览的立体化。

在校史资料的挖掘上，可以深度挖掘校史，补全缺失的照片信息；通过口述、走访等方式，收集校史资料，丰富馆藏；多角度全方位梳理校史，编纂相关校史读物；面向师生，举办不同形式的校史活动等，丰富校史资料的内容及展示形式。

布展上，打破一次文献的统领地位，加入"创造"的素材资料，如编纂的书籍、编制的视频、仿制的旧物……以更贴合、更立体化的方式实现校史故事的讲述，提升校史的文化传承作用，夯实高校校史的育人功能。

（二）加强专门人才队伍建设

成功的展览，不仅仅是出色的展陈设计与布置，讲解人员的培养同样重要，这样才能让展览活起来。对于高校而言，培养一批校史文化方面的专门人才，是有效宣讲校史，传承校园文化的必要措施。

（1）成立宣讲团队。该团队应由学校党委宣传部牵头，设专人管理，其成员应是对学校具有强烈归属感、认同感、自豪感，熟悉学校的发展历程，有传播校园文化的自觉性的师生。宣讲团成员从讲稿的直接背诵，到积累资料、结合自我经验分享的宣讲，既是自身学习、深入研究校史的过程，亦是通过引发共情、促进认同，提高校史文化传承的过程。

（2）培养校史文化课程教师。筛选出对校史文化有高度兴趣和热情的教师，进行集中培训，辅以自学的方式，同时鼓励相关校史文化的科学研究，促进校史的深层次研究。在老领导、老专家、退休教职工、老校友的协助下，培养一批具有丰富知识储备，卓越科研能力的校史文化传播的教师队伍。

（三）健全育人机制，多部门有机联动

校史的学习，文化的传承，不是一个人、一个部门单打独斗可以胜任的工作。作为校史文化建设的主体部门，高校党委组织部、党委宣传部、人事处、学生处、团委、校友会、校史馆等部门应该提高重视程度，挖掘校史价值，突破各自业务范围，形成一套行之有效的育人机制，拓宽和加深传承校园文化的广度和深度，引导学生加强自主意识，提升育人效用。

（四）有助于凝练全校师生的奋斗目标

校史展览可以使布展人和观展者通过展览深化对校史文化的认知，在不断深化认识的过程中，逐步挖掘校史所蕴含的深层次内涵，比如学校精神、老一辈人的传统、人文情怀，从而凝练全校师生的奋斗目标，以史为鉴，正己修身，继往开来。

四、结语

育人是高校校史文化的首要功能，是传承校史文化的根本目的。高校应主动适应新时代高等教育的需求和发展方向，在校史文化建设方面不断推陈出新，健全育人机制，激励学生奋发向上，深入落实"大思政课"培养时代新人的目标，实现高校的内涵式发展。

参考文献

[1] 张鹏路. 校史馆作为高校思想政治教育载体研究[J]. 教育观察，2018（7）：43-45.

[2] 史维丹. 档案的文化传承功能刍议[J]. 水利天地，2012（07）：13-14.

[3] 周新华，于龙. 充分发挥档案的文化传承和历史教育作用[J]. 兰台世界，2010（S2）：47.

[4] 唐圣琴. 提高档案利用　传承优秀文化——贵州大学档案馆（校史馆）的实践[J]. 兰台世界，2020（S2）：64-66.

[5] 蒲婧翔. 高校档案在高校文化传承中的价值实现路径研究[D]. 南京大学，2018.

[6] 谢冠仙. 大学校史文化思想政治教育的功能及实现路径[J]. 福建医科大学学报（社会科学版），2017（3）：4-8.

[7] 姜佃高. 校史文化教育对大学生的影响及实现路径探究[J]. 兰台世界，2016（16）：155-156.

[8] 赵林林，顾炜，司献英. 全方位育人背景下高校校史育人路径创新研究[J]. 兰台世界，2018（3）：80-83.

[9] 孙冰. 高校校史的文化育人功能实践探索——以丹阳师范学院为例[J]. 成才，2023（05）：10-12.

[10] 郭万保. 大学校史文化的育人作用及实现路径[J]. 山东理工大学学报（社会科学版），2022（05）：87-95.

[11] 都辉，陈九如. 校史文化育人功能探析——以安徽师范大学为例

[J].高校辅导员学刊,2015(05):97-100.

[12] 唐会兵.提升校史文化育人功能的路径探究[J].开封教育学院学报,2015(08):179-180.

[13] 阮晶晶.浅谈高校校史馆文化育人功能及其实现路径[J].兰台内外,2019(25):36-37.

[14] 王纪宽,王志华,高云燕,于萧潇,丰怀北.新时代下高校校史文化建设及育人策略研究[J].教育现代化,2019(93):227-229.

[15] 周海.高校校史在校园文化传承中的作用[J].科教导刊(中旬刊),2020(11):14-15.

二
档案学专业导师指导学生思考与研究成果

基于文本分析的各省"十四五"档案事业发展规划对比

王 欣 王巧玲

摘 要：2021年6月9日，中办国办局印发《"十四五"全国档案事业发展规划》，随后各省自治区直辖市根据其中提出的相关内容，结合自身情况，相继发布本省自治区直辖市的"十四五"档案事业发展规划，体现了各地对于未来五年档案事业发展的重视。基于上述对当前各省自治区直辖市档案事业"十四五"规划文本进行分析及对比，不难发现，档案治理体系、档案资源体系、档案安全体系、推进档案信息化、档案人才培养始终是各省自治区直辖市档案事业发展重点，此外，各省自治区直辖市十分重视红色档案、民生档案以及基层档案工作。

关键词：档案事业；档案事业发展"十四五"规划；比校分析

一、引言

2021年6月9日，中办、国办印发《"十四五"全国档案事业发展规划》，随后各省、自治区、直辖市（以下简称省区市）根据其中提出的相关内容，结合自身情况，相继发布本省区市的"十四五"档案事业发展规划，体现了各省区市对于未来五年档案事业发展的重视。

笔者选取了国内著名期刊文献数据库CNKI作为文献来源进行文献检索，以"十四五"规划为研究对象的文献只有37篇，由此可以看出，目前学界对于档案事业发展规划解读及分析的研究成果并不是很多。

研究主要方向涉及以下几个方面：一是基于档案事业未来发展及"十四五"发展规划研究的档案文本的解读，主要是以当前全国范围内的

王欣（1998—），女，辽宁大连人，北京联合大学在读硕士研究生，研究方向为档案现代化管理；王巧玲（1977-），女，湖南衡阳人，北京联合大学教授、硕士生导师，博士，主要研究方向为档案基础理论、档案治理体系和档案教育，E-mail: wangql@buu.edu.cn，本文通讯作者。

"十四五"档案事业的发展情况为研究对象。[1]二是对我国档案事业总体发展及规划目标进行的文本综合分析报告或文本综合对比分析。[2]三是以档案事业的某一主题为视角,结合"十四五"规划的相关内容,研究未来发展策略或方向[3]。

综上所述,目前学界对档案事业发展规划解读及分析的研究成果相对较少,多为相关规划文本的分析,对规划进行横向或纵向对比分析研究的成果较少。

我国拥有34个省级行政区,本文所研究主的要对象为港、澳、台除外的31个省级行政区发布的档案事业发展"十四五"规划,对比各省区市发文主体、文本内容以及主要任务,总结各省区市档案事业发展的重点。

二、发文主体情况对比

31个省级行政区中,北京、天津、重庆的"十四五"档案事业发展规划由市委办公厅、市政府办公厅联合发布,上海市由上海市档案馆发布。五个自治区都由各自治区党委办、政府办联合印发。22个省中的大部分由省委、省政府办公厅联合印发,福建省由福建省档案馆和福建省发展和改革委员会联合印发;辽宁省由辽宁省档案馆印发,浙江省由浙江省发展和改革委员会印发。

由以上统计可以看出,大部分省级行政区所发布的"十四五"规划是由"两办"联合发文。一方面提高了"十四五"规划的重要性;另一方面,既表明了各省区市对档案事业发展的重视,也体现了切实推动各省档案事业发展的决心。

三、文本内容结构对比

从文本框架方面情况看,各省区市的"十四五"发展规划结构大体相同,包含发展环境、总体目标、主要任务、保障措施四个方面,发展环境主要阐述"十三五"时期本省区市取得的发展成就及"十四五"时期即将面临的挑战。总体要求主要描述了"十四五"规划的总体发展目标。主要任务是根据国家档案事业发展第十四五规划提出的目标和要求,"十四五"全国档案事业发展规划中提到的八项具体要求,各省区市的规划中基本都有提及,并对其进行了细化。本部分是规划中篇幅最长,也是最核心的部分,能体现未来五年档案事业发展的核心及重点。保障措施部分则阐述保证任务顺利完成的相应措施,各省区市基本上都已经提到在全国档案事业发展规划所提到全面组织及领导、资金保障和检查评估。此外,安徽省、甘肃省、广西壮族自治区、海南省等地提出要加强档案舆论宣传及引导;江苏省、陕西省提出要推进科技支撑;福建省提出要强化人才支撑;四川省提出要坚持依法治档、强化交流合作。

四、主要任务对比

《"十四五"全国档案事业发展规划》中对于未来五年全国档案事业发展提出了八方面任务,即档案治理体系建设、档案资源体系建设、档案安全体系建设、档案信息化建设、档案科技创新、档案人才培养、对外交流合作。这八方面任务也是规划内容的核心部分。本文以八项任务为基础,对各省区市未来五年档案事业发展主要任务进行分析。

本文对各省区市"十四五"规划中的主要任务进行了统计,如下表1所示。不难看出,各省区市"十四五"规划结构大体相同,其中档案治理体系、档案资源体系、档案利用体系、档案安全体系、档案信息化五个方面均有涉及,档案人才培养只有福建省和云南省没有涉及,档案科技创新只有西藏自治区、吉林省、陕西省等少部分省区没有涉及,而对外交流合作有很大一部分省市没有涉及,只有上海市、辽宁省、广西壮族自治区等少部分省区市提及。由此可见,各省区市对"十四五"规划的主要任务部分的阐述是有共性的,在个别方面根据各自的情况不同会有所差异。

表1 各省区市"十四五"规划中主要任务阐述比较(缺了宁夏回族自治区)

省份/主要任务	档案治理体系建设	档案资源体系建设	档案利用体系建设	档案安全体系建设	档案信息化建设	档案科技创新	档案人才培养	对外交流合作
北京市	√	√	√	√	√	√	√	○
天津市	√	√	√	√	√	√	√	√
重庆市	√	√	√	√	√	√	√	○
上海市	√	√	√	√	√	√	√	√
内蒙古自治区	√	√	√	√	√	√	√	○
广西壮族自治区	√	√	√	√	√	√	√	√

续表

省份/主要任务	档案治理体系建设	档案资源体系建设	档案利用体系建设	档案安全体系建设	档案信息化建设	档案科技创新	档案人才培养	对外交流合作
新疆维吾尔自治区	√	√	√	√	√	√	√	○
西藏自治区	√	√	√	√	√	○	√	○
黑龙江省	√	√	√	√	√	√	√	√
辽宁省	√	√	√	√	√	√	√	√
吉林省	√	√	√	√	√	√	√	○
河北省	√	√	√	√	√	○	√	√
山东省	√	√	√	√	√	√	√	○
山西省	√	√	√	√	√	√	√	○
陕西省	√	√	√	√	√	○	√	√
江苏省	√	√	√	√	√	√	√	√
浙江省	√	√	√	√	√	√	√	√
安徽省	√	√	√	√	√	√	√	√
河南省	√	√	√	√	√	○	√	○
湖北省	√	√	√	√	√	√	√	○
湖南省	√	√	√	√	√	√	√	○
江西省	√	√	√	√	√	○	√	○
福建省	√	√	√	√	√	√	○	√
四川省	√	√	√	√	√	√	√	○
甘肃省	√	√	√	√	√	√	√	○
贵州省	√	√	√	√	√	√	√	○
云南省	√	√	√	√	√	○	○	○
广东省	√	√	√	√	√	√	√	○
海南省	√	√	√	√	√	○	√	○

（一）档案治理体系建设

各省区市档案治理体系的任务可划分为档案管理体制机制、档案管理规章制度和标准体系、执法与普法、档案工作监督、档案业务指导五个方面。

各省区市对于档案管理体制机制方面意见的总体表述都大体相同，可概括为：加快完善与《中华人民共和国档案法》实施需要相适应相统一的管理领导体制；提高档案业务主管部门组织统筹规划能力；推动档案管理体制机制创新研究；落实档案工作责任制。

在档案法规制度和标准规范方面，各省区市的主要任务包括：及时审查与修订地方性法规；加强行政规范性文件的编制和审查。

档案执法及普法方面，各省区市对于深化档案领域"放管服"改革；加强对"双随机、一公开"执法的监督检查；制定和实施档案普法规划。

档案工作监管方面主要有加强各领域档案工作监管，尤其是对于各重点领域档案工作监管。此外，湖南省提出提升乡（镇）、村两级档案管理水平。

在加强档案业务工作监管的指导方面，推进建立新的数字档案治理模式；完善档案监督指导机制；推进档案（室）规范化建设；做好重大活动的档案指导服务；加强对企业档案管理监督指导。

总体来说，对于档案治理体系建设部分，各省区市具体任务差别不大，大多数省区市在全国档案事业发展规划的基础上，结合本地区的发展，细化和扩展了档案治理体系的任务和内容。

（二）档案资源体系建设

各省区市对于档案治理体系建设部分主要任务的阐述可以分为4个方面：档案资源收集、档案资源质量、馆藏档案结构、档案资源数字转型。

首先，各省区市在档案资源收集方面的主要任务有：重点领域的档案采集；进行口述材料、新媒体信息等的收集。此外，黑龙江省等提出对国家档案资源进行普查；研究非国有档案资源登记制度；推进重点部门专题档案数据库建设。

其次，在档案资源质量管理方面，各省区市提出的主要任务包括：加强对各类档案的集中统一管理；实行三表合一制度；规范乡村和社区的归档工作。此外，内蒙古自治区还提出要定期对档案进行鉴定和处置。

再次，在馆藏档案结构方面，提出了规范档案移交和接收任务；制定中长期档案接收计划。此外，甘肃省还提到了档案馆与博物馆、纪念馆等单位的档案资源共享与合作，天津市、湖南省等特别强调加强民生档案、特色档案和红色档案的收集。

最后，在加强档案资源信息数字化应用方面，各省区市重点任务是推进"增量电子化"和做好"存量数字化"。其中，一些省区市提出了"增量电子化"和"存量数字化"的量化目标。其中，一些省区市提出了"增量电子化"和"存量数字化"的量化目标，如表2所示。

表2 部分省数字化指标

省（自治区、直辖市）	省级档案馆数字化指标	市级档案馆数字化指标	县级档案馆数字化指标	省级机关数字化指标	省级企业数字化指标
西藏自治区	80%	80%	40%	50%	50%
黑龙江省	100%	100%	80%	80%	90%
天津市	80%	90%	/	80%	70%
安徽省	80%	80%	/	/	/
北京市	90%	90%	/	/	/
福建省	80%	80%	100%	/	/
甘肃省	80%	60%	60%	70%	60%
广西壮族自治区	80%	80%	80%	60%	60%
贵州省	80%	80%	80%	/	/
海南省	100%	100%	100%	100%	90%
湖南省	80%	80%	80%	80%	90%
江苏省	90%	90%	90%	80%	/
江西省	80%	80%	80%	/	/
辽宁省	80%	80%	80%	90%	/
山西省	80%	80%	80%	80%	90%
陕西省	100%	100%	100%	50%	50%
上海市	80%	80%	80%	80%	80%
四川省	80%	80%	80%	/	/
新疆维吾尔自治区	80%	80%	80%	80%	90%
云南省	80%	80%	80%	/	/
重庆市	80%	80%	80%	70%	70%

由上表统计数据可以看出，大多数省区市要求的档案馆数字化指标在80%—90%之间，海南省和陕西省要求最高，达到100%。此外，西藏自治区和甘肃省提出的县级档案馆数字化指标偏低，分别是40%和60%。对于省级机关及省级企业数字化指标，大多数省区市提出的指标在70%—90%之间，西藏自治区和陕西省提出的偏低。

总体来说，对于档案资源体系建设部分，各省区市主要任务大体方向保持一致，但在任务具体阐释及侧重点方面有差异。此外，各省区市也针对具体任务提出了量化的目标。

（三）档案利用体系建设

各省区市对于深化档案利用体系部分的阐述主要可以分为3个具体内容，分别是档案开放、档案利用服务能力、档案资源开发力度。

首先，在档案开放方面，各省区市阐述的主要任务有：制定和完善馆藏档案相关制度；促进开放档案全文的网上查阅，安徽、福建等省特别强调加快开放审核步伐。

其次，关于档案利用服务能力方面，各省区市提出的相关主要任务有：挖掘档案资源；提升档案馆服务能力；融入"一网通办"服务体系。北京市等提出要完善村、社区基层一线服务体系、推动新技术应用。

最后，在档案资源开发方面，各省区市提出的主要任务包括：收集档案开发利用的优秀成果；参与国家重点档案保护和建设项目。一些省区市提出要加强档案文化创意产品的开发。此外，西藏自治区还提出与文物保护机构开展跨行业交流，对国家重点档案进行整理、数字化、编目和著录。

综上所述，对于档案资源体系建设部分，各省区市在主要任务的方向上与国家大体保持一致，在此基础上部分省市也提出具有本地区特色的任务目标。

（四）档案安全体系建设

各省区市对于档案安全体系建设部分主要任务的阐述大体可以分为3个方面，档案馆库建设与管理、档案安全保护工作、档案数字资源安全管理能力。各省表述大体相同。

首先，各省区市档案馆建设和管理的主要任务包括：对馆舍进行新建或改造；安全设施和设备的配置和更新；完善安全管理体系和应急预案；规范隐患排查治理和应急处置演练。此外，内蒙古自治区等也提到了绿色档案馆的建设。

其次，在档案安全保护方面，提出的主要任务是：建立档案安全管理责任制；完善档案保密审查机制，建立档案服务外包安全监管机制。北京市提到了档案修复和档案保密教育的相关任务。

最后，在档案数字资源安全管理方面，提出的主要任务包括：提高档案信息基础设施和设备的安全水平；完善档案行业网络和信息安全信息通报机制；提高行业网络安全监测、预警和应急能力。西藏自治区还提到了电子档案和传统载体数字档案的远程异构备份任务。

（五）档案信息化建设

各省区市对档案安全体系建设部分主要任务的阐述大体可以分为4个方面，即档案信息化发展保障机制、电子文件归档和电子档案移交接收、数字档案馆（室）建设、档案信息资源共享平台建设。此外，部分省区市提出要建设智慧数字馆（室）。

首先，各省区市提出并阐述了档案信息化发展保障机制的任务，主要包括：推动融入数字政府等的建设；加强对电子档案管理的要求；建立信息化组织协调机制。一些省市提出建设专用局域网，加强档案信息化建设指导。对于这一部分，大多数省区市都有相同的阐述。

其次，各省区市在电子文件归档方面提出并阐述的任务主要包括：健全电子文件归档和电子文件收发相关制度；推进党政机关电子文件的集中归档；推进电子档案的全面收集。此外，天津市等还提出推进发票电子归档。

再次，在数字档案馆（室）建设方面，一些省区市也提出了量化的具体目标和具体任务，见表3。从表中可以看出，各省区市都根据本地区的发展程度提出了不同的量化任务，其中，北京市规划的尤为详细。此外，一些省区市还提出在机关、企事业单位推进电子档案管理信息系统建设。

表3　部分省市数字档案馆建设量化任务

省(自治区、直辖市)	具体任务
天津市	市级档案馆和50%的区级档案馆建设高水平数字档案馆。
北京市	市档案局业务指导范围内的所有单位将达到国家档案局制定的数字档案评估基本标准，其中70%通过国家档案局数字档案评估，10%(至少20个)成功建设了功能齐全、技术先进的高水平数字档案馆。2022年6月底前，全市16个区全部完成数字档案。2025年至少5个区建成高水平数字档案馆。

续表

省(自治区、直辖市)	具体任务
福建省	拟分别建设两个国家级示范数字档案馆和档案馆，完成10个省级档案单位的数字档案馆建设。
江西省	50%的市级档案馆和30%的县级档案馆建设成数字档案馆；20%的省级机关档案建成数字档案，1-2个国家级示范数字档案建成。
内蒙古自治区	3个以上高水平数字档案馆、3个以上机关高水平数字档案馆、3个以上企业数字档案(室)。
陕西省	10个档案馆通过国家数字档案馆系统测试，3个档案馆建成国家示范数字档案馆。10%的省级立档单位完成数字档案室建设，市县建设一批数字档案室示范单位，全省创建3个全国示范数字档案室。

最后，在档案信息资源共享平台建设方面，各省提出的任务包括：促进档案信息资源共建互用；实现"一网通办"。此外，上海市提出建设掌上档案馆。

总体来说，对于档案信息化建设部分，各省区市也在自身实际情况的基础上增加了更有针对性的具体任务。此外，各省区市也针对某些具体任务提出了量化的目标。

（六）档案科技创新

对于档案科技创新部分，只有部分省区市涉及此项任务内容，主要任务的阐述大致可以分为两个方面：档案科技创新与应用机制、重点科研任务攻关。

首先，在档案科技创新和应用机制方面，各省区市提出的主要任务包括：落实国家科技体制改革和新修订的《中华人民共和国档案法》的有关规定；档案科研成果的转化与应用机制；提高档案科技管理质量。

其次，重点科研任务攻关方面，各省区市提出的主要任务包括：加快档案重点实验室建设；开展新时期档案治理相关理论和政策研究。

（七）档案人才培养

各省区市对档案安全体系建设部分主要任务的阐述大体可以分为3个方面，分别是人才培养力度、人才培养渠道、人才评价机制。

首先,在人才培养力度方面,各省区市提出的主要任务有:加强政治能力建设、加大档案工作者培训力度、培养档案修复方面人才。另外,贵州省强调推进乡村振兴档案人才培养。部分省区市提出了量化的人才培养目标,详见表4。

表4 各省区市人才培养指标

省(自治区、直辖市)	具体任务
宁夏回族自治区	出培养1-2名国家档案专家和3-5名国家档案后备专家。
黑龙江省	拟建设全省"百人档案专家库",建设省级档案专家队伍约50人,省级档案专家后备队伍约50人,中青年档案业务骨干队伍约100人
湖北省	建设一支由10名国家级专家、100名省级专家和500名业务骨干组成的档案人才队伍。
天津市	建成一支由5名左右国家级档案专家、100名左右市级档案专家组成的专家队伍。培育10名左右国家级中青年档案业务骨干、80名左右市级中青年档案业务骨干。
北京市	建成一支5名左右国家级档案专家、10名左右国家级档案储备专家、20名左右国家级档案中青年业务骨干人才队伍。
福建省	建成一支60名左右的省档案专家队伍和70名左右的省档案工匠队伍。
广西壮族自治区	培育100名左右自治区级档案工匠队伍。
内蒙古自治区	培养20名50岁以下自治区档案专家、50名自治区档案专家储备人才、100名中青年档案业务骨干。
山西省	建成一支30名左右的省级档案专家队伍,50名左右的省级档案专家储备队伍,100名左右的中青年档案业务骨干队伍,培育200名左右的档案工匠队伍。
陕西省	建成一支100人左右的档案专家队伍,选拔100名优秀中青年档案业务后备人才。

从上表可以看出,各省区市提出的人才培养的任务指标包含2类:档案专家、档案业务骨干,广西壮族自治区、福建省和山西省还提到档案工匠。各省区市在档案专家培养方面的阐述可以分为国家级和省级两类,大多数省区市都提到了省级专家培养指标,提及国家级专家培养指标的省区市较少。在档案业务骨干培养方面,大多数省区市都提出省级档案业务骨干培

养指标，只有天津市提出培育10名左右国家级档案业务骨干。

其次，在人才培养渠道方面，各省区市提出的主要任务有：加强基层培训力度、推动建设档案继续教育基地、建设档案人才培养基地、推动相关课程开发。

最后，在人才评价机制方面，各省区市提出的主要任务有：深化档案专业人员职称制度改革，保障非公有制经济领域档案专业人员和档案服务企业人员平等参与职称评审的权利。

总体来说，对于档案人才培养部分，各省区市在自身实际情况的基础上提出了人才培养的量化目标。

（八）档案对外交流合作

对于档案对外交流合作方面，只有部分省区市涉及此项任务内容，主要阐述与国外档案学界交流相关任务。例如：天津市提出要积极参与国际档案理事会东亚分会的活动和海外档案培训。辽宁省提出积极参与中国档案遗产和亚太世界记忆名录的申请，完善档案馆际交流长效合作机制。广西壮族自治区提出扩大与东盟国家的档案交流与合作，继续巩固和深化与越南、老挝等国在档案领域的合作成果。

五、结论

通过各省区市档案事业"十四五"规划的对比分析，可以看出：

首先，从发文情况来看，大部分省区市所发布的"十四五"规划是由"两办"联合发文。不难看出各省区市对档案事业的重视。

其次，从文章框架来看，各省区市"十四五"规划结构大体相同，其中档案治理体系、档案资源体系、档案安全体系、档案信息化、档案人才培养五个方面为重点。

最后，从内容分析来看，各省区市在各项具体内容的过程中有三项重点内容：

一是红色档案与特色档案建设，多数省区市在档案资源体系建设及档案利用体系建设中都提到红色档案和特色档案，如福建省就对其特有的侨批档案进行各方面详细规划，包括侨批档案的收集、数字化、编研等。

二是民生档案及档案惠民方面，多数省区市从多个方面，如档案利用体系建设、档案资源体系建设、档案信息化建设等反复提到民生档案及档案惠民等。

三是基层档案工作建设，从档案制度建设、档案利用体系建设、档案资源体系建设、档案信息化建设、档案人才培养等多方面对基层档案工作进行了详细的规划。

参考文献

[1] 徐拥军，嘎拉森."三个走向"：从《"十四五"全国档案事业发展规划》看档案工作发展趋势[J].图书情报知识，2021（06）：4-11.

[2] 赵彦昌，韩瑞鹏.基于NVivo 12的"十四五"档案事业发展规划文本分析[J].档案与建设，2021（10）：4-9.

[3] 周文泓，田欣，熊小芳，田国庆.档案数据化的走向与实现策略——基于《"十四五"全国档案事业发展规划》的展望[J].兰台世界，2022（03）：21-25.

红色档案资源的开发利用研究

吕咏蔚　周　青　姜素兰

摘　要：红色档案资源是档案资源中珍贵又核心的内容。在分析开发利用红色档案资源的具体作用和现实意义的基础是，分析我国红色档案资源开发利用的现状，总结了我国红色档案资源开发利用过程中存在的问题，提出相应的开发利用策略，包括健全政策和法规，为开发利用红色档案资源提供指导；建设数字化平台，缩小地区差异；培养专业人才队伍，确保档案工作的有效性；加强国际合作与交流，推动红色档案资源国际化；加强红色档案资源的保护，实现代代传承。

关键词：红色档案；红色资源；档案开发利用

引言

红色档案资源是中华民族伟大历史和光辉革命的珍贵见证。它们记录了无数英雄人物的事迹、革命的艰辛征程以及社会主义建设的辉煌成就。这些档案资源承载着民族的记忆和希望，是我们珍视和传承的宝贵财富。然而，红色档案资源的开发利用仍面临一系列挑战和问题。为了更好地挖掘和传承这些宝贵资源，我们需要深入思考如何充分发挥其价值，推动其广泛应用和传播。

一、红色档案资源的内涵

红色档案资源是指记录中国共产党及中国革命、建设和改革历程的各种载体形式和形态的历史记录，包括各种文字、图表、音像、实物等不同

吕咏蔚（1999—　），女，山西临汾人，北京联合大学在读硕士研究生，研究方向为档案现代化管理；周青（1999—　），女，江苏南京人，北京联合大学在读硕士研究生，研究方向为档案现代化管理；姜素兰（1966—　），女，辽宁海城人，北京联合大学教授、硕士生导师，主要研究方向为口述档案、档案文化研究，E-mail: sulan@buu.edu.cn，本文通讯作者。

形态。红色档案资源具有丰富、完整、系统以及集中等特点,其载体形式可以是纸质文件、照片、录音、录像、实物等。冯安仪等[1]认为红色档案资源包括可移动红色档案资源(主要为红色纸质档案)、不可移动红色档案资源(即革命遗址、红色村落、纪念碑和红色建筑)、红色口述档案资源(即文字、录音、录像)、非物质类红色档案遗产资源(即红色手工艺品、红色故事、红色歌谣)。

从历史的角度来看,红色档案资源可以追溯到中国共产党建立政权之后的历史,包括中国共产党在不同时期形成的文件、日记、书信、报刊等。这些档案记录了中国共产党领导人民进行革命斗争的历程,对于了解中国共产党的历史、了解中国革命的进程、了解中国社会的演变都具有重要的意义。

从政治的角度来看,红色档案资源反映了中国共产党在各个时期对政治、经济、文化等方面所做出的决策和努力,对于了解中国共产党的执政理念和执政实践都具有重要的历史价值。

从文化的角度来看,红色档案资源也是一种文化财富,是国家和社会珍贵的文化资源之一。这些档案记录了中国共产党领导人民进行革命斗争的历程,对于弘扬红色文化、传承中华文明都具有重要的意义。

二、开发利用红色档案资源的意义

红色档案资源记录了中国共产党发展壮大、不断取得革命胜利的历史轨迹,见证了中国共产党带领人民群众奋斗在不同历史时期、为国家和人民作出的突出贡献,承载着党和国家发展历程中宝贵的精神财富。因此,开发利用好红色档案资源不仅有助于人们回顾历史,传承精神,而且还可以将这些珍贵记忆留存下来并加以传播,有助于更好地推进社会主义现代化建设。

(一)弘扬红色文化,增强民族认同感和民族凝聚力

红色档案资源的开发利用是中国共产党对历史负责、对国家负责的生动体现,也是党的初心使命的生动体现。红色档案记录了中国共产党各个时期所取得的伟大成就,提供了宝贵的历史参考依据,有助于研究中国共产党领导下人民实现民族独立、国家富强的过程[2]。开发利用红色档案资源能够进一步丰富红色文化资源,增强中华民族认同感,坚定中国特色社

会主义道路自信、理论自信、制度自信、文化自信，充分发挥红色档案资源在弘扬民族精神、铸牢中华民族共同体意识等方面的独特作用。在红色档案资源开发利用的过程中，我们不仅可以更好地了解历史，更好地理解我国民族文化的丰富内涵，而且可以让更多的人感受到中华文化的博大精深，增强民族自豪感和自信心。

（二）传承红色基因，在历史中汲取前进的力量

"星星之火，可以燎原"，红色档案资源象征着革命先烈为了新中国而付出的巨大牺牲，凝聚了无数仁人志士的革命精神和意志。我们要将宝贵的精神财富转化为强大的精神动力。抗日战争纪念馆作为保存和展示抗日战争时期相关红色档案资源的场所，记录了中国人民在抗日战争中的英勇抗击，抵御外辱，展现了民族解放和独立的艰辛历程。延安革命纪念地、井冈山革命博物馆等红色旅游景区，展示了革命先烈的英勇事迹和革命历史的重要场景，通过参观和利用这些红色档案资源，人们能够深刻感受到中国人民为保卫国家利益而付出的巨大牺牲和奉献，能够汲取他们在面对困境和挑战时所展现出的勇气和毅力，激发自己的奋斗精神。在开发利用红色档案资源的过程中，让我们这一代又一代共产党员将革命先烈"为有牺牲多壮志"的精神代代传承下去。

（三）培养德才兼备人才的重要途径

高校的主要任务是培养具备坚定的思想政治立场和理想信念的社会主义建设者和未来接班人，以承担国家强盛和民族复兴的使命。立德树人的核心在于加强思想政治教育。习近平总书记曾强调，我们应确保红色基因在青少年心中扎根，成为他们在中国特色社会主义建设中坚定的信念。利用红色档案资源进行红色教育，引导学生树立正确的国家观、民族观、历史观和文化观[3]。

三、开发利用红色档案资源的现状

（一）红色档案资源开发利用的广度和深度有待拓展

目前，红色档案资源的开发利用主要集中在党和国家级的档案馆、纪念馆等单位，而地方和基层单位的红色档案资源利用较为有限。许多地方档案馆和纪念馆虽然保存着丰富的红色档案资料，但由于宣传推广和技术手段的限制，很少被广泛利用。导致红色档案资源的开发利用在地方层面

缺乏广度，很多珍贵的资源无法得到充分挖掘和利用。

在红色档案资源的深度开发利用方面，仍然存在一些挑战。虽然许多红色档案资源已经进行了数字化处理，但对于资源的深入研究和分析仍然不足。一方面，对于档案资源中的细节、背景和相关事件的深度研究有待加强，以揭示更多的历史细节和真相。另一方面，对于跨学科研究和多维度分析的开展仍然有限，尚未充分发挥红色档案资源在社会科学、人文学科等领域的潜力。

红色档案资源的开发利用还面临着利用手段和技术的不足。尽管数字化技术的应用在红色档案资源的保护和传播方面取得了一定的进展，但在资源的展示、交互和虚拟体验方面还存在不足。缺乏创新的展示手段和数字技术应用，限制了公众对红色档案资源的深入了解和参与。

（二）红色档案资源开发利用的相关制度不健全

第一，缺乏专门针对红色档案资源开发利用的法律法规和政策指导。虽然有一些相关的规定，如《中华人民共和国档案法》和《中华人民共和国文物保护法》，但对于红色档案资源的开发利用尚缺乏具体、详细的规定和指导。缺乏明确的法律依据和政策支持，可能导致开发利用过程中的不确定性和混乱。第二，红色档案资源的开发利用涉及多个机构和部门的合作，然而目前在协作和合作机制上还存在一些问题。不同机构之间缺乏紧密的协作和信息共享机制，导致资源开发利用工作的重复、碎片化和资源浪费。第三，缺乏有效的监管和评估机制，可能导致红色档案资源的开发利用过程中的管理和质量问题。

（三）相关机构缺乏合作，资源共享不到位

红色档案资源的管理和利用涉及多个部门和机构，包括档案馆、文旅局、博物馆、图书馆、研究机构等。每个机构都有自己的职能和利益关注点，因此在资源合作和共享方面存在一定的竞争和利益冲突，部门之间的合作机制和资源共享渠道尚不够畅通，导致资源利用的协调性和整体效益不高[4]。不同机构之间存在信息孤岛和数据壁垒的现象，即各自掌握一部分红色档案资源，但缺乏有效的资源共享和交流机制，可能是由于信息系统和数据库的差异，数据标准和格式的不一致所导致。这使得资源的整合和利用变得困难，限制了资源的共享共用的可能性。红色档案资源的数字化和信息化需要依赖先进的技术和平台支持。然而，不同机构之间在技术水平和数字化平台建设方面存在差异。一些机构可能缺乏数字化处理和信息系统建设的能力和条件，限制了资源的数字化和信息化程度，也影响了资源的共享共用。

四、开发利用红色档案资源的策略

（一）健全政策和法规，为开发利用红色档案资源提供指导

目前我国《国家档案法》规定了红色档案的保护、管理和利用原则，明确了红色档案的特殊地位和保护措施，为红色档案的数字化提供了法律基础。《关于红色文化遗产保护和利用的意见》明确了红色文化遗产保护和利用的总体要求，提出了加强红色档案数字化建设和利用的具体措施，包括推动红色档案数字化馆建设和建立数字档案馆系统等。国家档案局还制定了一系列的档案数字化技术标准，包括数字化扫描、数据存储、数字档案管理系统等方面的标准，为数字化平台的建设提供了技术指导。

为了进一步完善红色档案的制度政策，可以考虑以下方面：首先，进一步明确红色档案的保护和管理制度，完善相关法律法规，保护红色档案资源的合法权益，加强对档案数字化的法律保障。其次，提供数字档案平台建设的标准，在数字化建设中，加强各地方档案机构之间的协作和整合，建立统一的数字档案平台，提供全国范围内的红色档案资源的统一访问和查询。再次，加强数字档案资源的开放共享，鼓励红色档案资源的开放共享，建立开放式的数据接口和标准，促进不同地方的数字档案平台之间的数据互通和共享。这样可以实现更广泛的红色档案资源的利用和研究，提升其社会价值和影响力。最后，明确在红色档案资源中采用先进技术的相关标准，推动先进的数字化技术在红色档案资源中的应用。例如，人工智能、大数据分析和虚拟现实等新技术可以用于红色档案资源的内容分析、展示和交互，提升用户体验和研究价值。

（二）建设数字化平台，缩小地区差异

中国国家档案局推出了红色档案在线平台，提供了多样的数字化红色档案资源和相关信息。通过分类和搜索功能，使用者能够方便地浏览和检索所需的红色档案内容。平台还提供了在线学习、展览和交流等功能，促进了红色档案资源的利用和传播。但红色档案资源的数量和发展情况在各地区存在差异，因其特殊性而受到不同程度的重视。以陕甘宁、晋察冀、

山东、淮北和广西等地区为例，这些著名的革命根据地拥有丰富的红色文化和红色档案资源。通过加强地方和基层红色档案资源的保护和整理工作，推动其数字化处理和在线展示，以提高资源的广度和可访问性。地方通过学习中央的成功经验来建设数字化平台，将红色档案资源进行数字化处理和存储，以便更好地整理、管理和利用这些资源。利用数字技术将红色档案资源数字化，可以让我们随时查看和使用红色档案资源。通过线上分享，不仅可以使更多人接触到红色档案资源，还可以通过讨论和互动的方式，促进对红色革命历史的深入了解和思考。

（三）培养专业人才队伍，确保档案工作的有效性

专业人才具备档案管理的理论和实践知识，了解档案资源的特点和价值，能够制定合理的数字化策略和方案，确保红色档案资源的完整性、可持续性和可访问性。专业人才对于红色档案资源的历史背景、内容和文化价值有深入的理解和研究，能够从专业的角度对红色档案进行分析、整理和利用，挖掘其深层次的历史、社会和文化意义。红色档案资源的数字化建设涉及多种技术，包括数字化扫描、数据处理、数据库管理、信息安全等。专业人才具备相关技术知识和技能，能够有效地进行红色档案资源的数字化处理和管理，确保数字化过程的准确性和可靠性。培养这样的专业人才队伍，可以采取以下措施：设立相关专业的本科和研究生专业，如档案学、数字文化遗产等，提供系统的教育和培训，培养学生的专业知识和技能。提供实践和实习机会，让学生和从业人员能够亲身参与红色档案数字化项目，锻炼实际操作能力，积累实践经验。跨学科交叉培养，鼓励红色档案数字化专业与其他相关学科进行交叉培养，如计算机科学、信息管理等，以培养综合能力强的专业人才，能够更好地应对数字化技术和档案管理的挑战。建立终身学习机制，鼓励从业人员不断学习和更新知识，关注行业的最新发展和技术变化，提升自身的专业素养。这样的专业人才队伍将能够有效地推动红色档案资源的开发利用工作，保障数字化过程的质量和可持续性，发掘红色档案的历史和文化价值，推动红色档案文化的传承与传播。

（四）加强国际合作与交流，推动红色档案资源国际化

与其他国家和地区的档案机构开展广泛的合作与交流，分享经验和技术，可以扩大我国红色档案资源的影响力和知名度，促进红色档案文化的

国际传播。并且不同国家和地区都拥有独特的红色档案资源，加强国际合作可以促进资源的共享和交流，能够让更多的人访问和利用这些宝贵的历史文献。国际合作能够引入不同的视角和研究方法，拓宽红色档案资源的研究领域，丰富对历史事件和人物的理解和解读。具体的措施和做法可以包括：签署合作协议，明确合作的范围、内容和方式。举办国际研讨会和学术交流活动，这可以为不同国家和地区的专家学者提供交流和合作的平台，通过这些活动，可以分享研究成果、经验和最佳实践，推动红色档案资源的开发利用。还能开展国际人才培养和交流项目，促进专业人才的相互学习和经验分享。

通过这些具体措施，可以促进红色档案资源的开发利用工作。国家档案机构、研究机构、学术界和社会各方应积极参与和支持这些合作与交流活动，共同推动红色档案资源的保护、利用和传承。

（五）加强红色档案资源的保护，实现代代传承

红色档案资源的保护和管理是开发利用的基础。对于红色纸质档案，可以建立恒温恒湿的档案库或库房，提供适宜的环境条件，防止纸张腐朽、霉变等问题，同时制定规范的档案借阅和使用规定，确保纸质档案的安全性和完整性。对于录音录像，可以对其进行数字化转存，将其保存为数字文件以提高长期保存和访问的可靠性，注意定期备份和存档，以防止数据丢失或损坏。对于红色建筑，要提供专业的建筑保护团队，负责红色建筑的修复和保养，确保其历史风貌和原始特征的保持，还要加强文物保护法律法规的执行力度，加强对红色建筑的监督和管理。对于红色手工艺品，开展相关手工艺品的研究和调查，了解其制作工艺、材料和技艺特点，确保其传承和保护。保护和支持传统手工艺师傅的传承，推动相关技艺的培训和传习。同时加强市场监管，打击仿冒和盗版行为，保护红色手工艺品的原创性和价值。对于红色歌谣，可以进行田野调查和记录，收集红色歌谣的口述和音频资料，确保其完整性和真实性。对收集到的红色歌谣进行整理、编纂和出版，使其得到更广泛的传播和认可。

五、总结

红色档案资源的开发利用是一项具有重要意义和广阔前景的任务。本文从红色档案资源的内涵和开发利用的价值意义出发，分析了目前开发利

用的现状,然后提出了一系列策略。健全制度是开发利用的保障,包括法律法规、政策和管理规定,以提供清晰的指导和保障。培养人才是关键,通过开展培训项目、学术交流和人才选拔计划,为红色档案资源的保护和利用提供坚实支持。加强国际合作与交流是重要途径,与其他国家和地区共享经验、资源和技术,推动红色档案资源在国际上的交流与传播。保护红色档案资源是基础和前提,通过科学合理的保护措施和规范管理,确保其保存完整、安全可靠。

综上所述,红色档案资源开发利用不仅具有重要的历史、文化和学术价值,还对社会发展和国家建设具有深远影响,红色档案资源开发利用是一项系统性工程,需要相关部门和社会各界的共同努力,推动社会的历史记忆和文化认同的传承与发展。

参考文献

[1] 冯安仪,杜丽,李浩嘉.红色记忆构建:红色档案资源体系构建研究[J].兰台世界,2023(01):120-122.

[2] 程世利.红色口述史料资源开发利用研究[J].浙江档案,2021(07):58-59.

[3] 吕明,梁安.高校红色档案资源开发利用探究[J].兰台内外,2023(01):82-84.

[4] 周耀林,张丽华,刘红.叙事传输视角下红色档案资源社会共建模式与实现路径研究[J].档案学研究,2023(01):82-90.

基于用户需求的高校档案馆信息服务研究

谢 晴 沈 蕾

摘 要：本文以面向用户需求的高校档案馆信息服务为主题，通过问卷调查方法进行数据分析，发现高校档案馆用户需求的变化以及服务过程中需要改进的问题，提出优化高校档案馆信息服务的策略。

关键词：用户需求；高校档案馆；档案信息服务

一、研究概念界定

（一）用户需求概念

现今，关于用户需求的概念学者们众说纷纭，有学者认为用户需求就是用户的信息需求，部分学者则认为用户需求不仅包括对信息的需要，还包括对信息服务的需要。[1]

本研究主要采用马爱芝对档案用户需求下的定义，即档案用户需求是用户为了有效解决某个目标工作，产生利用档案信息这一知识性信息的内心活动，包括对档案信息内容和档案信息服务两方面的需求[2]。

（二）高校档案馆信息服务概念

高校档案馆信息服务是指高校档案机构从用户需求的角度出发，以满足用户需求为目的，利用自身的馆藏资源，利用一定的技术或方法，为社会组织及个人提供档案信息的过程[2]。

二、高校档案信息用户需求的调查与分析

（一）调查问卷说明

为了更好地研究用户对高校档案馆信息服务的需要，笔者在问卷星网站上制作并发布问卷，同时将问卷宣传到微信朋友圈、微博等新媒体平台，

谢晴（1996- ），女，河南人，北京联合大学在读硕士研究生，研究方向为档案现代化管理；沈蕾（1965- ），女，北京人，北京联合大学教授、硕士生导师，硕士，主要研究方向为文书学、档案现代化管理，Email：1499312782@qq.com，本文通讯作者。

发放对象以高校学生、教师为主，发放问卷81份，最终共收回有效问卷73份。

（二）问卷分析与统计

1. 用户基本情况

（1）描述分析调查对象的性别，如图1所示，所有调查对象中52.63%为男性，47.37%为女性，男女比例大致相同。

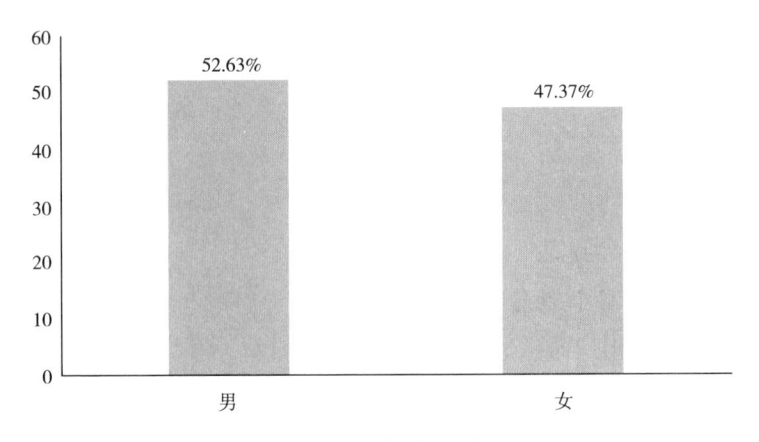

图1 调查对象性别比例图

（2）对调查对象的年龄情况进行分析，如图2所示，20岁以下的占比5.26%；20—29岁比例最高，占比57.89%；30—39岁占比26.32%；39岁以上占比10.53%。

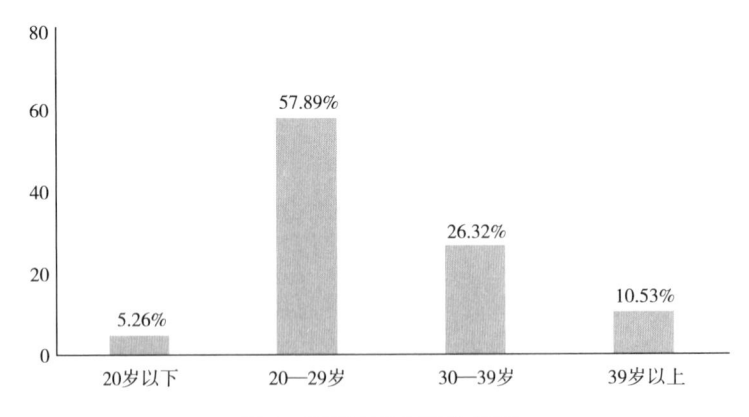

图2 调查对象年龄比例图

（3）对调查对象的受教育情况进行分析，如图3所示，硕士以上用户其占比为52.63%；本科的比例次之，为42.11%；其余为高中及以下，比例为5.26%。

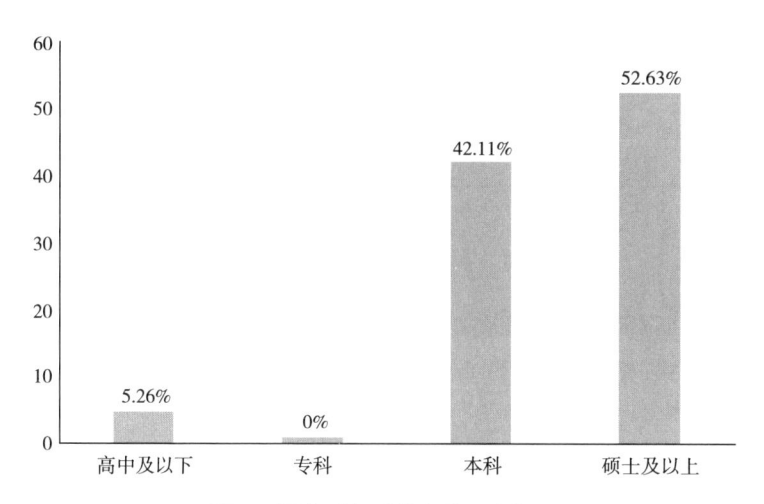

图3 调查对象受教育状况比例图

（4）对调查对象的身份情况进行分析，如图4所示，发现在校学生与社会人员为主要被调查对象，分别占30%和35%；毕业学生、科研人员和教学人员三部分占比相同，各占10%；管理人员占比最少，为5%。

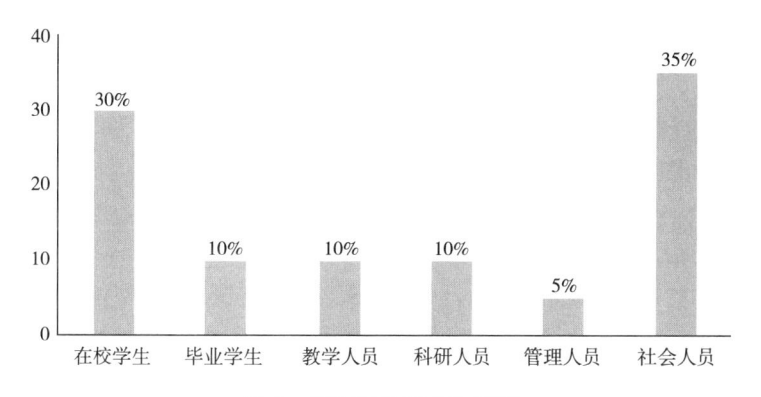

图4 调查对象职业比例图

（5）对调查对象每日上网时间进行分析，如图5表示，每日上网时间在10-20小时之间的人数占比最高，达到了52.63%。其次是每日上网时间在5-10小时之间的，占比31.58%，不足5小时和超过20小时的被调查对象分别占总人数的10.53%和5.26%。

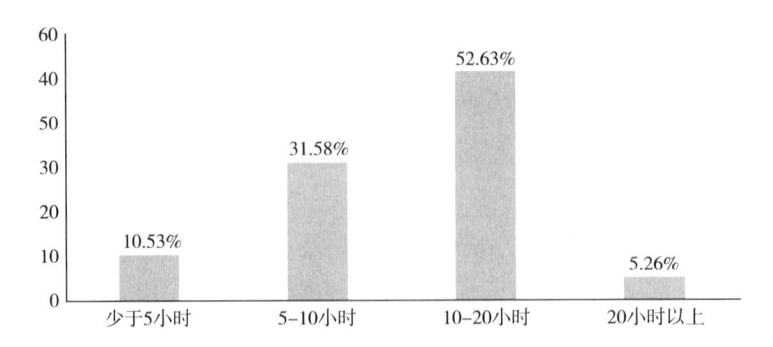

图 5 调查对象上网时间比例图

2. 用户档案需求基本情况

（1）如图6所示，在被调查的用户中，60%的人查询过档案；从未查询过的占35%；经常查询的占5%。

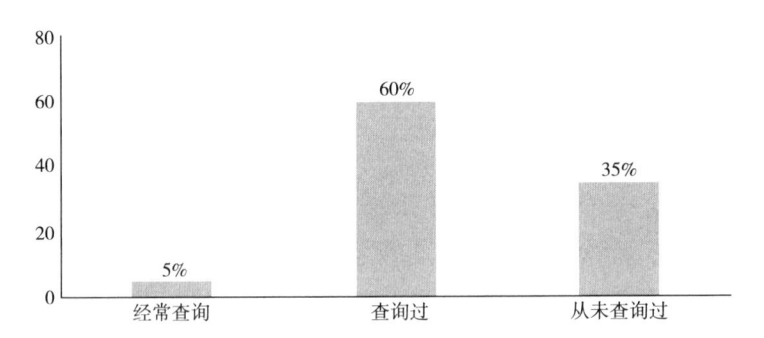

图 6 调查对象查询人数比例图

（2）如图7所示，在查询过档案的用户中，认为查询到的档案信息基本能满足自己的需求占比35%，认为能满足的占比30%，认为不能满足的占比10%。

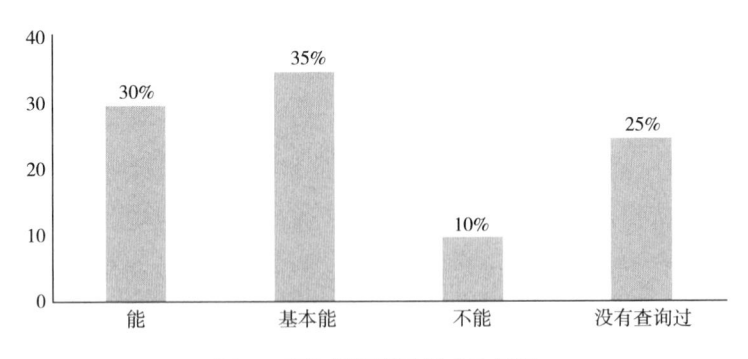

图 7 查询档案满足需求比例图

（3）关于档案传统服务方式需求调查中，如图8所示，用户认为高校档案馆应该加强档案信息咨询服务的用户为85%，认为高校档案馆应该有出具档案证明的服务的用户为80%，认为高校档案馆应该提供档案信息复印、扫描服务的项目的用户为70%，希望涉及知识、培养及讲座服务的用户为40%，希望能够看到档案展览或陈列的用户为25%，其他占比5%。

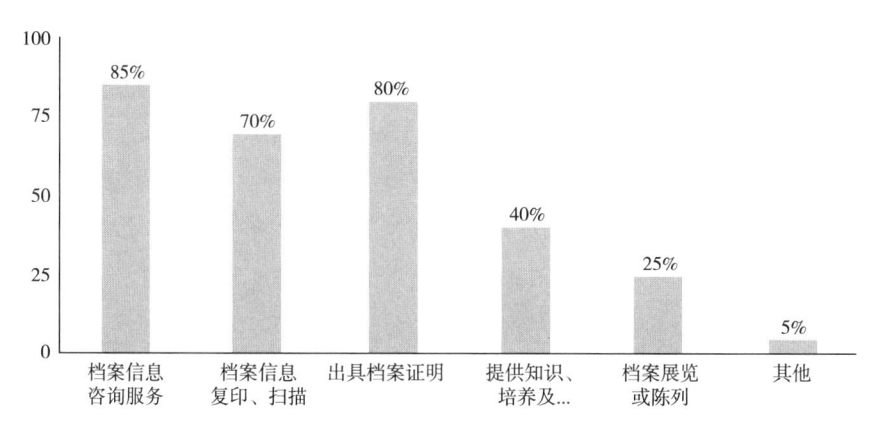

图8　档案用户服务项目需求比例图

（4）在网络服务方式需求调查中，如图9所示，希望能够在网上查到数字化档案的用户占比85%，在线下载信息资源的支持者占比75%，希望能够网络信息检索的用户占比65%，这表明越来越多的用户逐渐习惯于通过网络技术获取所需的信息。同时，数据也显示，55%的用户希望档案馆通过网络提供信息咨询服务，50%的用户认为应该加强跨库、跨地区查询服务。

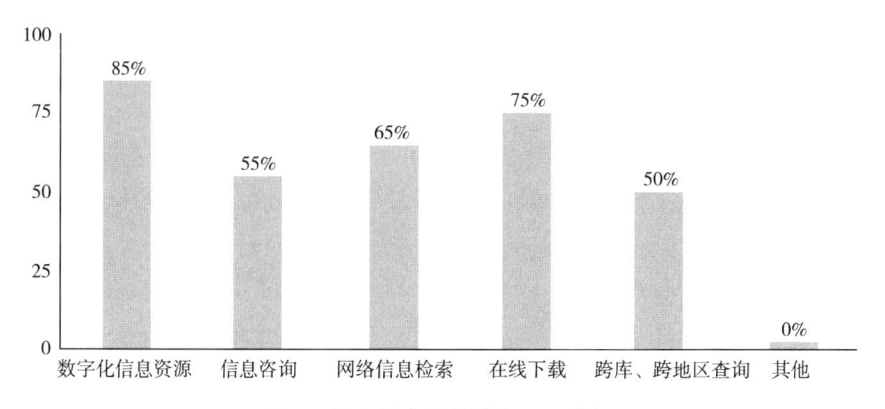

图9　档案用户网络服务项目分析

（5）在关于高校档案机构应从哪些方面加强馆藏资源建设的调查中，根据图10所示的数据，95%的用户认为加快数字化建设是有必要的；80%的用户主张增加学校建设和历史变迁相关资源库；75%的用户赞成建立具有学校特色的数据库；55%的用户希望加强与信息部门的联系；50%的用户认为应对学校档案信息资源进行编研和优化。

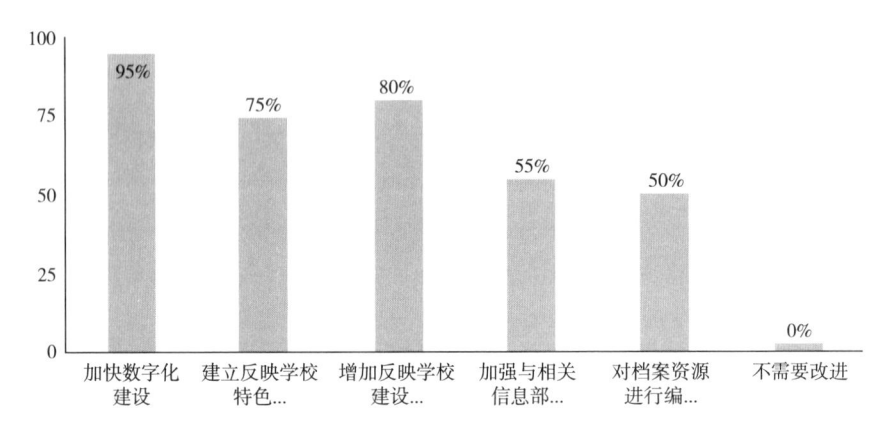

图 10　提高档案需求响应率方法比例图

（6）用户在考虑"如何让更多的用户到学校档案机构查询利用档案信息"的问题中，如图11所示，95%的用户选择扩大档案业务宣传，提升档案网站质量和免费开展服务两项投票结果得到相同比例的支持率，都占比70%，65%的用户认为可以定期举办各类展览，最后45%的用户认为可以开展讲座及培训。

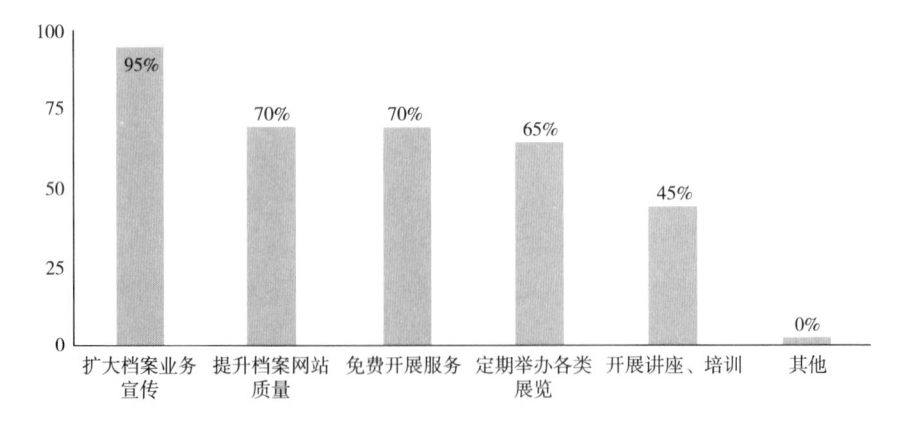

图 11　吸引用户到学校档案机构查询利用档案信息方法比例图

（7）如图12所示，高校档案机构在提供档案信息服务时还应注意的问题中，85%的用户选择以人为本，改变服务态度；选择科学管理，加强档案网站建设和加快档案资源的信息开发两部分的用户占比都是80%；选择拓宽渠道，改变服务模式的用户占比75%；选择加强用户的档案意识教育的占比65%。

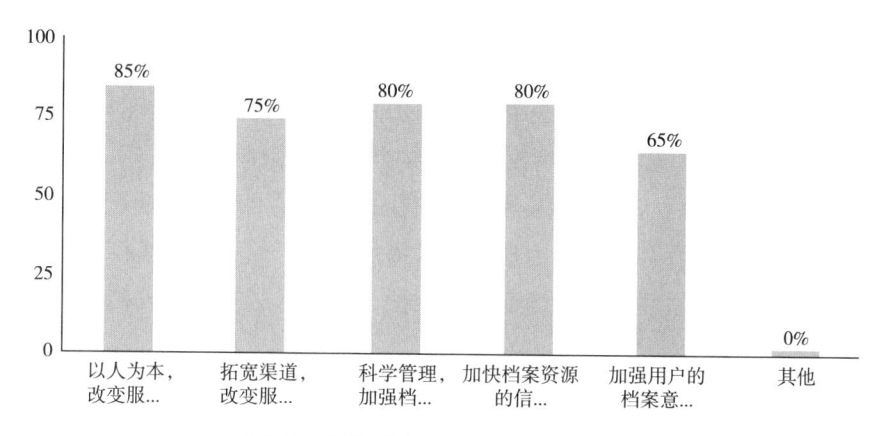

图12 档案信息服务改进方法比例图

三、调查结果分析

（一）高校档案信息用户身份及需求

通过图4，可以发现高校档案馆的用户不只局限于在学校中的学生和老师，还包括社会上各方面人员。例如，企事业单位、学历认证中心等都会在有需要的时候向高校档案馆提出查询档案的申请。

通过调查问卷数据分析，用户在获取档案信息资源时更偏向于在网上查询并希望可以在最短的时间获得所需的信息资源，而不是去档案机构人工查询。

通过调查问卷数据分析，高校档案馆用户需求内容不仅包括因工作而查询档案，还增加了很多别的用户。例如，因好奇而查询档案、因兴趣爱好而查询档案等。

（二）高校档案机构信息服务存在的问题

服务观念落后。高校档案机构的工作人员因处在大学之中，竞争压力较小，环境较封闭，一直采取被动服务，用户寻求帮助时才会帮忙查询，并且认为学校档案机构仅能被本校师生所利用。另外，部分工作人员仍然秉持传统态度，仅重视收集及整理档案资料，不重视提高其利用率，缺乏"以人为本"的服务理念。高校档案工作人员的服务观念导致高校档案机构游离于整个社会的经济建设之外，不能积极主动的对外服务，高校档案信息资源利用率低下。

服务方式单一。在调查问卷中笔者发现很多用户希望高校档案机构能增强数字化建设，建立网络信息平台，这是因为很多高校目前仍然在使用传统的服务方式，例如仅支持到馆查阅。其一是因为工作人员的技术能力有限且观念固化，其二是受高校档案机构办公条件限制。

服务技术落后。调查中笔者发现，在如今互联网时代背景下，很多高校档案机构仍然没有充分使用现代技术提供服务，仅有部分高校档案机构开通了档案馆网站并能够持续运行和维护，这严重影响了高校档案机构信息服务工作的开展。

信息资源不足。部分高校档案机构中收集与保管的档案种类单一，仅有师生工作或者学习档案，信息资源不丰富且数量不多。

四、以用户为中心的高校档案信息服务优化策略

（一）树立积极主动的服务理念，强化服务意识

随着时代变迁发展，高校档案机构工作人员不能一直抱着传统观念，只被动地去等待，转而替代的应该是主动出击，树立"用户中心"的服务理念，加强与用户的沟通，同时建立反馈机制，以便了解用户评价。

以用户为中心是指工作人员应该把用户的需求了解清楚，所有工作围绕用户来进行。首先工作人员可以在日常工作中主动去和用户进行沟通，了解他们的真实想法，获取他们的需求心理，并且主动地去想办法提高用户的满意度。其次提供服务时不是盲目的为所有用户提供相同服务，而是以用户需求为方向，为不同的用户提供满足其需求的服务和信息。最后高校档案工作人员应该要积极提高自身专业水平，学习新技术，让传统管理方式与现代技术结合在一起。

高校档案馆信息服务以用户需求为基础，这也就代表着工作人员要加强与用户的沟通，可以通过直接对话、研讨会、调查问卷等方式正确把握用户的需求。并且高校档案机构可以提供一个评价反馈平台，以便让档案

工作人员能够及时调整信息服务方式等。

（二）加强馆藏资源建设，做好高校档案信息资源开发

1.加强档案收集及编研力度

其一，要继续之前的工作，把自己工作范围以内的档案进行全部收集、整理及加工；第二，可以扩大接受范围，只要是与本校有关的档案都可以进行整理再筛选，比如校友中的名人档案、口述档案、实物档案等等；最后高校档案工作人员不只要做到档案的初步整理，也可以对其进行深加工，比如编写学校年鉴、科研成果汇编、校史汇编等。

2.构建数字化服务平台

档案网站既是高校档案机构向外展示的窗口，同时是提供在线服务的平台。高校档案机构可以建立高校数字档案馆服务平台为用户提供服务，数字档案馆中应包括馆务信息、档案利用服务、数字化资源、历史文化、学校记忆等几大部分，同时为了美观和能够快速找到信息，网站界面要尽量设计得简单明了。

（三）拓展服务模式，提供多渠道提供服务

1.集成化服务

高校档案机构信息服务集成包括内容、形式、检索工具三方面。首先要做到服务内容集成化，不仅包括资源，也包括项目，可以将自身档案管理系统与各职能部门业务系统连接起来，扩大信息采集范围；同时利用各种渠道广泛收集与本校有关的信息资源。其次，做到服务形式集成化，传统到馆查询与互联网查询并存、传统案卷目录与输入检索词查询方式并存等。最后，做到检索工具的集成，即用户登录一个数字档案馆的平台后可以通过这一个数据库跳转到与自己所需信息有关的其他数据库。[3]

2.个性化服务

随着互联网技术的不断进步和应用，高校档案馆可以采取数字化转型的方式提供个性化服务，以提高用户对档案信息资源的使用率和满意度。

数字档案馆定制服务是一种基于用户需求量身打造的档案信息资源过滤和推送体系，能够帮助用户更快、更准确地获取所需信息。首先，用户登入并注册数字档案馆定制服务后，其个人偏好等信息将被自动记录，系统会根据这些信息为用户定制个性化的检索结果和档案资源推送方案，面向不同用户群体实现资源的高效利用和最大化价值。其次，此服务模式实

现了高校档案馆与用户之间的多样交互，并且使客户充分参与到库存数据推送过程中。工作人员可通过反馈得知用户反映的真实意见，从而进行信息过滤和服务推送，让档案服务更贴近校园生活和教育学习实践。最后，数字档案馆定制服务不仅可以加强用户对档案信息资源的使用度和新鲜感，同时有效降低用户检索和花费时间的成本。不仅有利于提高高校档案馆的社会影响力和品牌美誉度，更维护了机构权威性和可持续发展。

五、结语

在当今互联网信息时代，高校档案馆作为高校重要的信息资源和文化遗产保护机构，面临着用户需求与数字化转型发展双重驱动的巨大挑战。因此，对于高校档案馆而言，通过运用各种方法对不同用户需求进行深入细致的分析，有效地改善和加强信息服务方式，是机构价值和促进可持续发展的必要条件。

参考文献

[1] 黄萃.档案利用者需求特征研究[J].上海档案，2001（01）：14-16.

[2] 马爱芝.面向用户需求的高校档案信息服务研究[D].河北大学，2017.

[3] 邱家琴.集成化信息服务——高校档案馆信息服务新方式[J].兰台世界，2012（32）：10-11.

[4] 宋竹.基于互联网的高校档案馆信息服务策略研究[D].哈尔滨工业大学，2017.

[5] 梁骁.论"互联网+"时代高校档案服务突破与创新[J].兰台世界，2020（9）：3.

面向信息服务的高校电子档案单轨制管理研究

苏 丹 谢永宪

摘 要：高校信息服务是当今热点研究与实践领域，将单轨制与高校信息服务相结合，既能发挥单轨制的优势，又有助于推动高校信息服务的发展。单轨制的优势在于节约人力物力、提高工作效率、有助于提高档案管理的信息化程度。在基于高校共享平台的电子文档单轨制管理的过程中，可以彰显打开信息壁垒，有效整合信息资源；建立统一的信息交换网络平台，在智慧高校中实现档案与信息资源共建共享；利用新兴信息技术，确保电子档案的安全的特点。

关键词：高校；电子档案；单轨制；信息服务

一、前言

在数字化大背景下，各国都在大力推动电子档案管理方式的创新，即数字化转型。目前已有很多国家较好地开展了这项研究与实践，有些已完成了双轨制管理模式向单轨制管理模式的转变，其他国家也陆续沿着这条路径不断探索与前进。

目前中国的电子档案管理方式大多实行双轨制模式，双轨制可以使纸质档案和电子档案优势互补，纸质档案真实性、完整性等易于保护，而电子档案具有存储与查阅便捷、存储量大等优点。然而，双轨制的弊端日益凸显。如大量的纸质文档导致纸张的浪费，电子文档和纸质档案需要严格管理和保护，增加了不必要的工作量，造成人力资源的浪费，还有仓库、计算机等大量设备的浪费。

苏丹（1996- ），女，内蒙古赤峰人，北京联合大学在读硕士研究生，研究方向为档案现代化管理；谢永宪（1980- ），男，辽宁锦州人，北京联合大学教授、硕士生导师，博士，主要研究方向为档案现代化管理，E-mail: yongxian@buu.edu.cn，本文通讯作者。

2020年，新冠疫情的到来使得许多行业不得不进行线上工作，由此更加认识到电子化办公的重要性，档案行业亦是如此，电子档案的作用日益得到凸显。在数字化的大背景下，各国都在大力推动电子档案管理方式的创新，即数字化转型。目前已有很多国家较好地开展了这项研究与实践，有些已完成了双轨制管理模式向单轨制管理模式的转变，其他很多国家也陆续沿着这条路径不断探索与前进。

《中华人民共和国档案法》（2020年修订版）指出，电子文档和传统载体文档具备相同的法律效力，并能够以电子形式作为证据运用。《电子档案单套管理一般要求》确立了电子档案单套管理的基本原则，规定了实现单套管理需要在制度建设、系统建设、资源建设与管理、安全管理等方面达到的要求，提出了可行性评估的方式、方法，于2022年7月1日起开始实施。

二、高校档案信息服务优化的必要性分析

（一）创新需要

高校有着丰富的信息资源，其中一部分被整理为档案。高校的档案管理工作至关重要。高校应该不断完善档案信息资源和服务，根据师生需要进行创新性提高，做到既能较好整合档案信息资源，又能为高校教学管理等工作提供更有针对性的资源信息服务。

（二）效率需要

在信息技术迅猛发展的今天，人们获取档案信息的渠道越来越多元化，获得的信息日益丰富。档案信息资源数量多、内容杂，所以高校应该提升档案信息资源的利用效率，优化档案信息服务。利用互联网、物联网、大数据等技术整合档案信息资源，助力档案管理的信息化建设，完善档案信息资源库，将明显提升档案信息的收集、整理、保护和利用效果，充分实现资源共享和共用。

（三）智慧高校的需要

智慧高校是高校在信息时代的重要目标，智慧高校注重信息资源建设，不仅包括科研、教学等数字化资源建设，还包括电子档案资源的建设。在此过程中，高校应充分利用现代信息技术建设档案信息资源，为师生提供全面、便捷的信息服务。高校档案管理部门要跟踪记录并分析智慧校园建设过程，为不断完善并优化智慧校园建设提供决策咨询。从这个意义上讲，

优化档案信息服务是信息时代高校建设智慧校园的必然要求。

三、国内电子档案单轨制研究论文统计数据及管理现状分析

（一）论文统计数据

笔者以"电子档案and单轨制"为主题在中国知网开展高端检索，具体时间范畴不限，目前检索到的相关论文共59篇，包括学术刊物论文53篇，学位论文4篇，国际学术会议论文2篇；从万方数据库中检索到的相关论文共84篇，包括学术期刊论文78篇，学位论文4篇，国际学术会议论文2篇。在对检索结果进行认真鉴定与筛选后，选取150篇进行研究分析。

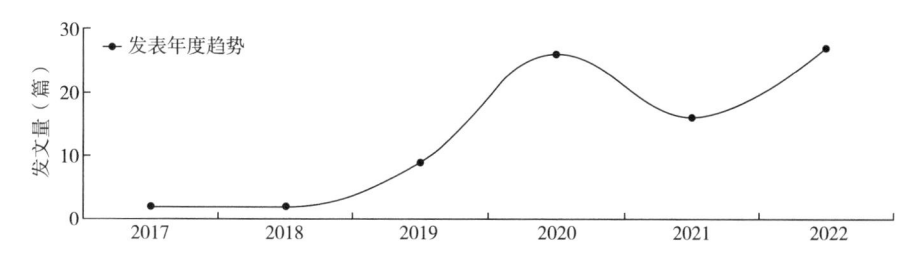

图1 2017—2022年电子档案单轨制管理研究文献年度分布折线图

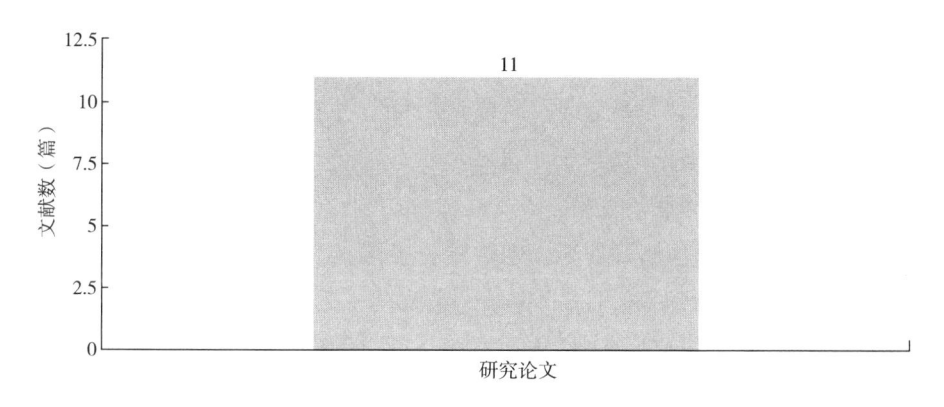

图2 2017—2022年电子档案单轨制管理研究文献类型分布折线图

从图1可以看出，电子档案单套制管理相关研究论文是从2017年才开始出现，文献总量较少，发文量除2020年到2021年呈短暂下降趋势之外，其余年份均呈逐年上升趋势，说明近些年电子档案单套制管理是一个新兴的研究热点。

从图2可以看出，电子档案单轨制管理研究综述类论文屈指可数，几乎

检索不到。

（二）管理现状分析

通过对检出文献的分类整理和仔细阅读，笔者归结出目前电子档案单轨制管理研究的主要内容并对相关学者的代表性观点进行了阐述。

1."单轨制""双轨制""单套制""双套制"的概念辨析

冯惠玲认为，单轨制、双轨制中的"轨"指的是电子文件从产生到存储的运行状态，单轨是指整个业务流程只有一种电子版本的运行状态，没有纸质版本文件；双轨指文件的纸质与电子版本同时运行[1]。单套制双套制中的"套"指的是电子文件存储以后的状态，单套指的是只存储文件的电子版本，双套指的是纸质和电子版本都存储[2]。

鲍志芳认为，"轨"和"套"所形容的是文档的不同时期的状态，也就是将文档的整个运行阶段分成归档前和归档后，"轨"形容的是文档的整个运行阶段，而"套"所表达的则是文档在归档后的运行阶段。在此基础上，单轨指在整个过程中只有一种版本，即纸质或电子版本[3]；双轨指文件整个运动过程中，纸质和电子版本共存；双套指文件存储了纸质和电子两种版本。可见"轨"对文件的形容范围比"套"更广。

综上，笔者认为，人们对于"轨"与"套"的定义大同小异，定义的角度略有不同，但是本质是相同的。单轨双轨是用来形容文件的整个运行流程是一种形式还是两种形式，而单套双套是用来形容文件保存是一种载体还是两种载体[4]。

2.相关制度法规逐步完善

针对电子产品存档管理工作中的实际操作，政府设置了相应的电子产品归档保护管理制度，建立了《电子产品文档长久保护管理工作技术规范》《电子文件归档整合作业细则》《电子文件归档区域和电子产品存档保护期限表》和《电子文件归档整合作业细则》等电子档案管理规章制度，相关部门对档案信息化以及单轨制作出详细规定，使得电子档案单轨制管理在制度保障下顺利进行[5]。

3.管理模式逐步完善

充分利用了OA办公管理系统，实现从双轨制向单轨制的转化。存档机关和有关人员目前正逐步开展各项培训，以增强归档工作意识，提升工作能力，承担好相应的工作，并注意档案管理过程中的质量问题，以确保电子文档的完整度、真实感和准确度[6]。

4.操作程序逐步完善

随着各种制度与规则的制定，单轨制管理操作程序逐步完善。为保证电子文档"真实性完好、安全性保证、长久使用"的特点[7]，完善电子档案收管存用各环节，建立档案信息服务平台，实现电子文件离线备份等功能。

5.实践经验逐渐积累

近年，国家在有条不紊地推动企业电子文书归档和个人电子档案管理的试验，截至2020年11月，前两批试点项目已验收45个[8]。电子发票电子化会计报销的重大问题和归档试验目前还在积极开展中。而电子文书单套归档试验和电子档案单套保管试验目前也获得了明显进步，中国电建电子文件单套归档和电子档案单套管理试点工作顺利通过国家档案局、国务院办公厅电子政务办公室、国家电子文件管理部际联席会议办公室联合组织的验收，成为全国首家通过电子文件单套归档和电子档案单套管理试点验收企业。电子档案建立和处理、电子文书存档、电子档案移动收集和永久保管等工作也在开展试验，目前已产生了一大批可资借鉴的重要经验[9]。

四、电子档案单轨制管理的优点

（一）节约人力物力

电子档案双轨制管理需要对纸质和电子档案都进行管理与维护，增加了不必要的工作量，造成人力资源的浪费。并且纸质档案的存储需要库房，占用一定空间，同时需要配备相应设施，对空间和物力也造成浪费。电子档案单轨制管理非常有针对性地解决了以上两种弊端。首先，省去了对纸质档案管理的工作环节，节省了许多人力资源；其次，不再需要库房，节省了空间资源。如果人力物力与资源都得到节约，就可以把资源集中注入档案单轨制管理之中，不但大大提高了效率，还可以提升档案工作者的专业技能，从而推动档案单轨制管理事业的发展。

（二）提高工作效率

在双轨制管理模式下，电子文档和纸质档案要实现互相转化，在这过程中，可能会造成信息丢失。因此，当电子文档的形式主要是多图层时，打印出来可能会丢失一部分信息。国家档案局颁发的《文书类电子产品归档检查基本标准》中表明，电子产品文件检查重点是指对电子产品文件的真伪、完善、可用性、安全进行检查，从而确保了电子产品文件的四性在电子产品文件生命周期管理流程中具有的至关重要的意义。在双轨制管理下，由于上述原因也就难以保证档案的四性，单轨制的优势在于不受时间与空间的约束，在何时何地都可以进行文件的管理[10]。

（三）有助于提高档案管理的信息化程度

电子档案管理活动中，保持四性是最关键的。如果采用双轨制处理，不能提高其四性，就可能干扰电子档案的自阐释功能[11]。唯有在整个过程中保证了电子档案的高效流动，方可实现电子档案存储功能。另外，由于电子档案保存单轨制不受空间和时限的约束，服务的功能更加突出，随时都能够实现管理协同，所以它能形成高度的资源共享效果，可以更有力地促进电子档案管理互联网信息化的发展趋势。

五、基于高校共享平台的电子文档单轨制管理的特点

如今的校园信息服务不同于过去的纸质与实体信息服务，主要是利用计算机与网络技术，对校园信息进行整合，并且利用数字化手段对其进行管理与应用，对整合信息进行统一管理和控制，建立便捷的数字化信息服务。电子档案单轨制管理更有利于进行档案的统一管理与控制，可以大力发展基于信息服务的单轨制管理模式，发挥其具备的以下特点。

（一）打开信息壁垒，有效整合信息资源

在智慧高校背景下，以OA办公管理系统和文档管理系统的结合为契机，在全面了解管理系统的底层协议内容和各种数据信息架构的基石上，在信息化管理体系和电子文档管理系统中间形成了一个虚拟化的数据信息渠道，以达到信息体系内部各种数据信息的互联相通，在校园网的自然环境中电子文档的逻辑信息在线归档，同时各个部门通过直接访问档案局的内部网络，以推动对档案局开通数据库读取权限，并迅速检索存储于各个型号服务器中的电子文档信息[12]。

（二）建立统一的信息交换网络平台，在智慧高校中实现档案与信息资源共建共享

在高校的各部门中形成相关的信息应用体系，例如教务学籍考务系统、人力系统、财政系统等，在形成统一的电子档案信息系统访问网络平台之

后，可以最终把这些体系中所包含的大量电子档案通过同一个数据端口转移到档案系统中，从而做到了对电子档案的统一与集中管理。还可以建立特色专题信息库，进一步加强特色档案资料的发掘与传播工作，解决了馆藏中数字资料数量不足的短板，以实现档案信息共享[13]。

（三）利用新兴信息技术，确保电子档案的安全

智慧高校建设中必须嵌入物联网、区块链等新信息技术的支持，以确保电子档案安全。第一，利用区块链信息技术，可以把处理好的数据资源传送至数据处理中心进行计算处理[14]，对文档属性信息进行识别、读写、传码，再传送至电子档案馆中的管理系统。还可以利用物联网技术与系统间的连接，根据客户的要求，自主提取文档数据信息，并利用管理系统对文档信息和数据内容进行严格监管。第二，区块链技术利用其数据无法被修改这一特性，符合维护电子档案真实性的要求，通过这种手段可以控制档案更改痕迹，从根本上把控电子档案的真伪[15]。

参考文献

[1] 丁海斌.电子文件管理基础教程[M].沈阳：辽宁大学出版社，2011.

[2] 钱毅.电子文件"单套制"管理相关概念的辨析与思考[J].档案学研究，2017（04）：8-12.

[3] 魏丽维.基于单轨制运行模式的单套制档案管理的SWOT分析[J].机电兵船档案，2018（01）：31.

[4] 胡昌平，胡潜，邓胜利.信息服务与用户[M].武汉：武汉大学出版社，2015：4.

[5] 王毓慧.数字化档案信息服务特点与服务架构[J].机电兵船档案，2022（1）：11-13.

[6] 方昀，郭伟.云计算技术对档案信息化的影响和启示[J].档案学研究，年（4）：70-73.

[7] 彭小芹，程结晶.云计算环境中数字档案馆服务与管理初探.档案学研究，年（6）：71-75.

[8] 沈费伟，诸靖文.数据赋能：数字政府治理的运作机理与创新路径[J].政治学研究，2021（1）：104-115+158.

[9] 张晓, 鲍静. 数字政府即平台：英国政府数字化转型战略研究及其启示[J]. 中国行政管理, 2018（3）：27-32.

[10] Ma L, Christensen T, Zheng Y.Government Technolog ical Capacity and Public‐Private Partner ships Regarding Digital Service Delivery：Evidence from Chinese Cities[J]. International Review of Administrative Sciences, 2021（7）.

[11] 谢永宪, 王巧玲, 房小可, 成佳秀.数字档案信息长期保存国内文献综述[J]. 档案学研究, 2019（2）：116-121.

[12] 吴超, 郁建兴.面向公共管理的数据所有权保护、定价和分布式应用机制探讨[J].电子政务, 2020（1）：29-38.

[13] 吴鹏, 强韶华, 苏新宁.政府信息资源元数据描述框架研究[J]. 中国图书馆学报, 2007（1）：66-68.

[14] Narlock Mikala, Johnson Daniel, and Vecchio Julie.Digital Preservation Services at Digital Scholarship Centers[J]. The Journal of Academic Librarianship, 2021（3）.

[15] 冯惠玲.走向单轨制电子文件管理[J].档案学研究, 2019（1）：88-94.

新时代下人物档案多重意义研究

周 青 姜素兰

摘 要：通过结合新时代下祖国前进的步伐，阐述了人物档案被赋予的单独意义。新修订的《中华人民共和国档案法》从完善档案管理相关制度、增加档案信息化建设的规定、扩大档案开放与利用、增加档案监督检查的角度推进了人物档案的现代化建设进程，提高了人物档案的利用程度。不仅如此，人物档案在新时代下从形式、地位两方面都坚持中国共产党的领导，纸质档案与电子档案效力不断拉平，人物档案可以更好地发挥其本身的社会效应，对社会群众、档案工作人员以及档案本身而言，新时代赋予了人物档案多重意义。

关键词：新时代；人物档案；单独意义

一、档案法关于人物档案的地位

2020年6月新修订的《中华人民共和国档案法》(以下简称新《档案法》)第三条明确了"坚持中国共产党对档案工作的领导"，这直接决定了新时代档案工作的政治属性，档案工作为党管档，因此可以在一定程度内保证人物档案的工作发展方向与国家发展方向一致。[1]在档案管理领域，人物档案具有重要的地位。人物档案是指对个人或组织的历史、身份、活动和其他相关信息进行记录和保存的档案。这些档案包括个人的出生、教育、工作经历、荣誉、奖项、社会活动、家庭背景以及其他与其身份和活动相关的信息。

新《档案法》提出的将电子档案的"法律效力"改为"同等效力"，一方面是为了保持国家已出台政策的连续性，另一方面则拓宽了电子档案的

周青（1999— ），女，江苏南京人，北京联合大学在读硕士研究生，研究方向为档案现代化管理；姜素兰（1966— ），女，辽宁海城人，北京联合大学教授、硕士生导师，主要研究方向为口述档案、档案文化研究，E-mail：sulan@buu.edu.cn，本文通讯作者。

效力范围。档案是历史的真实记录，不仅可以作为司法凭证，具有法律效力，更重要的它还是历史凭证，具有维护国家历史真实面貌的强大功能。与司法凭证相比，电子档案凭证效力的覆盖面要广泛得多。对于人物档案而言，这意味着在法律保证的基础上，人物档案的收集范围可以不局限于传统纸质档案。当有效档案的范围扩大，人物档案的收集难度就会降低。人物档案的地位随着电子档案本身的改变不断得到重塑。

电子档案的管理办法包括了电子人物档案的管理办法。由于电子档案的出现对于传统档案而言是新鲜的，档案工作者不仅需要筛选具有可靠来源的电子档案、程序规范的电子档案、要素合理的电子档案，档案受众群体也需要有将电子档案与传统档案视之如一的转变过程。推行电子档案并在互联网时代以此为主需要大量的政策、法律法规支撑，国家档案局局长陆国强认为，新修订的档案法是今后档案工作发展的原则与主要发展方向。因而，人物档案的价值也将因新时代电子档案发展转变而体现在以下几个方面：

（一）人物档案是记录和保存个人或组织信息的重要手段

通过人物档案，可以了解个人的生平事迹、成就和贡献，以及他所属的组织的历史和发展过程。这些档案对于研究历史、编写传记、学术研究等具有重要价值。

（二）人物档案在法律上具有一定的依据和证明效力

个人的身份证明、学历证书、工作经历证明等都是通过人物档案来进行记录和核实的。处理好著名人物档案开放利用与个人信息保护两者的关系，是充分满足档案用户对档案的利用需求与积极保护个人信息权利的双赢选择，是有效平衡社会知情权与个人隐私权的合理要求。[2]在法律程序中，人物档案可以用作证据，证明个人的身份、资格和权益。

（三）人物档案对于遗产传承和文化记忆起着至关重要的作用

通过保存和传承人物档案，可以将个人或组织的历史、文化和价值观传递给后代。对于维护社会和文化的连续性、保护历史遗产和弘扬文化传统具有重要意义。

（四）人物档案的隐私性和保密性需要得到维护

人物档案涉及个人隐私和保密性的问题。档案管理者需要遵守和运用相关法律法规，确保人物档案的安全性和保密性，保护个人信息的机密性和完整性。

二、新时代下人物档案地位的衍变

（一）人物档案的表现形式

随着互联网浪潮的涌动，国家并行推进电子档案与纸质档案的发展，力求二者具有同等效力，因此电子人物档案成了人物档案的主要发展方向。人物档案的保存方式在当下仍是以纸质档案为主，而新时代人物档案的发展趋势需要电子档案与纸质档案互相配合，将纸质档案固有的真实性、详细性、官方性与电子档案的便捷性、高效性、易储性相互结合。人物档案的地位正因其现代表现形式的改变而发生改变。

当电子人物档案的存档技术逐渐与现代科技结合，电子档案的广泛运用将人物档案与人民之间的距离大大缩短，在一定程度上推动了人物档案的地位改变。

（二）人物档案的变化过程

新时代人物档案地位的三大推动力主要由高校师生、政府部门和社会力量构成。多方面共同发力使得人物档案在高校中拉近了青年学生对之人物档案的距离感，人民群众更好地体验了人物档案的积极作用，社会对于人物档案的重视程度日益提高。

人物档案的重要来源之一应属高校。高校人物档案是指在高等学校工作、学习过，对某一学科、专业具有较大影响力的人物，以及此类人物在教学、科研、工作、家庭生活、社会交往等活动中形成的具有保存价值的原始记录。[3]随着高校人物档案收集系统的不断完善，各高校师生能够更好地接近本校人物楷模，这些代表性人物的先进事迹更易于被了解。青年学生正处在与新时代衔接的年龄段，其思想需要道德模范的引路。而高校人物档案的存在可以直接将道德教育引入课堂，缩短了模范人物与青年学子的距离，使看似触之不得的人物档案给予青年学子充分的亲切感。换言之，新时代下高校人物档案由原先的注重整理转变为注重宣传，高校人物档案的地位由高校储藏为主转变为宣传高校精神为主。

建党百年之际，红色人物档案的地位越来越受到社会关注，大大提升了在人们心目中的地位。以2021年各地代表性档案馆、图书馆以及博物馆为例，建党100周年为题的展览遍地开花。红色人物档案将历史人物事迹沉淀，记录了革命岁月的征程，不断为建设新中国提出引导方针。与此同时，正是由于新中国的每一个目标的建立需要历史来支撑，因此政府的发展方针也引领着人物档案的收集指向。

社会对于人物档案的推动在于新时代下能够多方面面向群众从而建设标兵作用。因此，社会各方不断加强人物档案收集的参与度，将置于新媒体时代下的人物档案进行多方面宣传。当今时代新媒体以三大类型为主：第一类是以微博、微信为代表的主流媒体平台。此类平台需要深入营销，长期打造账号才能实现宣传效果最大化；第二类是直播短视频、音频平台，此类平台具有娱乐化的特点；第三类是自媒体、问答、论坛平台，此类平台互动性更强，强调人与人之间的交流。[4]档案在新媒体的助力之下，不仅可以放大档案的标兵的积极作用，还能借助社会资源，将档案的特殊性进行合理利用并从多方面收集人物档案的碎片资料，纳入人物档案系统进行归总。

三、当前人物档案存在的多重意义

（一）对档案本身的意义

新时代下人物档案的收集对于档案本身存在特殊意义。建党百年的大旗下，红色人物档案的存在推动人物档案的收集，在一定程度上完善了人物档案的种类。对于档案本身而言，档案种类的丰富与完善对档案的存在具有单独意义。红色档案的地位提高能够将我国革命根据地的红色信息资源全面收集，将部分档案部门难以接触的存在"信息孤岛"的地区挖掘出有效的信息资源，从而在保护档案本身和实现档案的利用价值上实现双赢。[5]

（1）信息完整性和准确性：人物档案为档案提供了具体的、个性化的内容。通过记录个人的生平事迹、成就和经历，人物档案丰富了档案的信息内容，使其更加完整和准确。这有助于保证档案的可信度和可用性。

（2）聚焦和归档管理：人物档案可以帮助档案管理者更好地聚焦和管理档案。通过将相关个人的档案进行集中记录和管理，可以更好地组织、分类和归档档案，提高档案管理的效率和质量。

（3）增加档案的价值和利用：人物档案为档案增加了价值和利用的潜力。档案中记录的个人信息和经历具有独特性和独特的研究价值，可以为历史研究、传记编写、学术研究等提供重要素材和参考。这使得档案在学术、文化和社会领域的应用和利用得以拓展。

（4）保护和传承档案的连续性：人物档案有助于保护和传承档案的连续性。通过记录个人的生平事迹和活动，档案管理者可以更好地跟踪和记录个人在组织或社会中的重要角色和贡献。有助于确保档案的连续性和完整性，使得档案能够更好地传承和继承。

（5）档案保密和隐私保护：人物档案对于档案的保密和隐私保护具有重要意义。档案管理者需要确保个人档案的安全性和保密性，遵守相关法律法规，保护个人信息的机密性和隐私权益。这有助于建立人们对档案管理工作的信任和支持。

（二）对档案工作者的意义

（1）丰富工作内容和挑战：人物档案为档案工作者提供了丰富的工作内容和挑战。处理和管理个人档案需要对不同个体的信息进行收集、整理、记录和归档，这对档案工作者的专业知识和技能提出了要求，使其工作更加有深度和广度。

（2）提高专业知识和技能：处理人物档案可以帮助档案工作者提高专业知识和技能。他们需要熟悉相关法律法规、档案管理原则和技术，掌握档案描述、分类、归档和检索等技能。处理人物档案还要求他们具备辨别、验证和保护个人信息的能力，进一步提高其专业素养。

（3）激发工作动力和成就感：人物档案的处理和管理可以激发档案工作者的工作动力和成就感。通过参与记录和保护个人档案，档案工作者可以感受到自己对历史和文化传承的重要贡献，体验到工作的意义和价值，从而增强工作的动力和满足感。

（4）促进职业发展和专业认可：处理人物档案对于档案工作者的职业发展和专业认可具有积极影响。熟练处理和管理人物档案的能力可以为他们在档案管理领域内获得更多的机会和发展空间。同时，优秀的人物档案管理工作也有助于提升档案工作者的专业声誉和认可度。

档案工作者对于档案而言是集成者与提供者的关系，档案信息资源的开发需要档案工作者进行档案建设工作。对于档案工作者而言，人物档案地位的提高要求档案工作人员将当前历史脚步记录完善，同时，新时代下档案工作人员作为档案的提供者要求更好的专业知识与能力。运用新媒体技术提高人物档案利用率，不仅是人物档案自身所存在的单独意义，更是为了将模范人物在历史中发挥主导作用。

（三）对档案使用者的意义

新时代下，档案工作服务党和国家工作大局与服务人民群众是有机且统一的[6]，最典型的例子就是民生档案利用工作。民生档案的利用者包括研究者和学者、传记作者、教育工作者、社会公众以及档案爱好者。据民生档案资料显示：我国档案馆馆藏民生档案的利用至少占到了全部馆藏的80%以上。人物档案与档案用户是互相的而不是对立的，人物档案的主要目的即向人民群众宣传档案的积极作用，向人民展示历史人物的积极作用，这是对于人民而言具有不可小觑的意义。

（1）研究者和学者：人物档案对于研究者和学者来说是宝贵的资源。他们可以通过研究人物档案来深入了解个人的生平、思想、成就和影响力，从而进行学术研究、历史考察和文化分析。人物档案提供了丰富的素材和资料，支持学者们的研究工作和学术成果的产生。

（2）传记作者和历史编纂者：人物档案对传记作者和历史编纂者来说是重要的参考和素材。他们可以通过分析人物档案来编写详实的个人传记和历史文献，还原人物的生平事迹、成就和经历，帮助读者更好地了解个人的历史地位和影响力。

（3）教育工作者和学生：人物档案为教育工作者和学生提供了教学和学习的重要资源。教育工作者可以利用人物档案来进行教学活动，引导学生了解历史人物的故事和成就，培养他们的历史意识和价值观。学生可以通过研究人物档案，拓展知识面，深入了解历史、文化和社会。同时，高校人物档案建设需要制度支撑，应结合高校自身的实际和特色，研究、制订和完善高校人物档案具体管理规范和工作细则，为高校人物档案的建设给予宏观层面上的具体指引，为今后持续有效开展高校人物档案工作明确方向。[7]

（4）社会公众和文化爱好者：人物档案为社会公众和文化爱好者提供了了解历史人物和文化遗产的窗口。他们可以通过阅读人物档案，探索个人的故事和背后的历史背景，加深对历史文化的认知和理解，提升文化素养和文化自信。

（5）法律和行政机构：人物档案在法律和行政机构中具有重要的应用

价值。例如，个人的身份证明、学历证书、工作经历证明等都可以通过人物档案来核实和验证。人物档案对于法律程序、证据调查和行政管理等方面具有支持和参考的作用。

四、总结

随着大数据时代的到来，国家对档案法进行了新修订，给予了电子档案应有的地位，而电子人物档案管理也随着社会发展的浪潮一步步走向完善。无论是从传统纸质档案的转变形式还是人物档案类别的角度来说，新时代力量都已经将人物档案的管理工作推向新方向，同时也赋予了人物档案的独特意义。

对人物档案本身发展而言，人物档案种类的丰富程度使得这一档案类型成为特别的历史记录载体，使得21世纪人物档案的信息储存量更加具有层次性与多样性。具体可以从人物档案收集流程不断趋于完善、人物档案标准体系的建立、人物档案服务效能提升以及人物档案信息资源整合多个方面体现。[8]对于社会发展而言，人物档案的多类别整理将社会人物类型划分清晰，将人物精神进行多方面宣传且囊括多层次人群，包括高校师生、在职人员、社会青年及老年人，从而多维度发扬将中国特色社会主义现代化赋予时代的"中国梦"精神，一定程度上不仅能推动社会正能量还能发挥模范积极作用。

新时代人物档案的发展与新时代主题相互融合，在党的方针政策引领之下，"不忘初心"这一主题深深植根于人物档案的发展趋势。与此同时，人物档案的独特意义也因百年建党而更加深植于社会之中。档案从业者在此环境下，整合人物档案的工作也将随着红色档案的特殊地位的不断升温继续顺利进行下去。对于社会群众而言，人物档案的独特意义将能结合新时代文化而更广泛地得到宣传，从而发挥人物档案真正的使命。

参考文献

[1] 管先海,李素芳,张小燕.新修订档案法若干亮点解读[J].档案, 2021（06）：48-52.

[2] 田煜.著名人物档案隐私权保护问题及对策研究[J].黑河学刊, 2019（01）：177-179.

[3]肖兰芳,贺长珍.高校人物档案资源的开发与利用——以武汉音乐学院为例[J].黑龙江档案,2021(02):189-190.

[4]林晓雯.全媒体视野下提高社会档案意识的策略研究[J].兰台世界,2020(12):73-76.

[5]苏程.红色档案信息资源的开发利用研究[J].山西档案,2019(06):93-98.

[6]李浩.档案利用工作服务党和国家工作大局与服务人民群众的有机统一[J].档案,2022(01):54-56+60.

[1]陈瑾.深入开发人物档案资源助力高校统一战线工作——高校统战人物档案建设存在问题及对策探析[J].兰台内外,2022(01):82-84.

[7]柴莉.企业档案管理的地位及作用分析[J].办公室业务,2021(23):117-119.

国内公共文化服务的档案资源整合研究综述

吴金燕　房小可*

摘　要：［目的/意义］随着公共文化服务逐渐发展为国家文化体制改革的重要内容，公众的文化需求与文化权益不断增长，对我国公共文化服务水平的要求日益增加。在此趋势下，面向公共文化服务的档案资源整合成为新热点，但档案资源整合研究中鲜有与公共文化服务相关的综述性文章。为促进档案资源开发利用，本文基于公共文化服务的视角，从档案资源整合的内外部环境研究现状进行分析，为相关领域研究提供一定的参考。［方法/过程］本文主要运用文献调查法，通过对国内数据库的检索获取公共文化服务、档案资源整合的主题相关文章，从主体机制、整合方式、整合的技术标准研究等方面展开整理分析。［结果/结论］发现国内虽然有档案资源整合的多方面研究成果，但研究深度尚待完善。此外，学者对于档案资源整合方面的研究较为单一，鲜有面向公共文化服务的档案资源整合方面的研究。

关键词：公共文化服务；档案资源整合；研究综述

引言

2020年，"中华人民共和国国民经济和社会发展第十四个五年规划纲要"中提出要提升公共文化服务水平，政府在公共文化服务体系建设中不断投入大量的人力物力财力，但当前公共文化资源仍然停留在体制内循环，系统内只是自上而下的完成业绩，并未实质性地提升服务效能，用户对公共文化服务的需求未能得到满足[1]。为了给用户提供便捷的检索方式、有效

吴金燕（1997- ），女，江西上饶人，北京联合大学在读硕士研究生，研究方向为档案现代化管理；房小可（1987- ），女，辽宁本溪人，北京联合大学副教授、硕士生导师，博士，主要研究方向为档案信息资源开发与利用，E-mail: xiaoke@buu.edu.cn，本文通讯作者。

的档案信息,档案馆应加快推进数字档案资源整合与服务,提升公共文化服务水平[2]。目前,档案资源整合研究中鲜有与公共文化服务相关的综述性文章,为促进档案资源的开发利用,本文基于公共文化服务的视角,从档案资源整合的内外部环境研究现状进行分析,为相关领域研究提供一定的参考。

一、数据来源及相关统计

本文数据主要以中国知网数据库为来源,数据源均选择时间段在2010-2022年间。检索方案为主题=公共文化服务并且主题=档案资源整合;题名=公共文化服务并且题名=资源整合,进行精确检索,共得到215篇相关文献,经过使用excel中的删除重复项功能以及手工筛选,最终得到有效文献187篇。

本文运用VosViewer软件,对面向公共文化服务的档案资源整合的相关文献进行关键词共现分析,如图1所示。图中每个点上都有一个不同的关键词,点越大,说明关键词在该领域研究中出现的频次越高。此外,点间的线条代表着关键词的共现关系,线条越粗表明共现关系越强。由图可得:第一,资源整合出现的频次最高,说明学者多以资源整合为出发点进行该领域的研究;第二,公共文化数字资源、数字资源整合、公共数字文化、

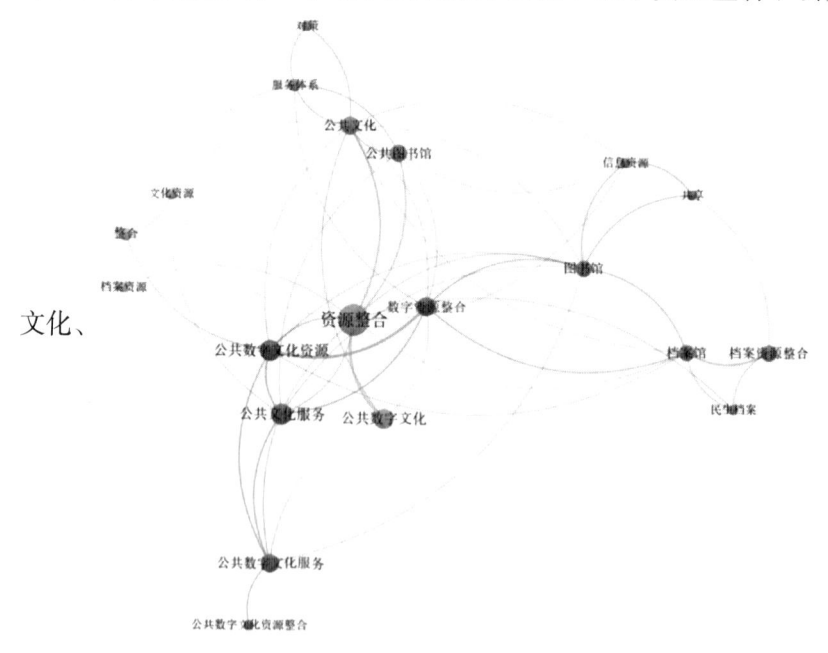

图1 国内公共文化服务档案资源整合研究的文献关键词共现分析

公共文化服务等词出现的频次也较高，表明资源整合与公共文化之间有着紧密的联系，面向公共文化服务的档案资源整合确实为当下的研究热点。

二、文献研究现状

档案馆作为重要的文化服务机构，档案资源整合为其重要的研究内容。随着公众的文化需求不断增长，对档案馆的公共文化服务水平提出了新要求，对此学者展开了一系列研究，推进了面向公共文化服务的档案资源整合的理论和实践。本文将学者研究动向分为以下几个部分：档案资源整合的主体机制研究、档案资源的浅层整合研究、档案资源的深层整合研究、档案资源整合的技术标准研究。

（一）档案资源整合的主体机制研究

在档案资源整合主体机制方面的研究中，部分学者提出需建立一套完整的标准体系，形成通用性标准来规范整合工作；也有学者强调各主体之间的协同合作有利于提高档案资源的整合效率。石庆功[3]指出我国公共数字文化资源建设领域虽陆续出台了一系列标准规范，但针对公共数字文化资源整合的通用性标准还未形成，且实践进展缓慢。因此，我国公共数字文化资源整合亟需一套适合国情的、完整的标准体系来指导工作。在资源整合的主体上，公共文化机构是整合全过程的参与者和活动的具体实施者，因此，应针对公共文化机构出台一套公共数字文化整合管理标准，从而为资源整合所涉及的、软件、数字资源、硬件、平台界面、管理人员、用户等要素全过程管理提供标准参考。安小米[2]等认为档案资源整合标准体系缺少统一规划、网络建设薄弱、系统建设方面滞后等问题，因此，需建立档案信息化标准体系，实现信息不同主题主体之间的资源共享和业务协同；同时，在政府的整体规划下，各社会组织与部门之间应通力合作，实施国家档案资源整合与共享的全面控制，提升整体公共文化服务水平。郝春红[4]等指出在社交网媒交互方面，利用计算机技术将数据进行系统化整合，有利于不同机构之间突破界限与学科障碍，以更开放的姿态迎接多元主体的协同合作，促进档案资源的有限整合。孙俐丽[5]等谈到建立规范化的管理制度是必要保障，目前中央和地方已出台相关法律法规来规范档案资源整合与服务，但该方面的法律法规建设还有诸多待完善的地方。此外，资源整合的具体工作应规范化、有序化。罗军[6]等认为"集中统一、条块结合"的管理体制在体现了我国档案行政管理部门主体地位的同时，也强调各级机关隶属关系和行政区划界限，而行政区划的限制和隶属关系的制约，使得各级档案馆之间没有形成有效的互动，处于相对独立的封闭状态，容易造成档案资源的大量闲置。因此，优化制度设计，分工协作，利于集中资源优势实现资源有效整合与流动。戴志强[7]提出，档案资源的整合不仅要遵守"统一领导，分级管理"的档案工作管理体制，还应结合基本国情，推行共建共享的互利机制，让各主体之间实现互利共赢。此外，还应推行以公共服务为切入点来整合档案资源的社会运行机制，以满足日益增长的公共文化服务需求。孙大东和向晓旭[8]立足于新《档案法》中的相关规定，指出档案部门在推动档案数字资源建设和档案信息化的发展过程中起着重要的作用，因此各部门需加强与不同地区的档案馆、不同类型的文化机构之间的交流与合作，共同搭建档案数据整合平台。

（二）档案资源的浅层整合研究

档案资源的浅层整合是一种简单的逻辑层面的整合方式，将分散存储于不同平台的档案资源进行集成处理，为用户提供统一的检索界面，从而提高检索效率。金波[9]等认为，档案数据资源往往被存储在不同地点、不同类型的数据库中，而不同数据库使用的查询语言、存储方式和表现形式不一致，极大降低了用户检索的效率。通过对档案数据资源进行整合、集成处理，为用户提供统一通用的查询语言和检索界面，使用户能够高效获取全面、准确的档案数据资源。任慧朋[10]谈到最早由谷歌公司提出的Digital Vellum方案中表明，通过云技术整合不同格式、不同来源的数字档案资源，在客户端提供私有云服务，该服务支持各种版本的读写软件、操作系统，为用户获取数字档案资源提供了便利。向泽红[11]指出不同时期的系统采用了不同的标准和数据库，系统间处于彼此独立的状态，信息资源无法实现高效共享。因此，需要有效整合档案的各业务系统数据，建立一批公开专题的数据库，提升档案信息资源的利用率。李德健[12]认为为适应社会发展需求，图书档案机构应为用户提供一个统一的检索入口，使用户能够有效获得多渠道的信息，还可以将相同主题的知识进行聚集，并对相关主题的知识进行有效的分析，从而方便用户获取。张莹[13]提到2014年，中共中央办公厅、国务院办公厅联合下发的《关于加强和改进新形势下档案工作的意见》明确指出应科学整合档案信息资源，整合同一地区不同单位、同一单位不同部门的档案资源，推动档案资源的科学配置与有效利用。此外，还鼓励档案机构将可公开的各类信息资源上传到网络平台上，实现资源的共享。戴志强[7]提出，档案资源整合应完善管理体制，在档案资源的浅层整合层面，可通过建立尽可能涵盖档案系统内外已有的相关资源目录的档案信息资源总库；同时，大力推进实体保管中心和信息资源总库的建设。

（三）档案资源的深层整合研究

档案资源的深层整合是一种相对浅层整合而言更深层次的整合，其目的是通过信息的组织与检索，实现更细粒度的知识关联和挖掘，为用户提供一个更高效检索的平台。在基于关联数据的语义化整合方面，吴丹[14]等谈到，资源整合在更高层次上的资源集合称为资源融合，公共文化资源整合强调的是将分散在各公共文化服务机构中的资源进行重组，为用户提供一个高效检索的平台。而资源融合是更深层的整合，要求在语义上对档案资源进行整合，通过信息的组织与检索，实现更细粒度的知识关联和挖掘，实现优化重组。同时还需建立语义关联之间的逻辑关系，实现跨领域资源间的语义互联—知识发现—知识展示。金波[9]指出知识图谱技术对于档案资源实现语义层面的整合具有重要作用，首先是在将同源异构档案数据进行处理，统一其格式；其次，在知识抽取方面，构建档案资源实体、关系和属性三元组。在信息融合层面，对数据格式进行清洗转化，抽取三元组和知识图谱进行语义相似度计算，确定最优关系匹配，实现资源融合。此外，还可以通过知识存储和建模，使存储于相关数据库中的资源实现关联集成。钱毅[15]提出，融合是通过相关语义技术将主体上面向机器的数据转化成人与机器都能理解的资源形态，因此，需要进行语义重建。其中，关联数据是一种语义网时代对数字对象、资源进行规范控制的基础技术，是计算机能够理解的一种语义信息，它能充分地关联数据并表示实体、属性之间的逻辑关系。关联数据的主要表达形式为RDF，也是最基本的语义单位，许多系统都可以直接接受RDF关联数据的输入。

（四）档案资源整合的技术标准研究

通过对文献进行归纳总结，发现学者们在档案资源整合的技术标准研究中主要可分为元数据标准的研究和元数据互操作技术的研究，该技术标准对于档案资源整合十分重要，也是目前档案资源整合亟须解决的重点难题之一。在元数据标准的研究方面，杭珊[16]等提到档案资源整合的方法较为单一，建立实体仓库和中间件技术跨库整合为常用的整合方法，而信息抽取与建立元数据库的技术成熟度不高，因此并不常用。此外，建立元数据库首先要制定好相应的元数据标准，这也是目前档案资源整合面临的难题之一。杨文刚[17]等认为元数据标准的使用较为广泛，尤其是将图情领域的元数据标准直接放入档案领域使用，不切合实际。张卫东[18]指出随着现代技术的发展，元数据标准也在不断革新，元数据的使用标准和侧重点也有不同，即使之前沿袭的技术标准在统一标识数字文化资源时有较好的揭示性，但也存在不足，需要各文化机构根据合作的特定项目，共同制定资源整合的元数据描述标准。此外，还要致力于解决不同资源之间的互操作问题，要实现异构资源的相互有效映射，在使用具体的元数据方案时，一般先采取一种元数据框架，具体应用时再根据实际情况进行修补更改。

三、结论

本文从档案资源整合的主体机制研究、档案资源的浅层整合研究、档案资源的深层整合研究、档案资源整合的技术标准研究四个方向对近十年公共文化服务的档案资源整合领域的相关文献进行了梳理。发现学术界有关档案资源整合的研究更多的关注点在于宏观层面的政策整合及方法，对于通过制定元数据标准，从更深层次去进行语义化整合档案资源的研究较少。此外，学者对于档案资源整合方面的研究较为单一，鲜有面向公共文化服务的档案资源整合方面的研究，而公共文化服务作为当前的研究热点，如何有效整合档案资源，对于提高档案馆的公共文化服务水平具有重要研究意义。

参考文献

[1] 周丽霞，陈絮.公共文化服务视阈下档案微博服务优化研究[J].档案与建设，2021（02）：14-19.

[2] 安小米，钟文睿，白文琳，孙舒扬.我国国家数字档案资源整合与服务研究现状及未来研究建议[J].档案学研究，2014（02）：4-8.

[3] 石庆功，郑燃，唐义.公共数字文化资源整合的标准体系[J].图书馆论坛，年度（期号）：1-6.

[4]郝春红.基于新技术应用谈新时代企业档案信息资源服务平台建设[J].机电兵船档案,2020(03):95-97.

[5]孙俐丽,吴建华.关于国家数字档案资源整合与服务机制顶层设计的初步思考[J].档案学研究,2016(01):57-61.

[6]罗军,毛纳.公共服务视角下档案馆馆藏资源整合探究[J].北京档案,2016(05):25-26.

[7]戴志强.以公共档案馆为主体整合共享性档案信息资源的思考[J].档案学研究,2010(01):32-36.

[8]孙大东,向晓旭.新《档案法》规制下非遗档案数据化管理策略研究[J].山西档案,2021(06):90-97.

[9]金波,陈坚,李佳男,海啸,杨鹏.大数据时代档案数据资源整合探究[J].档案与建设,2022(09):18-23.

[10]任慧朋.数字档案资源整合新技术的研究与探讨[J].档案与建设,2016(02):29-32.

[11]向泽红.跨界.融合.联动——论大数据时代高校档案事业发展的新思路[J].山西档案,2016(01):64-66.

[12]李德健.图书档案资源数字化融合服务模式探究[J].管理观察,2016(24):129-131.

[13]张莹,姚蔚迅.我国数字档案资源融合服务实现路径探析[J].兰台世界,2017(09):23-27.

[14]吴丹,樊舒.面向多源异构资源融合的公共文化数字化建设路径[J].西安交通大学学报(社会科学版),2021(05):136-143.

[15]钱毅.破析与融合——析档案资源形态与语义表现相互作用的U型曲线现象[J].档案学研究,2022(04):108-115.

[16]杭珊,吴建华,钱耀明.档案网站信息资源整合现状及分析——以江苏省地市级综合档案馆为例[J].档案与建设,2009(09):15-18+7.

[17]杨文刚,崔杰,田伟.档案元数据核心集系统的设计研究[J].北京档案,2016(07):12-15.

[18]张卫东,左娜,陆璐.数字时代的档案资源整合:路径与方法[J].档案学通讯,2018(05):46-50.

数字档案馆规划阐述

许正泓 沈 蕾

摘 要：我国随着信息技术的发展与普及，数字档案馆这一崭新的档案组织与管理模式随之诞生。本文在明确数字档案馆用户需求的前提下，对数字档案馆的建设现状进行分析，并从数据资源建设、规范体系建设及评价体系建设三个方面对数字档案馆规划提出建议。

关键词：明清档案；数字化；档案馆

引言

随着信息技术的发展与普及，档案工作作为党和国家事业发展、社会治理过程中不可或缺的基础性工作，其信息化建设同样受到了高度重视。而运用现代信息技术对档案进行数字化加工并通过网络平台提供服务和共享利用的数字档案馆更是档案信息化建设的重中之重，在全国档案事业发展"十三五"及"十四五"规划中，均明确提出了对于数字化档案馆建设的要求，可见数字档案馆建设是未来档案馆建设的着重点之一。但相比传统档案馆，数字档案馆具有投资大、建设工程大、技术要求高等特色。因此，开展对数字档案馆规划的探讨具有极高的实用性和必要性。

一、数字档案馆的基本结构与特点

数字档案馆建设是一个集诸多方面各类资源于一体的系统性工程。首先需要的是人员、硬件等支持，其中人员包括信息技术人员、历史档案专业人员、前端服务人员等，硬件支持主要为存储设备、网络设备、扫描设备、服务器、操作系统、数据库管理系统等。

许正泓（1998- ），男，辽宁大连人，北京联合大学在读硕士研究生，研究方向为档案现代化管理；沈蕾（1965- ），女，北京人，北京联合大学教授、硕士生导师，硕士，主要研究方向为文书学、档案现代化管理，E-mail：1499312782@qq.com，本文通讯作者。

数字档案馆的基本结构主要包含以下几个部分：数字资源建设、应用平台建设以及规范体系建设，总体结构如下图所示。

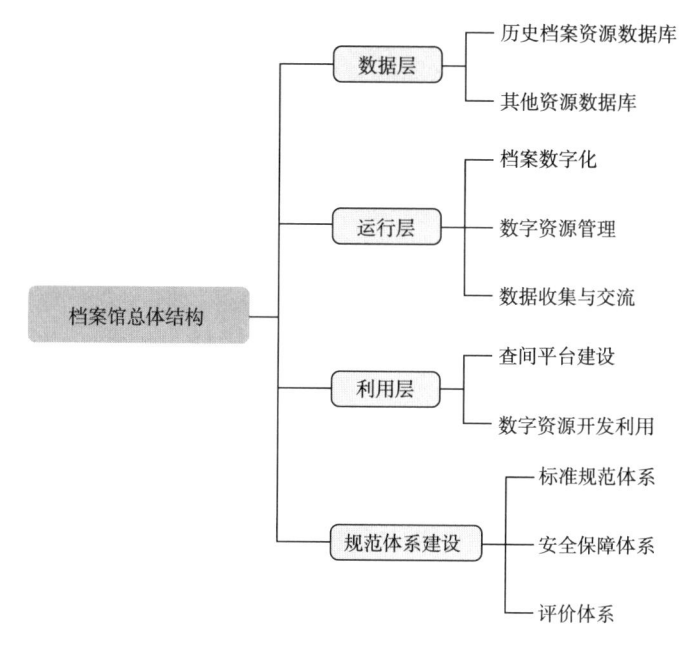

```
档案馆总体结构
├── 数据层
│   ├── 历史档案资源数据库
│   └── 其他资源数据库
├── 运行层
│   ├── 档案数字化
│   ├── 数字资源管理
│   └── 数据收集与交流
├── 利用层
│   ├── 查阅平台建设
│   └── 数字资源开发利用
└── 规范体系建设
    ├── 标准规范体系
    ├── 安全保障体系
    └── 评价体系
```

图1　档案馆系统结构

相较传统的档案馆，数字档案馆主要存在以下几个特点：其一是自动化，数字档案馆不仅能够自动管理档案，而且还能够自动对档案进行保护和开发；其二是数字化，将传统档案整合到数字化档案资源库在节省存储空间的同时，还能够确保档案的查询和利用效果；其三是网络化，借助计算机技术与互联网，档案工作人员与用户对档案信息的检索利用及交流效率均得到了很大的提升[1]。

数字档案馆的建设，应遵循以上整体架构并考虑其特点展开。

二、数字档案馆建设现状分析

（一）基本情况

近年来，国家档案局对数字档案馆建设投入了较高的重视，全国档案信息化取得了良好的成效。截至2021年年底，全国共建成44家全国示范数字档案馆，包括了省级、副省级、地市级、区县级四级，主要分布于东部沿海地区。

考虑到数字档案馆建设涉及硬件设施、软件系统、数字化加工等多方面，需要在政策、资金、人才方面得到较大支持，地域分布有所侧重不可避免。整体来看，全国各级档案部门提升数字档案馆建设水平，实现档案工作现代化转型意愿较为强烈。

（二）现存问题

就目前的已建成的数字档案馆来看，其现状尚存一定问题，主要包含以下几个方面。

其一，基础设施建设。目前，各单位对于档案安全工作等必要的安全措施十分重视，硬件配备方面建设情况普遍较好。但一些单位对于关键网络设备冗余和机房日常巡检工作的重要性认识不足，存在设备配备不到位、巡检工作不规范的情况。

其二，系统功能部分。尽管系统平台建设已得到了一定发展，但数字档案馆毕竟还是较为新颖的项目，在实践中，现有的系统平台仍存在一定问题。如四性检测不全、操作审计功能不全、电子档案接收功能不全等。

其三，保障体系部分。部分单位制定应急保障预案不全面，多偏重于消防预案和消防演练，缺乏数据安全方面尤其数据恢复的应急预案。特别是信息技术骨干，这一重要的保障体系建设人才在全国各级档案部门普遍较为缺乏[2]。

三、数字档案馆的需求分析

（一）预期用户需求

数字档案馆主要提供的是档案信息资源本身及针对这一原始信息进行加工后得到的信息二次服务，就目前的状况来看，对此类信息存在需求的用户存在一些共性特征。首先，此领域的信息用户对于信息的需求呈现了明显的多样性、差异性趋势，而档案资源本身内容差异较大，种类较多，不可一概而论。因此，如何整理并加工档案资源以满足用户的多样性需求是一大难题。

其次，此领域的信息用户更倾向于利用数字化资源。随着信息技术的发展和门槛的降低，信息用户普遍呈现了这一趋势，此领域的信息用户自然也不例外。而历史档案受限于历史原因，采用的多为传统载体，无法有效满足用户的数字化资源需求。

最后，此领域的用户普遍不依赖档案馆前台服务人员，更青睐自行搜集信息。因目标用户群体普遍拥有更明确的信息需求和更好的信息检索能力，其对传统档案馆服务人员的需求相对较低。

（二）档案馆规划需求

出于满足预期的用户需求考虑，此档案馆的规划与建设必须满足以下需求。

首先，档案馆必须拥有良好的档案保护技术以及文件扫描技术。传统档案载体本身同样具有一定价值且不可复制，需要谨慎保管，良好的存储技术及相关硬件设施、专业人员是必不可少的。同时为了满足用户对数字化资源的需求，文件扫描技术及相关的硬件、人员同样必要。

其次，档案馆需要档案学专业人员对馆藏档案进行分门别类，整理全宗，同时进行档案编研等工作拓宽可提供的资源种类，以满足用户的多样性、差异性信息需求。

最后，档案馆需要构建良好的信息检索平台。这需要档案馆进一步改善信息检索系统、降低信息检索的门槛，提高用户获取所需要的信息的效率，以适应目标用户对信息获取方式的倾向[3]。

四、数字档案馆数据资源建设

（一）传统档案的数字化

档案资源的数字化应当以用户为中心，遵循急所原则、价值原则、开放原则、特色原则和系统原则。而传统档案的数字化除以上原则外需要额外注重一个特点，即安全性，因传统档案载体本身多为孤本，进行数字化的过程需要格外注重对其载体本身的保护，扫描工作要避免对档案原件的损伤，并需要专业人员的指导。

传统档案在扫描录入计算机后应以PDF等通用格式保存，并按全宗、时间等要素进行基本的分类整理，按照电子文件命名原则存放至相应存储目录，进行校对以备后续录入数据库。

（二）数据库建设

数据库所录入的数据务必注重规范性和有效性。规范性即存储的必须是规范、标准且准确的数据，考虑到历史档案载体多样，在录入数据前需建立数据录入规范，并在扫描件存入数据库前进行严格的审核与校对，以免录入的电子文件产生混乱。同时，数据存储格式应选用PDF等标准或通用格式，以免因格式错误导致的数据损坏，保证存储在数据库内的数据规范、标准且准确。

有效性则是确保数据库存储的数据可用，采用标准或通用格式进行储存同样有此方面的考虑。同时这也需要选用成熟的大中型数据库系统，并且在设计数据库时优先考虑程序编写和最终的用户利用环节。注重程序编写难易性的原因是方便日后电子文件管理工作的顺利开展，而用户利用的易用性则是创建数字档案馆的目的之一[4]。

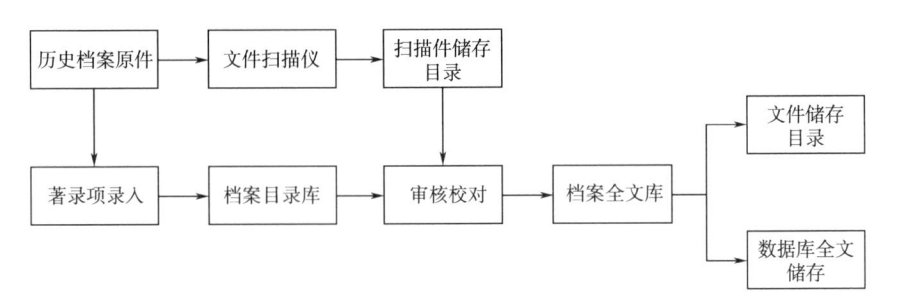

图2 数据库录入流程

（三）电子档案管理系统建设

电子档案与采用传统载体的纸质档案在管理上有诸多不同点，如电子信息相对传统载体更加易于更改和删除等，如果按照传统载体的管理方式展开工作必然会带来诸多不便，因此针对电子档案的全程管理具有必要性。

电子档案在存储时应时刻注意原文的备份，每一份电子档案应当同时储存于三个位置，其一为档案全文库，采用加密处理，不得擅自更改，只有授权人员可访问和利用；其二为对外开放服务器，采用只读形式存储，提供用户全文浏览；其三同样位于档案全文库，但仅用于电子档案分发及全文检索等功能。采用此存储方式，可以在保证资源可用性的前提下尽可能提高信息安全。

电子档案在更改、迁移时需更加谨慎，应当在专业人员的指导下进行。直接负责文件更改的工作人员需建立档案更改记录，更改记录中明确更改类型、单号和对象等，并留档保存。根据档案更改信息记录，将未更改的电子档案原件从全文库中复制到指定的目录中，由更改人员和原件的录入人员进行审核和校对，最后将更改后的档案重新归档。

（四）档案检索系统

档案检索系统应分为对内工作系统及对外开放系统两个子模块。其中对内工作系统对档案馆工作人员开放，依托于职工信息表，以职工编号为身份认证信息，并设计密码系统。在职工于登录平台输入职工编号及密码后赋予访问权限。同时针对职工编号赋予不同权限，以确保电子文件有序管理，保障数据库资源安全。

对外开放系统本质上即为档案查询系统，对访问的所有用户开放，但只提供部分置于服务器的开放数据库资源，具有快速查询、模糊查询和分类查询等功能。系统提供关键词检索、文件号检索、全文检索、时间检索等功能，并支持选择不同数据库检索。用户在输入查询内容后查询结果区域显示档案记录列表，若全文可供阅读，可在查询结果栏中直接点击查看全文。同时查询结果区提供字段、文件格式、全宗等筛选功能[5]。

五、数字档案馆规范体系建设

（一）标准规范体系

标准、制度和规范是数字档案馆正确运行所必要的保障。档案馆应当结合馆藏资源特色，考虑档案馆功能需要，逐步推出一系列标准化规范。标准化规范应分为两个大类，分别为档案资源管理规范及信息技术规范。

档案资源管理规范即针对数字档案馆及其信息资源本身的规范，以及对馆藏信息资源利用的规范。这一部分规范可以明确档案馆工作人员职责与任务、用户权利与义务、档案馆业务处理流程等，主要包括计算机安全标准、数据库管理制度、电子文件管理标准等。

信息技术规范主要作用为保证档案馆软硬件建设标准化，主要包含基础设施建设标准、电子信息保存格式、软件平台技术标准等。

（二）安全保障体系

数字档案馆相比传统档案馆，运用了极多的网络信息技术，因此，数字档案馆对档案资源的安全，特别是网络安全有明显更高的要求。而确保数字信息的网路安全正是数字档案馆的一大难题，因此，完善的安全保障体系是必不可少的。

首先，在物理层面上，数字档案馆必须保障通信线路、物理设备、机房等重要环节的安全。这一部分的安全保障主要体现在线路的可靠性、设备的安全性、抗干扰能力、防灾害能力等等，传统的安保人员同样有重大作用。

其次，在技术层面上，数字档案馆存在较高的安全需求。因信息技术较为发达，技术层面的信息安全同样包含诸多方面，可简单概括为操作系统、网络以及应用软件三个模块。其中操作系统需保证采用正版windows系统，数据库系统也需要采用成熟的大中型数据库，并确保可以得到技术支持；网络安全需要确保身份认证、访问控制、数据传输等方面的安全，并采用相对封闭的局域网与互联网相结合，档案全文库等重要内容均存放于封闭的局域网，仅将对外开放内容上传至互联网，并且全程运用防火墙；应用软件即运行于操作系统的各类程序，这一部分同样需要保证采用正版软件，对自身开发的软件则需要经过严格测试方可投入使用[6]。

六、档案馆的评价体系建设

档案馆评价是档案馆管理工作的一项重要内容，对于档案馆工作效率的提高、服务方式的改进，最终提升用户满意度，促进档案馆的良性发展具有重要意义。而数字档案馆的评价体系应由档案馆技术评价、档案馆服务评价及档案馆管理评价三个方面组成。

档案馆技术评价，主要针对档案馆所采用的高新技术，包括系统技术、信息检索技术、界面设计等。评价指标主要包含快捷性、安全性、可操作性、艺术性等。

档案馆服务评价，包含服务模式、服务效果、资源建设、技术条件等。评价指标主要包括资源可获取性、友好程度、服务快捷性、用户满意度等。

档案馆管理评价具体表现为管理方式和手段的科学化、标准化、合法化，包括知识产权管理、标准化管理、人事管理、效益等。评价指标除效益外均相对难以量化，主要融入企业的日常工作中进行评估，效益的评价指标为成本及产出利益[7]。

参考文献

[1]代春旭.中国燃气涡轮研究院数字档案馆设计[D].电子科技大学，2007.

[2]孙源.全国示范数字档案馆建设情况分析[J].中国档案，2022，

No.588（10）：41-43.

［3］潘连根.数字档案馆评价体系初探［J］.浙江档案，2005（09）：24-27.

［4］金波.论数字档案信息资源建设［J］.档案学通讯，2013（05）：45-49.

［5］刘钧.企业数字档案馆建设工作探讨［J］.陕西档案，2023（02）：47-48.

［6］姚婧宇.关于企业数字档案馆建设的若干思考［J］.企业改革与管理，2023，No.442（05）：51-53.DOI：10.13768/j.cnki.cn11-3793/f.2023.0295.

［7］周耀林，朱倩.大数据时代我国数字档案馆的建设与发展［J］.信息资源管理学报，2015，5（02）：108-113.

人物档案分类与信息服务需求研究

周 青　吕咏蔚　姜素兰

摘　要：人物档案作为中华民族历史的瑰宝，其信息化建设为用户提供完善的信息服务是必然要求。本文通过结合新时代下人物档案分类与当代用户对于信息服务的需求情况进行研究，旨在更好地为人物档案相关用户提供完善的信息服务。提出优化人物档案信息利用服务的措施，包括建设以用户需求为导向的数字化档案网络转型；注重人物档案的多样性开发与服务；明确人物档案利用的指向性特点等措施。

关键词：人物档案；档案分类；信息服务

一、人物档案分类及用户情况

人物档案是记录历史及当代重要人物的真实经历、相关事例等内容的珍贵的档案资料。人物档案的范围广泛，各行各业均有涉及，包括企业家、军事家、思想家、革命家、教育家、艺术家等等。任何行业获得较高荣誉、作出突出贡献的著名人物的真实记录均可纳入人物档案，进行保存和提供用。

人类的历史由人类创造并繁衍至今而形成记录，其中具有深远影响的伟人是探讨现代社会形成的具体原因的重要部分，也是构建人民多姿多彩的生活的基石。对于保存此类人物记录的档案是历史所需更是用户的必要需求，人物档案作为珍贵档案对人类思想行为影响甚远，因此对人物档案及相关用户进行分析，更能提高档案利用度。

（一）人物档案的类型分析

1.文字档案

人物文字档案不同于普通历史档案，由于人物存在的时期不同，固定

周青（1999—　），女，江苏南京人，北京联合大学在读硕士研究生，研究方向为档案现代化管理；吕咏蔚（1999—　），女，山西临汾人，北京联合大学在读硕士研究生，研究方向为档案现代化管理；姜素兰（1966—　），女，辽宁海城人，北京联合大学教授、硕士生导师，主要研究方向为口述档案、档案文化研究，E-mail：sulan@buu.edu.cn，本文通讯作者。

时代的载体形式也多种多样，有羊皮书、贝叶、瓦书、石刻、丝绸、纸张等。通过文字的形式记录人物真实经历、真实事件的档案，是截至目前最常见的档案形式。文字的诞生最早可以追溯到6000年前，从那时起人类就开始使用这种符号来进行记录。因此对于早期人物的初始档案往往只能通过文字档案进行查阅，这也是文字档案常见的原因。人类历史悠悠数千年，文字从始贯穿至今。其记录量是其他档案形式不能比拟的。文字形式因其记录与查阅的便携性，使得这项形式在人类历史中被发扬光大，给现代人留下了数不清的珍贵文字档案。

2.口述档案

口述档案的概念较为模糊，通常的定义是由人们口述的事件和口口相传的故事所组成的档案记录，通常记录形式为采访、录像、会议等。保存形式为录音或录像。口述档案是自录音机诞生以来就有的记录形式，比起文字档案，它更加原始地记录了事件本身，拉近了查阅用户与真实事件的距离，也使得档案本身比起只能存在于纸面上的文字记录更具有真实性、专业性。

3.影像档案

影像档案顾名思义，是用绘画、真实照片、录像等图片媒体形式记录的档案资料。多媒体档案的形成使得用户在查阅档案时，可以明确地看见还原的真实事件及情景，更加深刻地认识与理解档案记录的人物与事件，对档案人物的画像描绘也使得用户可以看见历史人物的相貌。比起上文提到的前两种档案，影像档案更具备真实性和直观性。与其他档案形式相比，影像档案更加需要电子文件的保存条件支持，是自成像技术以来不可多得的珍贵资料。

（二）人物档案用户的具体分类

人物档案用户指的是与人物档案有关联的人，在此处，本文将相关用户分为三大类：

1.档案本体和历史记录者

此种用户指的是人物档案记录中的本人与记录者。他们是人物档案的创造者，也是人物档案本身。他们与人物档案的联系深刻，没有他们也就没有了人物档案。是亲历者，也是被记录者。

2.档案的整理与保存者

档案于被创造出以后，将会有固定的档案馆或机构来整理、保存，以及供有需求的用户查阅、浏览。这类相关用户可以被归类为档案的整理与保存者。他们和档案之间的联系是保护档案、并进行归类、整理等，方便人们查阅。此处的保护档案也包括了档案的修复、挖掘工作人员，他们也属于为档案的保存而工作的相关用户。此类用户为档案的留存工作作出重要贡献，对于档案的重要性不言而喻。

3.档案的查阅用户

对于档案有查阅需求、进行浏览的群体可以被称作档案的查阅用户。他们出于各自的需求与目的对特定的档案进行查阅。此种相关用户是档案的使用者。档案的记录与保存最终都是为这一群体而服务的。他们是与档案本身最远的相关用户，但是却是档案被创造与被保管的目的。

二、信息服务需求分析

在数智时代，信息服务需求以用户为本，因此以下信息分析数据以本人《关于人物档案信息服务需求用户调查问卷》的问卷（见附件1）为支撑。

此次问卷有效作答人次56人，其中男性24人，女性32人。其中包含政府部门（含事业单位）3人，科研机构（含高校）1人，企业（含小微私企）21人，学生4人，其他职业7人。认为属于现实用户（正在使用人物档案资源的用户）12人，潜在用户（将来可能涉及的人物档案资源的用户）44人，且样本年龄范围从18岁至60岁，涉及国内外多个地区（如图1所示），因此在客观程度上用户采样具有多样性。

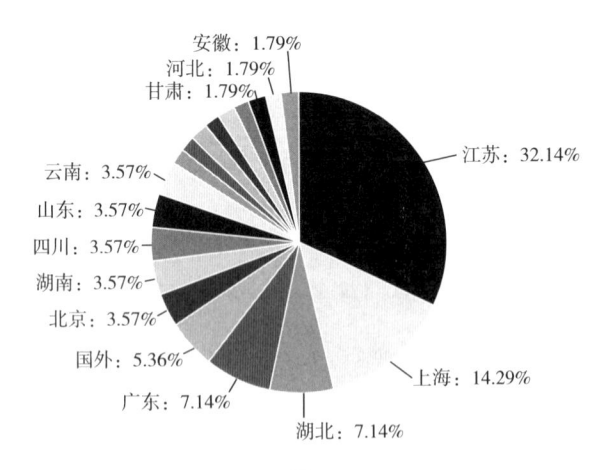

图1

- 江苏：32.14%
- 上海：14.29%
- 湖北：7.14%
- 广东：7.14%
- 国外：5.36%
- 北京：3.57%
- 湖南：3.57%
- 四川：3.57%
- 山东：3.57%
- 云南：3.57%
- 甘肃：1.79%
- 河北：1.79%
- 安徽：1.79%

（一）大数据时代信息服务的必要性

在当今的互联网浪潮中，与许多其他传统形式一样，传统档案也受到了冲击。对于档案有着查阅需求的用户，他们的需求也在发生变化。伴随着互联网与浏览硬件的革新换代，人们对于信息服务的便携性上升到了一个新的高度。手机、电脑等电子设备查阅相关档案信息，十分便捷高效，占据71%左右（如图2），因此可见，档案网络信息化是必然趋势。如果档案的查阅不能满足人们使用网络就能浏览的需求，那么档案本身会逐渐失去可利用性，降低被使用率，导致档案价值无法得到充分发挥。档案信息无法帮助人们，无法实现其价值，不能满足其服务用户需求的初衷。人类历史档案之珍贵，在于帮助人类了解历史、社会构成等，让人们能从历史中提取经验，避免错误，也让人类做出的伟大成就得到他人的认知，让人类从历史中学习，再创辉煌。档案的重要性对于当今社会发展有着不可取代的作用，是人类全体留在世界上的珍贵宝藏。

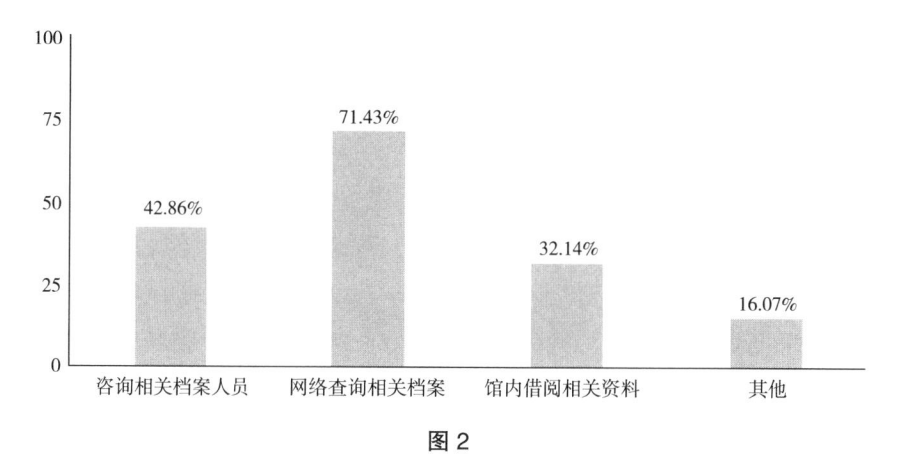

图2

咨询相关档案人员	网络查询相关档案	馆内借阅相关资料	其他
42.86%	71.43%	32.14%	16.07%

（二）人物档案数字化满足信息时代的需求

人物档案的数字化是信息时代提出的不可避免的挑战。参考上文的分类，我们可以将人物档案的三个类别——文字档案、口述档案和影像档案分别用不同的形式进行数字化。首先，对于文字档案和绘画形式的影像档案，可以选择计算机录入、纸质文件扫描技术来进行数字化。对于录音、录像等本就属于数字形式的，可以直接上传至计算机。接着，统一利用数据库进行管理、整合，在计算机中完成对它们的编排。最后，进行人物档案专题的网页建设工作，让浏览者可以轻松、快捷地找到相应的人物专题，进行查阅、浏览和学习。将线下档案馆的介绍、引导工作，转变为网页的介绍、指引，在数字化的新时代发挥传统档案馆的作用，全面实行人物档案的数字化。

（三）用户对人物档案的针对性需求

现代信息用户中，有需求群体对于人物档案的需求可以分为生活需求、职业需求、社会需求三大类，也有无需求群体。从数据中（见图2）显示，职业需求与生活需求是主要需求。

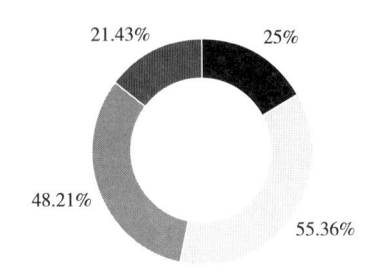

- 生活需求（提高精神层次榜样作用）：25%
- 职业需求（工作中研究以及整理等）：55.36%
- 社会需求（查询、学习等偶尔需要）：48.21%
- 无需求：21.43%

图3

由于人物档案是档案分类中的一个大类，它的定义较为模糊，至今没有一个清晰的定义来说明哪种人物群体是应该被记录的，本文将其定义为用于记录历史重要人物、留下重要成就或有必要记录的人物的档案。而相关用户对于人物档案的针对性需求会精确到学习某个人物精神或搜集相关资料完成任务等（如图3所示），个体用户占据51.79%左右，查询相关人物的短期用户占据50%。

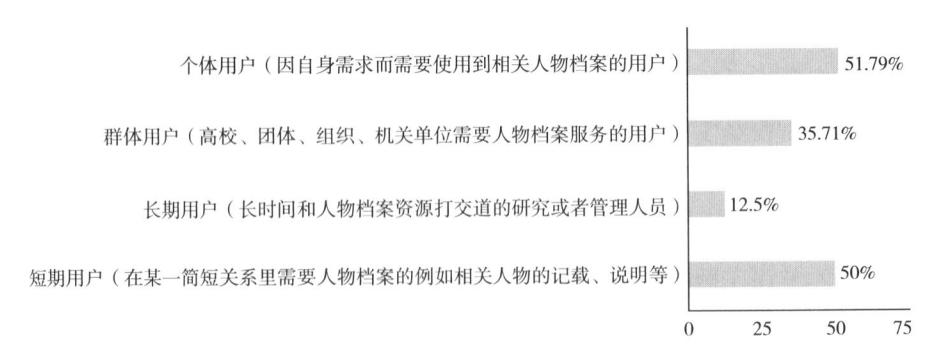

- 个体用户（因自身需求而需要使用到相关人物档案的用户）：51.79%
- 群体用户（高校、团体、组织、机关单位需要人物档案服务的用户）：35.71%
- 长期用户（长时间和人物档案资源打交道的研究或者管理人员）：12.5%
- 短期用户（在某一简短关系里需要人物档案的例如相关人物的记载、说明等）：50%

图4

人物档案的记录形式分为文字档案、口述档案与影像档案；不同的用户群体对人物档案有各自的需求。学生、工作者、历史研究者或因兴趣查阅者等等。对于他们来说，想要查阅档案的需求、形式都不同。因兴趣使然的用户想要查阅简单易懂的人物经历，却得到了一份过于严谨、学术的人物档案，导致其阅读兴趣骤减甚至直接舍弃。而一名学者在研究历史文献，需要结合部分人物档案来进行学术研究，却得到了一份简单、便捷的短篇口述档案，对其工作帮助甚微。综上所述，不同用户对于人物档案都有着针对性的需求。

在信息服务中，有条理的分类将帮助人们查阅到自己需要的资料类型，满足各自的查阅目标，实现高效利用人物档案，体现人物档案在信息时代的价值，完成人物档案记录的目的。

三、优化人物档案信息利用服务的措施

（一）建设以用户需求为导向的数字化档案网络转型

迈进数字化新时代，网络档案的数字化不可避免。如上文所说，查阅档案的重要性与实用性已和人们的生活工作密切相关。将网络利用起来，使人们更方便更有针对性地查阅所需要的档案资料。网络增加了档案被使用的效率与普遍性。让网络档案数字化，将使传统档案对人类产生更高的价值，带来更便捷的帮助。

对于人物档案信息化建设，要注意三点：第一，更高的计算机要求。档案迁移到网络中，不再是档案馆内的实体，而是电子信息代码，工作人员不仅要掌握档案管理的基础知识，还要有一定的计算机能力，能在整理档案的同时，完成把档案迁移至网络的工作，缺一不可。所以对工作人员的素养及要求会比以往传统档案管理的要求更高。第二，信息安全风险。在传统档案中，纸质档案的信息安全风险较低，难以被篡改、编辑，有更高的真实性。迁移至网络后，需要注意信息安全风险，防止被人随意篡改，影响档案的真实性，导致用户查阅档案出现偏差，后果不堪设想。这是传统档案管理没有过的要求与挑战，需要更全面的网络安全防范和监控。第三，更加贴近用户的针对性需求。档案检索要求能根据关键词进行检索，能提供相关档案的链接，帮助人们更简易、全面地查询到自己需要的资料。这需要管理人员更用心用情地进行档案的分类和整理，使整个档案管理变

得简单易懂，方便搜索，全方位满足用户的查阅需要。

（二）注重人物档案的多样性开发与服务

馆藏传统人物档案是长期以来重要的档案呈现方式，即使在如今的数字化时代，绘画的影像档案、文字档案本体的重要性仍然无法被数字信息取代。所以线下的馆藏人物档案仍然是部分用户青睐的阅览方式。如今的互联网时代，部分档案馆在网络上建立了数字档案馆，配合高效的互联网，方便人们查阅，也能吸引用户来到实体档案馆参观，阅览档案本体。对于用户需求的具体形式，可以发现档案现代化信息检索、珍贵在线档案展览、人物档案介绍分别占据60.71%、51.79%、55.36%，对于多样性馆藏建设也是有力驱动。

同时，数字档案馆的建设也要满足传统档案馆应有的建设思路与服务措施。首先，对人物档案的浏览顺序，由时间顺序、由浅到深逐一排版，让数字化用户也有在档案馆里浏览档案人物一生的体验。其次，对于人物档案的讲解与引导也不可谓不重要，线下的讲解人员可以转移为文字形式或视频形式，配合数字档案馆，为用户浏览进行全面、深刻的讲解，实现新时代数字档案馆的服务，彻底落实人物档案的多样性开发与服务。

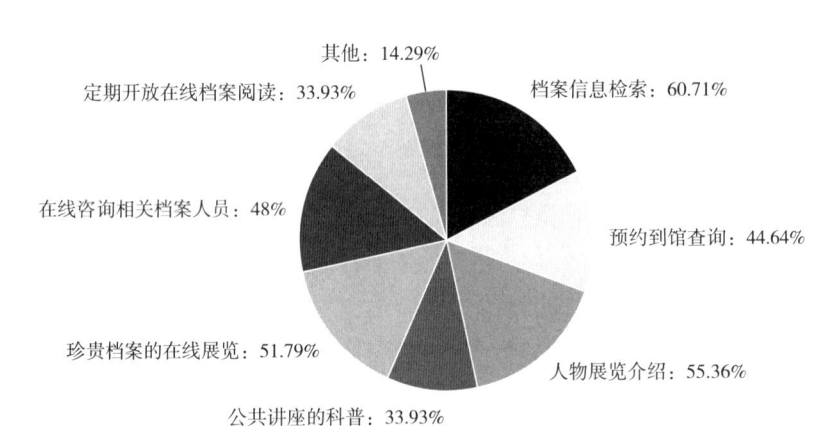

其他：14.29%
定期开放在线档案阅读：33.93%
档案信息检索：60.71%
在线咨询相关档案人员：48%
预约到馆查询：44.64%
珍贵档案的在线展览：51.79%
人物展览介绍：55.36%
公共讲座的科普：33.93%

图5

（三）明确人物档案利用的指向性特点

人物档案中的人物错综复杂，包括各式各样、行行业业。对于这些人物，在整理档案时应该明确划分。首先，将这些人物的特点、生平事迹、职业以及特殊经历都提取出关键词，方便人们进行查阅。让人物档案具有明确的指向性，满足数字化用户便捷检索的特点。其次，人物档案之间的联系也应当注意，不同人物之间的关系、他们的共同经历，都应该在档案中体现，设置可以搜索的链接，实现数字化高效、便捷的特点，照顾数字化浏览用户的体验，体现人物档案在新时代信息化时代的转变。最后，对于本次问卷调查中，用户对于人物档案希望提供的服务也具有新颖性与创造性，都应列入档案现代化需要考虑到的范畴。如：具有较好的方向性，能模块化分析人物某领域档案信息、在某些时刻能够记录自己的人生、查阅特殊人物犯罪历史、提高公众人物普及率等。

四、总结

人物档案现已经全面进入数字化，本文概括了在数字化转型过程中人物档案可能遇到的困境与措施。其中最主要且最基础的是做好人物档案分类，做好有用户针对性的档案数字化。数字时代要求高效与便捷，这恰恰是传统档案馆所应该投放精力的。所以面对数字化转型，档案管理更多的是考虑数字化管理，将传统档案管理的方式融入互联网当中。这对于传统的档案工作者是一个巨大的挑战。本文经由人物档案与用户分类，到人物档案数字化的必要性，再到档案数字化可能面对的困难与措施，进行了较为全面的总结，为人物档案在数字化时代的变革提供了创新思路。希望这篇文章可以助推传统档案顺应时代转型，坚信对于人类文化重要无比的人物档案，可以在未来的互联网时代中继续发挥其作用，配合高效的数字化，更好地服务用户需求。

参考文献

[1] 闫静，朱琳，张臻.档案用户利用需求及对策研究——基于各级国家综合档案馆用户利用需求问卷调查[J].档案管理.2022（2）：93-97.

[2] 胡峥艳.档案数字化建设的风险及其防控机制构建[J].文化产业，2022（10）：103-105.

[3] 王雪雁.浅谈人物档案建设工作[J].兰台世界，2014（26）：65-66.

[4] 李婷.少数民族文字档案信息化建设的思考[J].科学中国人，

2017（23）：288.

［5］张照余.基于共享网络的档案用户研究：用户分类、特点与管理原则［J］.浙江档案，2008（10）：26-28+37.

［6］阎爽.公众文化需求视阈下的档案信息资源整合研究［D］.黑龙江大学，2019.

［7］杨万欢.探索高校人物档案信息化建设［J］.数字与缩微影像，2019（02）：17-19.

附件一：
关于人物档案信息服务需求用户调查问卷

互联网浪潮之下，您关于人物档案现可提供的信息服务以及需求的意见对于本人十分珍贵，希望您认真地完成此问卷，再次感谢您宝贵的几分钟！

（本问卷采用不记名方式，调查目的不涉及任何商业用途，调查结果仅用于论文。）

1. 您的性别 [单选题] *
〇男
〇女

2. 您任职于 [单选题] *
〇政府部门（含事业单位）
〇科研机构（含高校）
〇企业（含小微私人）
〇学生
〇其他

3. 您的年龄 [单选题] *
〇18岁以下
〇18-30岁

○ 30-40岁

○ 40-50岁

○ 50-60岁

○ 60岁及以上

4. 您有接触过人物档案吗？ [单选题] *

○ 总是接触

○ 偶尔接触

○ 完全不接触

5. 您认为您是人物档案的用户类型 [单选题] *

○ 现实用户（正在使用人物档案资源的用户）

○ 潜在用户（将来可能涉及的人物档案资源的用户）

6. 您有人物档案的利用需求吗？ [多选题] *

☐ 生活需求（提高精神层次榜样作用）

☐ 职业需求（工作中研究以及整理等）

☐ 社会需求（查询、学习等偶尔需要）

☐ 无需求

7. 您认为您是什么类型的档案用户 [多选题] *

☐ 个体用户（因自身需求而需要使用到相关人物档案的用户）

☐ 群体用户（高校、团体、组织、机关单位需要人物档案服务的用户）

☐ 长期用户（长时间和人物档案资源打交道的研究或者管理人员）

☐ 短期用户（在某一简短关系里需要人物档案的例如相关人物的记载、说明等）

8. 您的档案利用手段以及方法 [多选题] *

☐ 咨询相关档案人员

☐ 网络查询相关档案

☐ 馆内借阅相关资料

☐其他

9. 您较为感兴趣的人物档案类型 [多选题] *
☐文字档案
☐影像档案
☐口述档案
☐其他

10. 您希望通过哪些方式了解人物档案的公共服务？ [多选题] *
☐档案馆宣传
☐官方媒体网站
☐他人告知
☐入馆了解
☐其他

11. 下列提供的人物档案服务，您倾向于哪些？ [多选题] *
☐档案信息检索
☐预约到馆查询
☐人物展览介绍
☐公共讲座的科普
☐珍贵档案的在线展览
☐在线咨询相关档案人员
☐定期开放在线档案阅读
☐其他

12. 您希望人物档案可以为您提供什么服务或者如何帮助到您？ [填空题] *

后保管模式下高校校友档案开发模式创新

翟佳璇　金　畅

摘　要：目前国内高校慢慢开始重视校友档案的建立，本文从后保管模式的角度，通过文献研究法和内容分析法，针对目前国内高校校友档案建立的现状和管理模式进行可行性分析，提出高校校友档案在后保管模式下的价值实现路径策略，以期为未来高校校友档案的收集与利用工作提供参考和工作思路。

关键词：校友档案；档案开发；数字化转型；后保管模式

一、引言

高校校友档案是高校育人模式的主要载体，随着"社会记忆"一词慢慢深入人心，公众对于高校校友档案的应用需求日益加大。为了进一步探索我国目前对于高校校友档案的理论探析，笔者在中国知网数据库中，按"主题"分类搜索"校友档案"一词，通过对相关文献的梳理，提取有用信息，发现国内对校友档案研究起步较晚，最早的一篇研究论文是2007年发表于兰台世界的《高校校友档案的建立与利用研究》。后续的调查研究也大多集中在模式创建和对策研究方面，对于适应新时代潮流的模式创新与依照用户心理完善校友档案的新思路方面研究甚少。有效解决这方面的问题，对于用户变"被动"为"主动"，构建校友档案，积极参与校友档案，是本文期望实现的研究意义。

二、相关概念界定

（一）校友档案的定义

目前，高校校友档案的理论研究主要集中在档案学上，鲜有跨学科研

---

* 翟佳璇（1999-　），女，山东青岛人，北京联合大学在读硕士研究生，研究方向为档案现代化管理；金畅（1980-　），女，北京人，北京联合大学讲师、硕士生导师，博士，主要研究方向为数字档案馆信息服务，E-mail：jinchang@buu.edu.cn，本文通讯作者。

究成果。故研究视角多站在档案学者的角度提出对策建议，对校友的内涵的理解还不够深入。有的学者将校友档案定义为"高校各类在校生、应往届毕业生在校期间及毕业后形成的对个人、学校和社会有保存价值的各种文字、图表、声像等不同形式、载体的历史记录"。实际上校友档案的范围可以适当放开，不一定只包含在校生和毕业生，还可以包含中途离校、肄业等情况的学生；此外，不应限于学生身份，离退休教师、客座教授、名誉教师乃至普通校内工作人员，凡是对学校有意义，可以凝聚校友力量的各种身份，都可以纳入到校友的范围中。因此，笔者认为高校校友档案的内涵可以继续拓展为凡是在某个高校学习、进修过的学生，学习、工作过的职工或名誉工作者在校期间及离校后形成的对个人、学校和社会具有历史意义和保存价值的历史资料。

（二）校友档案的特点

高校校友档案除了具备档案的普遍特点之外，还兼备独有的"校园色彩"的特质。

1.包容性

校友档案收录的范围是非常广泛的。凡是在校内就读的、任职过的，所有有利于丰富校友档案内容，实现档案价值的人都可以被列入校友档案的收录之中。完整的校友档案展现的是学生从进入学校到踏入社会的过程中一系列个人情况及其发展过程，包括了声像档案、学籍档案等多方面的信息，如在校时期的获奖记录、录取名册、学习成绩等。档案本质上的文化属性决定了档案自身所具有的内涵丰富的趋向性。

2.易获得性

高校档案是高校日常管理、成就、教学、荣誉方面的见证者，它可以最直观地概括总结高校历经的岁月和时代变迁。因为高校掌管着所有相关人员的基本档案信息，所以在后续校友档案的建立上比其他档案的获取显得更加容易，易用性更强。校友大多也愿意积极主动配合，对个人和高校都是一种双向的提升。

3.社会性

从社会影响力角度而言，建立完善的校友档案有助于提升高校的社会影响力，会不断提升高校的知名度和社会形象。优秀校友在社会中代表的是学校的形象，随着校友在社会的成就越来越高，高校的知名度也会越来越大，关于高校的社会评价会得到不断的提升。与此同时，学校在社会的影响力和威望会为校友提供机遇，校友与高校的发展是相互促进，共同发展的关系。

4.教育性

对于高校而言，校友是极为重要的一个群体，校友参与和见证了高校的发展。无论是对于学校本身的发展而言，还是对于在校学生的培养和教育而言，校友资源都是一笔宝贵的财富。校友档案记录了学生在校的点点滴滴，不仅反映了学生的成长，是高校教学成果、人才培养的直接成果，同时也是高校校训精神的一种体现。因此校友档案无论对高校档案资源建设、对高校把握社会人才需求等都有十分重要的影响作用。校友档案蕴含的信息资源是校友间宝贵的关系纽带，是高校档案难以或缺的一部分，它是永续传承的文化资产和社会财富。校友档案记载的都是在各个领域有所建树，能为后代学子发挥引领意义的人物。校友档案实际上就像一本教科书，为学生树立标杆，潜移默化间对学生进行教育，有利于学校优良校风的保存和传承。

（三）后保管模式的定义

后保管主义随着后现代主义的成熟应运而生，后保管主义自然也是电子文档管理出现的必然产物。这一概念首先出现在第13届国际档案大会上，由特里·库克在1996年首次提出并阐释了档案的一种保管利用新模式：后保管模式。他认为纸质记录的概念是现代的，电子记录的概念是后现代的，他倡导的托管后识别法（基于功能活动的宏观识别）和托管后描述法（描述多个备案单元之间的功能关系）体现了后现代主义的倾向。正如格雷戈欧塞尔在澳大利亚档案馆堪培拉分馆档案馆编写的《电子文件保管》一书中所言："物理保管再也不是保管策略的核心要素。我们必须让电子文件不断演进，使之呈现出容易被识别、控制和获取的便捷性，才能使它们不断发挥其利用价值。"

（四）档案后保管模式的内涵

1.电子文件与电子档案不可分离

电子文件的生成使文件的综合管理成为可能。文件和档案是同一事物的不同存在状态。它们在物质形式、社会性质以及信息来源上没有区别，只有在运动阶段上有所不同。传统档案馆会把文件和档案分开管理，划清界限，使得原本整体的工作变得分散，也增加了许多冗余的工作量。而实际操作中二者又是紧紧融合在一起，这是因为从文件的创建和传输到归档、识别、组织、存储和再利用，都需要通过计算机网络去落实，这意味着文件工作和档案工作在同一个工具上链接在一起。由此，在平日档案保管工作中，我们不能沿用过去文件与档案分段管理的形式，这样有悖于我们档案现代化管理的初衷，也会割裂这两项工作的内在联系。

2.电子时代的产物

在互联网时代背景下，计算机技术、自动化、数字化技术的应用，极大地提高了以计算机网络为载体的文件管理、存储和使用效率，对整体文件管理工作来说是一个飞跃，这些都是电子时代给档案工作者带来的新机遇和新挑战。计算机与远程通信手段的结合，实现了跨地域、跨时间的信息互通。后保管时代下，文件的传输和检索可以直接通过网络进行，无论是直接登录数据库的查询还是采用互联网为媒介直接传送给用户，都能够避免时间与空间上的限制，从而加快了档案利用的进程，提高档案利用的效率。

三、后保管模式在校友档案开发下的可行性分析

校友档案具有的以下几个特征，为应用后保管模式进行开发提供了可能。

（一）档案数量庞大

高校每年的师生人数不断增长，意味着档案的收录工作量也会越来越大。传统的纸质档案管理是一项任务量巨大的工程，并且一个人的档案并不是一成不变的，如不及时收集新生档案，那么这部分档案有可能成为无效数据。对于档案的更新与调取工作，采用后保管模式会大大提高工作效率，更有利于拓宽校友档案的开发思路。

（二）数据类型多样

任何形式的资料都可以进入档案收录的范围，包括报刊、音频、视频、纪念实物等，应该有一个便于收集的载体使其更好地得到保存。后保管模式关注电子文件，可以把这些类型不一的档案信息，按统一格式记录或转录为电子信息，并且分门别类进行命名，对后续提取也较为方便。

（三）保证档案隐私性的同时加强信息共享

为了达到我们开展校友档案工作的初衷，凝聚校友力量，推动学校建

设，我们需要两个条件：一是保证录入校友信息过形成校友档案整个过程的安全，如果一个档案体系存在安全隐患，极易造成校友个人信息泄露，降低校友主动配合校友档案工作的积极性。二是加强校友档案信息的共享，汇集校友的力量和智慧，共同推动学校各方面发展。后保管模式既可以提升电子档案的保密性，也利于通过大数据技术提高校友档案信息的共享利用。

四、高校校友档案在后保管模式下的价值实现路径

（一）多方协同满足用户需求

树立战略意识，有效利用校友资源，可以使高校、校友在教学、学术研究、就业、服务社会等诸多方面受益。因此，高校应敲定完善的校友档案管理流程，实现档案层层递进的数字化管理体系，打造数字校友档案服务平台，提供更完善的服务。让用户获得切实的便利，提高数据交换和数据信息使用效率。同时，要与相关部门共同规划、论证、开发，确保每个服务模块与相关部门相互协作，确保开发的每个服务模块都能在满足用户需求的前提下真正落地。高校校友档案所提供的服务从人文关怀主义出发，提高校友档案的利用率。

（二）推动校友档案服务流程标准化

一个制度完善的校友档案系统应深入用户基本需求，最大限度地提高档案的使用效率。高校应该重视校友档案电子化流程的标准性建设，新时代人工智能云盘存储等新技术提供了更多切实有效的方法，使海量信息的管理难度大大降低。档案管理的电子化转型的推进过程需要持续加大投资、加强对管理设备的投入和专业人才的培养。档案数字化标准建设的意义，在于利用物联网、AI等技术进行智慧化配套技术的开发。例如，利用数据库的搜索及抓取技术检索知名校友公开化信息，开发服务平台的智能客服功能，及时解决用户问题，实时互动，智能过滤有价值信息，关联给感兴趣的用户；增加云服务、人工客服等服务形式，全天候为用户提供使用方面的便利；给予用户人文关怀，挖掘用户的使用习惯和偏好设置，变被动服务为主动服务。

（三）打造特色化校友档案开发工作

优秀的校友本身就是高校文化建设的践行者，高校的党政、管理、宣传部门需要进行联动办公,系统化安排校友档案,制定标准方面严格要求,权责分明,科学化管理。多渠道、多角度地去激活校友档案的闪光点。定期举办档案专题活动,通过"口述档案"收集、名人宣讲、杰出校友事迹展览等活动树立榜样力量,传承标杆文化。可以说,高校文化传承是以历年珍贵的档案资料为依托的,而校友档案是以一种潜移默化的作用鼓舞着高校学子,特色化档案开发更能激发校友主动留档的意愿,也是对高校校友档案完善进程的积极促进。

五、结语

新一代信息技术广泛应用,档案工作所处的环境、对象及内容也发生了翻天覆地的变化,迫切要求档案工作者革新先前的档案工作理念、方法及模式,加快推动档案的全面数字转型和智能升级。高校校友档案作为高校历年来丰硕的成果的有力展示,承载着高校历史文化传承的使命,对于高校师生来说有重要意义。基于后保管模式的高校校友档案云平台建设,是当下高校战略布局的创新所在。从文献的研究和现实的考察来看,目前对校友档案与后保管模式融合的理论与实践探究仍不够深入,如何从跨学科视角加强校友档案相关问题的研究,加速校友档案的具体细化,是目前考虑的重中之重,而这一工作的推进仍然任重而道远。

参考文献

[1] 朱玥桦,林露,张琪,吴保根.大数据思维下高校校友档案的开发与策略研究[J].纺织服装教育,2021(06):499-502+562.

[2] 杨棉月.后保管时代视角下的专题档案[J].兰台世界,2021(12):81-83.

[3] 王安祺.价值共创视角下高校校友档案记忆建构研究[D].天津师范大学,2021.

[4] 韩瑞鹏.档案后保管范式理论视阈下城市记忆综合数据平台建构研究[D].黑龙江大学,2021.

[5] 苑婷婷.高校校友档案服务平台构建研究[J].档案管理,2021(02):123+125.

[6] 曹燕红.高校档案在高校文化传承中的价值研究[J].兰台世界,

2019（11）：64-66.

[7] 冯惠玲，加小双.档案后保管理论的演进与核心思想[J].档案学通讯，2019（04）：4-12.

[8] 刘艾婧.高校校友档案形成与管理研究[D].天津师范大学，2018.

[9] 付玉霞.档案保管模式与档案后保管模式[J].环球市场信息导报，2017（14）：115.

[10] 李鸿.从知识经济视角下探讨高校档案后保管模式的构建[J].黑龙江档案，2016（06）：51.

[11] 吴晓茹，张欢.构建校友档案信息化管理新模式[J].山西档案，2016（04）：73-74.

[12] 裘丽.后保管时代下构建档案知识服务模式探索[J].云南档案，2015（09）：52-55.

[13] 朱玲玲.论后保管模式与档案知识管理之间的互洽[J].办公室业务，2015（02）：70-71.

数智时代高校档案管理信息化转型的 swot 分析及对策研究

王 悦 姜素兰

摘 要：随着经济的快速发展，人们的社会实践活动不断增多，档案内容趋于复杂化、档案种类日益丰富、档案数量与日激增，不仅为档案保存提出了难题，也为档案管理人员增加了巨大的工作量，提高档案管理工作效率和质量因此成为大众关注的热点问题之一。以高校档案管理为研究对象，通过 swot 分析法，系统分析在数智时代背景下，档案管理信息化的内部优势和劣势、外部机遇和威胁，构建政府、企业以及高校三方长期协同治理体系，分别提出有效的干预措施，一方面为档案管理信息化提供理论支撑，另一方面也丰富档案管理方面的相关理论研究。

关键词：数智时代；高校档案；高校档案管理；swot 分析法

一、相关概念界定

（一）数智时代

数智时代可以理解为智能化和数字化的结合，它代表的是数智装置、数智技术、数智理念、数智应用、数智逻辑以及数智思维的嵌入和拓展，本质在于万物互联。[1]数智时代是以大数据和人工智能等因素为代表，以智能发展的大数据驱动化、智能制造等全面智能化和社会结构扁平化为主要特征，涉及社会的各个领域，受到大家广泛且深入的关注。[2]

目前为止，大多数的研究学者认为，数智时代离不开智能化和数字化，它所体现的是时代的快速发展，是社会各个领域发展的一次重大机遇。所

王悦（2000— ），女，辽宁海城人，北京联合大学在读硕士研究生，研究方向为档案现代化管理；姜素兰（1966— ），女，辽宁海城人，北京联合大学教授、硕士生导师，主要研究方向为口述档案、档案文化研究，E-mail：sulan@buu.edu.cn，本文通讯作者。

以，高校档案管理的发展更应该把握好这次机遇，创新管理模式，提升档案管理信息化水平，构建全过程、全方位的档案管理新格局。

（二）高校档案

档案管理工作一方面是记录相关信息，另一方面是使档案的作用最大化地发挥。高校档案所整理的是学校教学、科研、党政管理等各方面的资料，详细、客观地记录了学校的课程设置以及实施情况，是学校发展的重要资料，更是做出科学决策的重要依据。[3]高校档案内容很多，种类繁多，形式复杂，主要表现为三个方面：首先，高校档案贯穿整个学校的发展体系，是高校的"全息记忆库"；其次，高校档案记录了学生成长的历程，是人才培养的"案例库"；最后，高校档案积累了大量的经验材料，有助于教学质量的提高，是教育实施的"经验汇"。[4]

目前学者对高校档案的研究比较深入，认为高校档案蕴含着丰富的知识内涵和育人价值，是记录高校各项工作的生动素材，对高校的发展起着不可替代的作用。

二、swot 分析

（一）内部优势分析

1.档案的保存

档案是社会组织或个人，在以往的社会实践活动过程中直接形成的，具有清晰、确定的原始记录作用的固化信息，是还原历史真实面貌的重要手段，所以任何的管理工作都不能以伤害档案为代价。但是在以往的管理中，纸质版的档案资料会因为档案管理人员对档案保管的重视程度不足、工作交接过程中出现失误、档案储存环境差等原因，致使档案出现损坏或丢失的现象，破坏档案的完整性。另外，部分档案因保存时间较长，也很容易造成纸张损坏、变质、发黄等情况的发生。随着科学技术的不断进步，档案管理工作可以利用智猪博弈理论，搭乘信息化发展的顺风车，将纸质档案通过数字化处理再进行保存，不仅可以节省保存空间，也可以减轻档案受环境因素的影响，极大地提高档案工作的效率和档案保存的质量。

2.档案管理工作

传统的档案管理工作包括收集、整理、鉴定、保管、编目和检索、编辑和研究、统计和利用等内容，投入的人力资源和物质资源较多，工作繁重且效率低下。档案不仅包括文书资料，还包括一些非文书类的信息记录物，如录音、录像制品、印章、奖杯等，所以存在占用空间较大的问题。档案管理信息化工作主要由计算机系统完成，通过信息技术，提高档案数字化扫描、档案信息共享、档案信息检索等工作水平和质量，节省保存空间的同时，还能够使档案管理人员从繁重的手工劳动中解放出来，减轻管理者的劳动强度，提高工作效率，实现档案信息的社会化服务。

（二）内部劣势分析

1.管理人员专业素质不足

网络信息迅速发展的时代，对档案管理人员要求更高。档案管理人员素质参差不齐，一方面，开设档案管理专业的院校不多，培养的专业人才远远满足不了社会需求；另一方面，很多档案部门管理人员半路出家，没有扎实的专业知识和基本技能。随着档案信息化的逐渐普及，要求档案管理工作更要借助技术水平、高精尖仪器设备以及更多的信息基础知识，但是目前档案管理人员对信息专业知识掌握程度偏低，理解和操作能力有限，无法利用信息化手段高效处理档案工作，使得档案信息化管理工作不能顺利开展。

2.信息化管理水平较低

一些高校由于自身条件的约束，档案的管理模式相对比较落后，档案管理人员也缺乏信息化、数字化的管理意识，有的高校目前仍然采用最原始的纸质存储方式。这样的管理模式一方面不利于档案资源的查阅、利用，另一方面也极容易导致档案的丢失、遗漏。

（三）外部机遇分析

1.相关政策

档案管理信息化是改革档案管理模式，有效利用档案和革新档案服务方法的重要基础。习近平总书记强调：档案工作存史资政育人，是一项利国利民、惠及千秋万代的崇高事业。要加强党对档案工作的领导，贯彻实施好新修订的档案法，推动档案事业创新发展。新修订的《中华人民共和国档案法》提出：要加强档案信息化建设，保障电子档案、传统载体档案数字化成果等档案数字资源的安全保存和有效利用。一系列相关政策提出，不仅为档案的未来发展指明了前进方向，也扫清了发展路上的障碍。

2.科技发展

随着时代的不断发展，数据化及电子化的信息存储方式，为档案管理工作提供了更加便利的条件。一方面，可以通过数据收集、分析及处理等方式，重新整合出新的档案资源，从而提高档案自身的价值；另一方面，保证了档案的科学保存，促进了档案资源更好、更快、更安全的存储和利用。

（四）外部威胁分析

1.网络安全

科学技术为档案管理工作提供帮助的同时，也带来了一定的风险和挑战。在档案管理信息化建设的过程中，存在因网络病毒引起的网络通信阻塞、档案文件信息损坏，不法分子对档案系统进行恶意攻击，篡改或窃取档案资料等情况，都会阻碍档案管理工作的正常运行，甚至对档案信息资源造成不可修复的损失。

2.外部环境

计算机系统也存在着一些局限性，会受到水灾、火灾、地震等自然灾害的影响，使其自身的硬件设施受到干扰，对档案资源的保管造成威胁。

3.资源要求较高

在档案管理信息化建设过程中，资金及专业人员的投入较大。档案管理信息化以计算机为基础，对于系统建设和后期维护要求较高，不仅需要大量的资金投入，还需要专业人士进行修复和巩固，保证档案管理信息化工作的正常运行。

三、对策

数智时代下，档案信息资源的快速增长及社会各界对档案利用需求的多样化，对档案管理工作提出了新的挑战和要求，使如何科学地管理档案成为一个亟待解决的问题。因此，本文构建了政府、企业以及高校三方长期协同治理体系，紧跟时代潮流，利用高科技技术手段，发现在档案管理工作过程中存在的问题，及时进行具有针对性的查缺补漏，以此满足社会大众在数智时代下对档案资源利用的新需求。

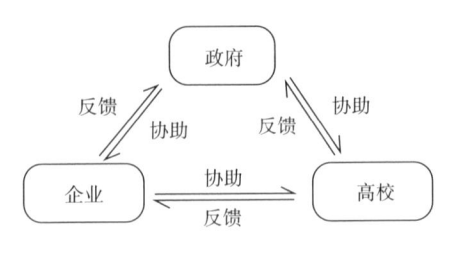

```
        政府
    ↙反馈 ↘协助
  协助↗    ↖反馈
  企业 ⇄ 高校
    协助/反馈
```

图1　三方长期协同治理体系

1.政府层面

一方面，建立健全的档案管理制度是实现档案信息化建设的重要行为标准。政府应该梳理并完善现有的管理制度体系，全面落实档案信息化建设相关制度，确定牵头部门，加强各个部门的协作，为档案信息化建设的发展奠定基础。另一方面，足够的资金投入为档案信息化建设提供重要的物质基础。政府应该加大资金投入，为各大企业和高校提供充足的物质基础，使其更便利地引进相关设备，研究新技术，促进档案管理信息化发展。

2.企业层面

企业应该注重信息化和档案工作的高度融合，打造智慧档案管理系统。

首先，企业要加强对计算机基础设施的建设，不仅要合理选择计算机所使用的材料，还要注重保护暴露在自然环境下的计算机基础设施，增强计算机设备的稳定性和可靠性，减轻其受到自然灾害的影响。

其次，企业需要不断修复档案系统的漏洞，重视档案系统的更新迭代，确保档案系统本身的安全可靠，降低档案系统被人为攻击或病毒感染的可能概率。

最后，企业应该注重人才培养。通过开展专业培训、考核评价和相关激励机制等措施，提高企业内部员工的专业素质和工作能力，从而促进档案管理信息化进程。

3.高校层面

首先，建立专业人才队伍。对于高校的档案管理部门来说，建立专业人才队伍是促进档案管理信息化的重要条件。一方面，提高档案管理人员专业素养，注重培养管理人员的科学管理档案意识，丰富档案管理工作方式，提升管理效率。另一方面，高校的档案管理人员也应该加强档案信息安全管理意识，并把其贯彻运用到档案接收、保管、利用等实践中，充分利用现代信息技术手段，全方位做好档案信息安全保密工作，完善档案保密制度和管理流程，严防档案机密泄露事件发生。

其次，重视档案价值的利用，实现档案资源共享。高校的档案管理部门应该加强与校内其他部门的合作和交流，打破信息孤岛壁垒，促进档案材料的有效利用，更好地为学校发展提供服务。

四、结论

数智时代背景下，高校档案管理工作应该紧跟时代步伐，结合档案部门自身的实际情况，积极探索高校档案信息化管理的实施路径，加大对高校档案信息化建设的资金投入力度，构建全面的、科学的档案管理体系，转变档案管理理念，规范档案管理信息化标准，不断提升档案管理工作质量，最终实现高校档案管理信息化转型升级。

参考文献

［1］周佳昕.数智时代企业营销价值升级路径探析［J］.营销界，2023（07）：41-43.

［2］马康，秦贻.数智时代职业教育教师技术规避行为：表征、多维归因与破解路径［J］.职教通讯，2023（04）：22-28.

［3］魏美凤.新发展阶段高校档案管理人才队伍建设研究［J］.晋城职业技术学院学报，2023（03）：32-34.

［4］冯朔.基于大数据的高校档案管理困境与创新发展对策研究［J］.赤峰学院学报（自然科学版），2023（04）：29-31.

［5］曾霞.新时期企业档案管理工作存在的问题与对策［J］.陕西档案，2023（02）：53-54.

［6］陈悦.数字化档案管理的应用与发展趋向分析［J］.陕西档案，2023（02）：56-57.

［7］朱敏.信息时代高校档案管理工作面临的问题及对策［J］.文化产业，2023（11）：13-15.

［8］张晓晨.档案管理数字化转型的路径初探［J］.档案天地，2023（04）：58-61.

［9］任玲，晏喜丽.大数据时代档案管理信息化对策研究［J］.中华建

设,2023(04):26-27.
[10] 杨鹏,金波.数智时代智慧档案建设的逻辑理路与运行线路[J].档案学通讯,2023(02):48-56.
[11] 胡丹琪.新时代高校档案管理工作存在的问题及完善对策[J].黑龙江人力资源和社会保障,2022(14):149-151.
[12] 舒洁.数智时代企业档案人才培养模式的思考[D].湖北:湖北大学,2021.
[13] 陈向阳.让红色血脉永远赓续——江苏红色档案资源的开发与传播[J].档案与建设,2021(11):4-9.
[14] 宋湛.深入学习贯彻习近平总书记重要批示 不断提升新时代首都档案工作水平[J].北京档案,2021(08):4-5.
[15] 葛艳霞.档案信息网络传播问题研究[D].云南:云南大学,2017.

基于TAM模型的铁路工程建设数字档案馆用户接受行为研究*

金畅 赵楠 江若飞 王韵哲

摘 要：本文以TAM模型为理论基础，对铁路工程建设数字档案馆（以下简称：铁路数字档案馆）的档案资源因素、数字档案馆系统因素、档案用户因素进行用户接受行为研究，在此基础上从感知有用性和感知易用性两方面提出相关优化策略。

关键词：TAM；铁路工程建设；数字档案馆；用户接受行为

一、理论依据

戴维（Davis）于1989年提出了信息技术接受模型（简称TAM模型）（如图1所示），强调用户的态度影响用户行为意愿，进一步影响用户对信息的接受行为。Davis认为感知有用性和感知易用性是影响用户接收信息行为的关键要素。因此，我们将感知信息有用性定义为用户使用信息有助于工作绩效提升和预期目标实现的感受特征，将感知信息易用性定义为易于用户对信息的理解和使用的体验特征。Davis以信息作为外在变量，用户对其进行行为感知，感知信息的有用性和易用性。感知有用性受感知易用性影响，感知易用性越强，用户对信息的有用性也越强烈，越可能影响到用户的接受态度和接受意愿。感知有用性和易用性因素共同作用接受态度，接

---

* ［基金项目］本研究受中国国家铁路集团有限公司科技研究开发计划项目（N2021S016）资助。

金畅（1980— ），女，北京人，北京联合大学讲师、硕士生导师，博士，研究方向为数字档案馆信息服务，E-mail: jinchang@buu.edu.cn，本文通讯作者；赵楠（1997— ），女，山西大同人，北京联合大学在读硕士研究生，研究方向为档案现代化管理；江若飞（1993— ），男，北京人，中国铁道科学研究院集团有限公司电子计算技术研究所助理研究员，硕士，研究方向为铁路档案信息化；王韵哲（1994— ），女，山东临沂人，中国铁道科学研究院集团有限公司电子计算技术研究所研究实习员，硕士，研究方向为铁路档案信息化。

受态度直接影响接受意愿，从而间接对接受行为产生影响，但同时强烈的信息有用性也会直接影响用户的接受意愿。TAM模型体现的是态度、意愿与行为之间的关系。具体来说，感知易用性和感知有用性会影响用户的接受态度，感知有用性和接受态度体现个人采取某种行为意愿的强度，接受意愿进一步影响用户的具体接受行为。

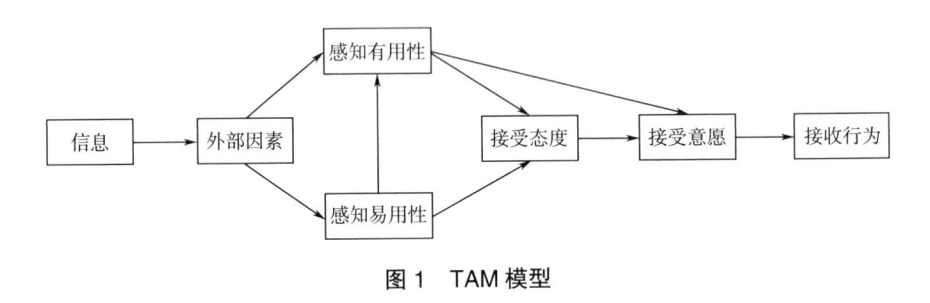

图 1 TAM 模型

感知易用性是指用户对铁路数字档案馆系统是易于理解和使用的体验特征。当用户认知到此系统越容易理解和使用时，会越倾向于接受系统。系统越容易被接受，接受者对其表现越自信，进而愿意使用该系统；若系统难于操作或学习该系统存在困难，接受者则会产生抵触心理，进而不愿意接受该系统。例如：当用户认识到铁路数字档案馆容易操作，且学习简单，则接受该系统的态度越正向，越会愿意接受。

感知有用性是指用户在使用铁路数字档案馆信息系统时能够有助于日常工作绩效的提升和预期目标实现的感受特征。当用户认识到该系统容易学会操作且内容有用，会在内心提升对该系统的接受态度和接受意愿，会促进用户采用该系统以相同的时间精力完成更多的工作或学习任务以提升效率。例如：铁路数字档案馆对于工作有帮助而且操作便捷，可以帮助完成工作任务，当用户感觉系统的有用程度越高时，越会持积极的态度接受系统，越会增加接受意愿，就越有可能接受这一系统。感知有用性同时受到感知易用性与外部其他因素的共同制约影响。

目前，国内外许多研究已经检验证明TAM模型对于预测和检验用户对信息系统的接受程度是行之有效的。而且近年来，众多图书情报领域的专家学者已经将TAM模型广泛应用于图书馆信息管理系统的用户接受行为研究之中。在国内档案馆的发展总是与图书馆发展的步伐一致，因此笔者将通过对铁路数字档案馆用户进行信息接收行为模型的研究应用，发现影响铁路数字档案馆用户信息接受的有关变量，方便为用户提供更加细致的信息服务。

二、铁道数字档案馆用户信息接受行为的影响因素

为了更好地探索铁路数字档案馆的优化服务，笔者通过对TAM模型进行研究，细化影响感知有用性和感知易用性的因素，并将其归纳为档案资源因素、数字档案馆系统因素和档案用户因素。感知有用性和感知易用性彼此之间相互作用、影响。同时感知易用性和感知有用性会影响用户的接受态度，进而影响用户接受意愿，最终决定用户的接受行为，如图2所示。

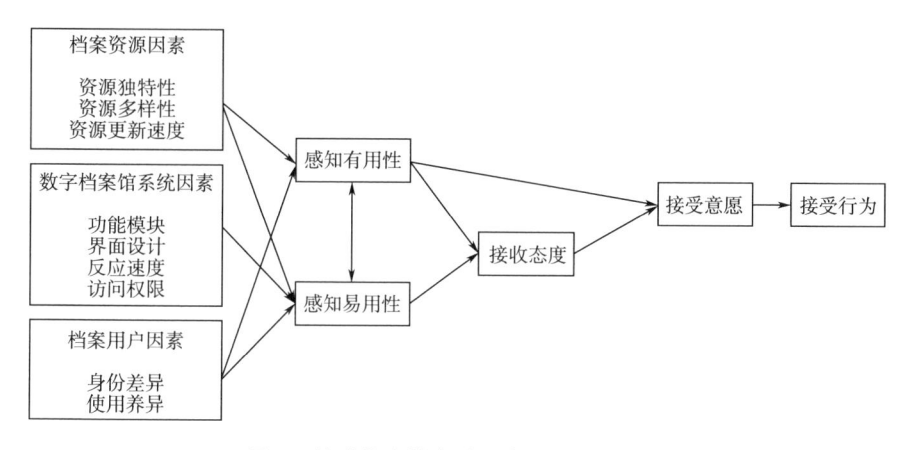

图2 铁路数字档案馆用户接受行为模型

（一）档案资源因素

感知有用性是指信息资源能够满足用户的需求。为了满足用户的需求，对档案资源提出了一些具体的研究，具体细化为资源的独特性、资源的多样性以及资源的更新速度。在资源独特性方面，铁路数字档案馆与公共档案馆不同，拥有铁路独特的资源体系，用户行为产生于感知有用性，感知有用性与资源独特性有很大关联。铁路数字档案馆若能以独特的档案资源满足用户信息需求，那么用户就能更加深刻地感受到感知有用性。在资源的多样性方面，档案资源的表达方式不应局限于文字这一种形式，尽可能呈现多种方式，包括传统的图片、视频等方式，也应引入新型的AR、3D、云平台等方式，增加资源形式的多样性。在资源的更新速度方面，数字档案馆资源的更新速度会影响用户的使用感受，迅速更新的信息可以持续地

吸引用户的关注，方便用户利用平台获取所需要的信息。

（二）数字档案馆系统因素

感知易用性是指用户获取档案信息的便利性，而系统因素与感知易用性直接相关，与感知有用性间接相关。信息系统是现代信息用户工作和学习会使用到的一种工具，用户使用信息系统所要付出的额外精力成本，和学习该信息系统的难易程度，都是衡量该信息系统易用性的主要指标。优质的信息服务系统或平台，能够更好地为用户所接受。系统的影响因素主要包括功能模块、界面设计、反应速度、访问权限等。功能模块在于用户基本的需求，在导航栏功能设计时，要包括基本的档案资源建设、数字档案馆基本信息、服务指南、专题推荐、档案检索等功能，在页面中还应包括相关网站矩阵设计、线下查档指南等功能，这些要素都要在系统予以充分的考虑。在界面设计方面，界面的配色、选用图片要符合大众的审美，导航栏的设置也要符合用户的行为习惯，指示功能要在用户首次登录界面时进行介绍，方便用户感知易用。对于反应速度方面，要不断提升后台服务器的性能和容量，减少用户等待时间，方便用户快速获取所需资源。在下载资源方面，系统要方便用户对档案资源进行下载，不设置下载障碍，且将下载程序放在用户容易注意到的位置，增加资源的易用性。在访问权限方面，不同用户对数字档案馆的权限也存在不同，游览访客只需要一些基本权限即可，但铁路工程建设用户所需功能较多，在权限方面要求更加复杂，不同等级的用户所需权限也存在差异。同时对IP地址的区域限定问题也应进行修改，所处地理位置不同的用户可以获取权限范围内的相应访问权限。

（三）档案用户因素

一个平台或系统能否真正发挥其实用价值，对于用户因素得研究不容忽视，主要体现在两个方面：一方面是身份差异。铁路工程建设用户和游览访客不同群体所使用的档案资源可能不太相同。另一方面是使用差异，在较为年轻的受众中，比较容易接受新生事物，愿意学习如何使用数字档案馆；但是一些年龄较大的受众，或者一些不太愿意接受新生事物的用户，不太愿意使用数字档案馆，更愿意去线下查询所需要的档案信息。

三、优化数字档案馆服务的策略

（一）感知有用性方面

1.针对档案资源

从本质上来说，馆藏数字档案资源是为用户提供利用服务的基础和根本前提，是档案馆的核心和关键，因此铁路数字档案馆的档案资源建设还是要放在首要位置。主动加强档案馆馆藏资源建设，挖掘铁路档案的独特性，以铁路自身的特点，拒绝同质化。特色资源给用户带来的吸引性，对于能突出展现铁路特色的资源，要注意收集整理、开发利用，传承铁道文化，体现铁道特色。铁道特色数字档案资源的建设可以借鉴高校数字档案资源的建设路径，推出百年中国铁道建设发展展览、优秀铁道人展、中国高铁建设展等众多特色展览，突出铁道特色，增加用户的感知可用性。

要增加数字资源的多样性。从形式而言，传统的文字档案资源无法提升信息用户的感知易用性，图片、音频、视频等形式往往比文字对用户更加有吸引力。新技术的应用，也会提升用户的使用体验。例如：AR技术及时将屏幕上的虚拟世界通过设备与现实世界进行互动，将虚景与实景相结合呈现在用户眼前。裸眼3D技术是在一个平面上呈现出立体三维画面，利用人两眼具有视差的特性，在不需要辅助设备的情况下，获得具有空间的立体影像。将这些新型的展现方式引入铁路数字档案馆中，增加展现形式的多样性和趣味性。从内容而言，铁路数字档案馆在突出铁路档案资源的同时，也要具备其他基本的档案资源，例如《中华人民共和国档案法》《"十四五"全国档案事业发展规划》等一些基础性文件以及本行业的档案政策要求、规章、馆内规章等文件，方便用户查阅使用。

2.针对档案用户

铁路数字档案馆要区分受众群体。细化铁路数字档案馆用户群体开展服务，会增加平台用户的感知有用性。由于受众的身份不同、需求不同，所需要的档案也存在很大不同，区分受众群体可以更加准确地提供不同类型的信息服务。针对铁路工程建设用户和游览访客，提供不同服务。例如，针对铁路工程建设用户，建设数字档案馆的重心放在电子档案后台的收集、整理、处置、保存、利用、统计以及系统管理上。而面对普通访客，则需加强展览界面的展示，例如重点工程总览、工程概况展示、VR虚拟体验、三维场景漫游、工程创新展示等。

（二）感知易用性方面

1.针对档案资源

铁路数字档案馆在面向游览访客时，要及时更新后台数据，跟随热点适时推出相关展览，丰富展览数量和类型，吸引用户，扩宽用户范围，提高用户对信息的使用度和用户黏度，以提高用户对系统的感知易用性。在面向铁路工程建设用户时，应及时收集铁路工程建设电子档案信息，对其进行存储和归档。不仅对流程后端进行管理，还要将档案的管理延长至前端，从档案产生部门开始对全过程进行系统的监督和指导，提高档案资源的全面性和有效性。

2.针对数字档案馆系统

在系统方面，完善平台功能设计，以为民服务为立足点，功能设计齐全，充分满足用户的信息需求。笔者认为铁路数字档案馆的基本功能应该包括数字档案馆简介、档案资源检索、信息服务、展览专题推荐、资源建设等。在数字档案馆信息介绍中应包括组织结构、领导分工、机构职能等；检索服务包含检索指南、在线检索、高级检索等形式；信息服务表现为通知公告、全宗档案介绍、档案咨询、在线服务等形式；展览服务可根据现有档案资源编研成果进行展览，例如：百年中国铁道建设发展展览、优秀铁道人展、中国高铁建设展等专题展览；在资源建设方面包含档案法律法规、馆藏档案公布、数据化档案库等内容。

3.针对档案用户

对于不愿意接受数字档案馆的人员，要不断加强数字档案馆的服务宣传普及工作。目前已有研究表明，有的用户拒绝数字档案馆，主要是因为他们认为使用该系统比不使用该系统使得事情变得更加复杂，而且主观认为不易操作。档案馆员在这些用户进行线下活动时，向其介绍基础的数字档案馆操作知识，及数字档案馆的多样性和便捷性，这些都会对用户的感知易用性产生较好的反应，尤其对初次使用数字档案馆的用户。用户主观易用性的增加也会改变用户的接受态度，从而增加接受意愿。例如：帮助用户在数字档案馆中找到其所需要的档案信息，帮助用户强化数字档案馆的优势影响，更容易使这类用户接受并熟悉数字档案馆这一新型事物。

综上，从感知有用性和感知易用性这两个用户接受行为的影响因素入手，优化铁路数字档案馆的服务质量，增强影响力，以期有效拉近铁路数字档案馆与用户之间的距离。

参考文献

［1］倪晓春.我国综合档案馆微信平台用户接受行为研究［J］.北京档案，2016（03）：25-27.

［2］王华.基于TAM图书馆用户信息系统接受影响因素研究［J］.河南图书馆学刊，2016（01）：110-111+118.

［3］马爱芝.面向用户需求的高校档案信息服务研究［D］.河北大学，2017.

［4］Davis F D, Bagozzi R P, Warshaw P R. User acceptance of computer technology: a comparison of two theoretical models［J］. Management Science, 1989（8）: 982-1003.

［5］王毅，吴睿青.公共图书馆数字文化资源服务用户画像研究［J］.图书情报工作，2021（16）：42-55.

［6］刘莉莉.基于技术接受模型的大学生网络学习平台意向影响因素研究［D］.浙江师范大学，2013.

［7］胡昌平等.信息服务与用户［M］.武汉：武汉大学出版社，2015.

新形态下口述红色档案的价值实现路径研究*

吕咏蔚　姜素兰

摘　要：在新媒体平台广泛应用、融媒体技术广泛流行、文化建设和传播需求增加的新形态下，为口述红色档案的价值挖掘与实现提供了新思路。主要结合了红色口述档案的特性和价值，研究新形态下口述红色档案价值挖掘的优势，探讨其价值实现的路径，分为加大挖掘力度，加速收集口述红色档案资源；加强整合共享，提高口述红色档案管理效率；结合数字化，改善红色文化体验。

关键词：口述红色档案；档案价值挖掘；档案价值实现

引言

口述红色档案蕴含丰富的文化内涵，作为传承红色记忆的重要载体，具有不能替代的文化价值、教育价值和经济价值，对于书写百年大党的恢宏历史，传承红色记忆和红色基因具有现实意义。新形态下人们的文化需求不断增强，应该充分利用融媒体技术和新媒体平台，让口述红色档案的价值得到充分发挥。

一、新形态的内涵

（一）新媒体平台广泛应用

新媒体平台是通过卫星、无线网等渠道，依托手机、数字电视、电脑等终端，向用户提供信息和服务。比如微博、微信、抖音、小红书等，都

---

* 本文系2021年度北京市档案局科研项目"基于红色文化保护的口述档案采集与整理研究（2021-14）"阶段性研究成果。

吕咏蔚（1999—　），女，山西临汾人，北京联合大学在读硕士研究生，研究方向为档案现代化管理；姜素兰（1966—　），女，辽宁海城人，北京联合大学教授、硕士生导师，主要研究方向为口述档案、档案文化研究，E-mail: sulan@buu.edu.cn，本文通讯作者。

是新媒体平台，拥有庞大用户规模，传播信息速度快，传播形式多样。

（二）融媒体技术的广泛流行

融媒体是指媒体融合的生态模式，依托于数字信息技术，将传统旧媒体与新媒体兼容交互的一种模式，拥有丰富的数据信息，集合了因特网、大数据、云计算、VR等现代信息技术，可以使得用户的体验情景化，能够应用于几乎所有的产业中。

（三）文化建设与传播需求增强

党的二十大报告中阐述了文化对于国家和人民的重要作用。文化活动早已成为社会发展的重要组成部分，而且具有深刻的社会影响。同时人们的文化需求在经济和时代的发展下变得多样化，较之前更加关注数字娱乐、新媒体内容、文化活动，对更新鲜的文化内容有着越来越高的需求。

二、口述红色档案的内涵

（一）口述红色档案的含义

口述红色档案是介于口述档案与红色档案之间的一类特殊档案，同时具有口述档案和红色档案的所有特点。关于口述红色档案的概念，目前学术界说法尚未完全统一。黄明嫚在2016年提出，在革命斗争期间留存下来的很多红色故事、红色歌谣、红色戏剧等，都与档案一样，具有"知古"的凭证价值，相关部门应当及时对此类档案资源加以抢救保护，使之能够传承并发挥更大的作用[1]。童小力认为，红色口述档案是通过对新民主主义革命时期中国共产党领导下的重要活动、重要革命斗争以及战争等重大历史事件的决策者、参与者、见证者、知情人及其子女有计划地采访，由被采访人口头表达而形成的能够作为档案史料重要补充的录音、录像以及文字记录的档案材料[2]。

（二）口述红色档案的价值

1.文化价值

口述红色档案作为一种特殊的档案形式，具有口述档案和文化遗产的双重属性。从口述红色档案的来源来看，主要是对革命各时期重要事件的决策者、参与者、见证者、知情者及其亲属子女的有计划的采访，具有"以史为鉴"的历史价值。因此作为档案资源体系中的一员，口述红色档案能够在某种程度上填补历史空白，从个人视角弥补历史记录的不足，弥一些由于主观人为因素或者客观条件因素等造成的红色文献不完整，弥补红色人物、红色故事不能为后人所知晓并传颂的遗憾，拯救濒危文化遗产，丰富红色档案资源[3]。

2.教育价值

口述红色档案资源反映的是革命前辈可歌可泣的光辉事迹，处处流露着勇敢无畏、为革命事业献身的高贵精神，展现了党的伟大奋斗历史和辉煌成绩，是开展红色教育的重要资源，是其他任何教育资源无法代替的。这当中蕴含的红色基因、精神力量，对弘扬爱国主义精神，坚定文化自信，帮助年轻一代回溯中国共产党的百年奋斗史，推动党史教育传承具有十分重要的意义。

3.经济价值

口述红色档案的经济价值主要体现在两个层面。一个是口述红色档案本身作为文化资源的一部分，具有直接的经济价值。但是这些珍贵的口述红色档案资源大多是由相关档案征集部门自发征集，耗费了大量的人力物力财力，才取得了这些宝贵的档案资源，这些档案材料的版权及著作权归属问题都有待商榷，不能出售。另一个层面主要体现在口述红色档案能够经过二次创作形成红色文化产品、红色旅游项目、红色影视作品等，可以带来直接经济效益或间接经济效益。

三、新形态下口述红色档案价值挖掘的优势

（一）新技术推动了口述红色档案的研究与开发

新形态下的融媒体技术，集合了因特网、大数据、云计算、VR等现代信息技术，能够将传统的口述红色档案信息依托多种表现形式，全方位向大众传播，满足各类受众的差异化需求。包括视频、音频、动画、网页、还有全景技术、网上展馆、云展览等数字技术。这些数字技术提供了口述红色档案多种开发方式，让口述红色档案不局限于录音、录像和文字记录，丰富了我国口述红色档案的类型，让档案资源全面利用起来。

（二）新平台拓展口述红色档案传播时间和空间

新形态下的新媒体平台，是人们广泛获取信息、社交、休闲娱乐的重要渠道，在新媒体平台开展口述红色档案的宣传工作与服务工作将是一种非常有效的形式。充分运用小程序、公众号、短视频、直播、数字电视等

开展线上活动，让档案资源的传播不受限于时间和地点，受众可以随时随地得到想要的档案资源，用全新的数字创意和交互形式演绎口述红色档案文化的深刻内涵。

（三）新形态提升口述红色档案宣传的有效性

口述红色档案与一般档案不同，它有政治教育宣传的使命，新形态下公众需求的变化，要求党政宣传思想工作也要发生变化。新形态下将各种融媒体技术和新媒体平台应用于口述红色档案资源，大大增强了宣传思想工作的互动性。尤其对于年轻一代，将更加充满吸引力，推动了思政教育工作的有效性。

四、利用新形态实现口述红色档案价值的基本路径

（一）加大挖掘力度，加速收集口述红色档案资源

做好收集工作，是口述红色档案资源建设的先决条件。近年来虽然红色档案资源的开发日益受到重视，但是仍存在一些档案部门重保护轻开发的情况，所以当前红色档案资源开发程度低。对口述红色档案进行深度挖掘，进行口述红色档案资源建设，是口述红色档案能够利用和传播的基础。一方面要保管与备份好现有资源，使用合适的温湿度、消防、监控等设施。另一方面受当事人年龄等因素的影响，口述红色档案的抢救性工作刻不容缓，应当加大口述红色档案资源的征集，持续推动口述红色档案相关项目，抢救性征集口述红色档案，传承中国人的红色记忆。

（二）加强整合共享，提高口述红色档案管理效率

口述红色档案的采集和整理需要统一的管理，然而由于口述红色档案的个体性，导致档案机构在收集工作上的难度增大，整合力度也不够，导致口述红色档案的价值无法充分展现。应该由主管部门牵头，组织对口述红色档案进行摸底清查，将档案数据的组织方式进行统一化操作，规范档案内容的深度和详尽程度，规范统一的口述红色档案数据资源描述模型，建设口述红色档案数据库，并以此为基础推进建设口述红色档案的目录共享平台，推动档案馆、博物馆、其他社会机构之间的合作交流，最大限度实现口述红色档案的利用价值。

（三）结合数字化，改善红色文化体验

红色文化应该公开和共享，口述红色档案的开发利用要基于实现档案

价值，适应信息化时代群众的需求。然而当前在各档案机构中做得并不到位，多为图片加文字或者展板展示，尤其对于青少年群体缺乏吸引力。在新形态下可以多关注受众的喜好，在展厅内将口述红色档案文化与VR、AR等技术结合进行展示，让群众以第一视角，沉浸式体验口述者讲述红色故事，通过画面生动再现英雄事迹和经典时刻，增强代入感、现场感。甚至可以将口述红色档案资源进行文化创作，比如舞台剧、影视剧等，还原真实事件，通过艺术化加工呈现在公众面前，增强吸引力。同时在红色文化的传播中，要创新表达方式，善用网言网语、微言微语，摒弃传统宣教语态，注重共情传播，利用口述红色档案的真实性，用真情实感引发群众同频共振，唤起集体记忆，更能实现口述红色档案文化的信息扩散。

参考文献

[1] 黄明嫚.论口述类红色档案资源的传承性保护——以百色起义红色歌谣为例[J].山西档案，2016（01）：85-87.

[2] 童小力.运用红色口述档案 鲜活党史教育[J].四川档案，2021（04）：18-19.

[3] 付晓娇.高校校史档案及其教育价值研究[D].南京邮电大学，2021.

北京市档案事业发展规划历程探析

——"十五"至"十四五"时期

刘胜男　王巧玲

摘　要：本文立足于北京市"十五"至"十四五"时期档案事业的发展现状，对各时期《规划》的文本内容进行比对和分析，以期为后续《规划》的制定和相关研究提供一定参考价值。通过文献研究和比较分析等方法，对历次《规划》的出台情况进行分析，包括体例特点、发布主体、编制工作，并对其主要任务进行重点解读和梳理，进一步比对各时期规划任务的变动情况，总结其演变特征，进而展望北京市档案事业的发展趋势。

关键词：北京市；档案事业；规划历程

引言

自2021年起，我国步入了"十四五"时期，随着《"十四五"全国档案事业发展规划》（简称《规划》）的印发，各省区市也相继印发"十四五"规划。北京作为首都城市，其档案工作的规划部署始终紧跟全国的发展步伐不断前进，在借鉴的同时融合北京市特点，适时而变、与时俱进，使得档案工作更加具体化、先进化。在此之前，从"十五"时期至"十三五"时期，北京市也依据全国档案事业发展规划及相关指导性文件，相继印发了北京市档案事业发展规划。通过对各时期相关文献进行统计，发现首都档案事业的发展同样受到档案学界的高度重视，相关研究成果也随着规划的发布时期而不断波动。本文通过对"十五"至"十四五"期间的相关文献进行梳理发现，现有文献缺少对北京市"十五"至"十四五"时期规划历程整体性的研究及比对分析。另外，对主要任务部分进行各时

刘胜男（1998—　），女，山东临沂人，北京联合大学在读硕士研究生，研究方向为档案现代化管理；王巧玲（1977—　），女，湖南衡阳人，北京联合大学教授、硕士生导师，博士，研究方向为档案基础理论、档案治理体系和档案教育，E-mail：wangql@buu.edu.cn，本文通讯作者。

期综合分析的研究成果较少。因此，本文以"十五"至"十四五"时期北京市档案事业发展规划文本为研究对象，通过对历次规划文本内容进行纵向比对和分析，以期为后续规划的制定提供一定参考和借鉴。

一、出台情况分析

从21世纪初的"十五"计划到2021年的"十四五"规划，无不彰显了党和国家对北京市档案事业发展的高度重视，也充分反映了档案在北京经济社会发展中的重要地位。在此将北京市上述时期《规划》出台情况进行列示，详细内容见下表1，同时总结各时期《规划》的体例特点，对发布主体、编制工作进行详细比对和分析。

表1 北京市"十五"至"十四五"时期档案事业发展规划出台情况一览

序号	标题	出台时间	印发单位	主体内容
1	北京市档案事业发展"十五"计划	2001年5月	北京市发展计划委员会和北京市档案局	由序言、指导思想与奋斗目标、7项主要任务、7项主要措施组成
2	北京市"十一五"时期档案事业发展规划	2006年9月	北京市档案局与北京市发展和改革委员会	由"十五"回顾（主要成绩、存在问题、发展趋势）、指导思想、发展目标、8项主要任务、2项实施项目、6项保障措施组成
3	北京市"十二五"时期档案事业发展规划	2011年8月	北京市档案局与北京市发展和改革委员会	由"十一五"回顾、新形势新要求、指导思想、主要目标、6项主要任务、4项保障措施组成
4	北京市"十三五"时期档案事业发展规划	2016年8月	北京市档案局与北京市发展和改革委员会	由发展环境与面临挑战、指导思想和发展目标、6项主要任务、6项保障措施组成
5	北京市"十四五"时期档案事业发展规划	2021年9月	北京市委办公厅、市政府办公厅	由发展环境、总体要求、6项主要任务、8个重点项目、3项保障措施组成

（一）"十五"至"十四五"时期《规划》的体例特点

"十五"至"十四五"时期历经二十年，在《规划》主体内容的编制上，各时期基本保持一致，具有明显的共性特征：

第一,《规划》具有明确的指导思想。各时期规划都坚持党委组织的领导,坚持以人民为中心的理念,契合各时期的重要战略方针。指导思想简洁明晰,适应新形势新要求,统筹贯彻首都战略纲要。第二,《规划》具有科学的奋斗目标。各时期根据当时的发展环境,分析所面临的形势和挑战,立足实际、科学制定。第三,《规划》具有详细具体的主要任务。各时期主要任务与主要目标紧密结合,紧紧围绕当时档案工作的形势需要,查漏补缺,从而体现出各个阶段的新观点新思想。第四,《规划》具有切实可行的保障措施。各个时期的规划任务都对应保障措施并且突出关键要素,以确保规划的最终落地完成。

此外,每一时期《规划》的制定都与前一时期《规划》相衔接,汲取了上一时期五年规划的经验、弥补其不足。北京市"十五"时期规划到"十四五"时期的规划,始终在不断完善,不断创新,不断进步。

(二)"十五"至"十四五"时期《规划》的发布主体

北京市档案事业发展规划从"十五"时期到"十四五"时期,不断对北京市档案事业提出更高的要求,为其提供前瞻性、战略性和导向性的指导方针和目标。[1] 从各时期《规划》的发布主体来看,新世纪初的"十五"计划由北京市发展计划委员会和北京市档案局联合印发。此后,经北京市领导审定批准,北京市档案局和北京市发展改革委又联合发布了"十一五"时期、"十二五"时期和"十三五"时期的《规划》。直至2021年《北京市"十四五"时期档案事业发展规划》,其发布主体变为由中共北京市委办公厅、北京市人民政府办公厅联合印发。此次发布主体的变化体现了北京市委和市政府对档案事业发展的支持与肯定,同时也体现出规划内容的权威性和指导性。

(三)"十五"至"十四五"时期《规划》的编制工作

1.编制思路

从北京市"十五"至"十四五"时期规划内容的文本数量上来看,历次规划文本大致在八千至一万字左右,整体的结构思路具有一致性。首先,对前一时期的北京市档案事业发展规划发展情况进行回顾,总结其主要成就,继而提出主要问题,接着分析发展环境,去准确地判断发展趋势。其次,明确当时档案工作的指导思想和主要目标,然后围绕发展目标,确定了该时期开展档案工作的主要任务。最后,为抓好目标和任务的顺利落实工作，明确规划的保障措施。由此看来，各时期规划的编制思路总体上并没有太大波动，但具体内容的编制愈加细致和全面。

2.修订情况

北京市档案事业发展规划的历次编制都离不开各档案部门、主管领导和负责人的努力，可以说是全市档案部门共同协作、集思广益的结晶。据统计："十五"计划的修改完善工作长达8个月时间，较大的修改和调整十余次；"十一五"规划则是广泛吸收74个市属委办局、41位专家等各方面意见，进行了25次之多的修改；"十二五"规划的编制历经了51次反复修改和多次研究讨论；"十三五"规划的编制也是对各机关单位反复进行意见征集，数十次修改而成。而"十四五"规划更是在深入调研、集思广益、充分吸纳各方面意见建议的基础上，历经实地调研20余次，形成科研课题和调研报告10余份，进行了30余次重大修改，召开线上、线下会议40余次。随着修改次数一次比一次多，不难看出，历次规划的编制都经过了复杂且漫长的修订工作，编制过程凝聚了全市档案部门的集体智慧和共同努力，体现了其对规划编制工作的高度重视。

二、主要任务分析

(一) 各时期《规划》重点任务梳理

"主要任务"是历次规划内容的核心部分，同样带有各个时期的任务特色，体现出明显的、独具特色的北京标准、北京智慧，反映各时期《规划》实施的可行性。

1."十五"时期

自改革开放起到2005年，属于我国的计划经济时期。因此，2001年到2005年整个"十五"时期的规划以"计划"来命名。"十五"计划期间，北京市档案工作部署分为七个"加强"，即加强档案法治建设、加强国家档案馆建设、加强档案室工作、加强档案科技工作、加强档案教育培训工作、加强档案宣传出版工作、加强档案工作内外交流。[2]从主要任务的部署来看，该部计划主要是为了在未来五年平衡全市档案工作在这七方面的发展，重点在基础薄弱方面加强了部署。

2."十一五"时期

自2006年起我国步入规划时期，因此，此后的规划编制均以"规划"

命名。全面建设小康社会的提出,使得"十一五"时期成为我国发展极为重要的时期。北京市印发"十一五"时期档案事业发展规划,伴随着《北京城市总体规划》的实施和2008年奥运会的举办,使得这一时期成为首都档案事业承前启后发展的关键阶段。此次规划的主要任务包括档案法治建设、档案信息化建设、档案基础业务建设、档案资源利用开发、奥运档案工作、档案科研教育工作、档案宣传交流工作、行政规范性文件查阅工作共八方面内容,基本涵盖了档案事业的各个方面,囊括了该时期首都特色项目和重大活动的档案工作部署。[3]

3."十二五"时期

2011年至2015年"十二五"时期,北京市处于全力推进人文北京、科技北京、绿色北京战略,率先形成创新驱动发展格局的重要时期。在"十二五"时期档案事业发展规划的主要任务提出了档案资源建设、档案利用服务、档案安全建设、档案信息化建设、档案馆馆舍建设、档案依法行政六方面内容,与这一时期的主要目标相结合,指导着首都档案工作稳步前进。[4]

4."十三五"时期

"十三五"时期从2016年到2020年,是全面建成小康社会的关键时期,是实现第一个百年奋斗目标的关键五年。该时期发布的"十三五"时期档案事业发展规划在主要任务中分别部署了档案法治建设、档案服务建设、档案信息化建设、档案资源建设、档案安全建设和档案馆舍建设六方面的内容,首次以6个"建设"的形式出现[5]。值得注意的一点是,该《规划》将以往的档案"法制"建设变为了"法治"建设,这也遵循了全国档案事业发展《规划》的要求,进一步明确依法治档的主题,坚持主线任务深化档案服务。

5."十四五"时期

"十四五"时期,伴随着后疫情时代的步入,档案事业的发展环境也随之变化,增加了不确定性。该时期《规划》内容的制定坚持了细化、量化以及项目化的原则,主要任务体现为全面推进档案治理体系建设,深入推进档案资源体系建设,深入推进档案利用服务体系建设和档案安全体系建设,加快推进档案信息化建设,以及加快推进科技和人才工作六大方面,并附预期指标表。此外,还着重划分了25项具体任务,以确保规划能够落

（二）主要任务的演变特征

经过对北京市档案事业发展"十五"时期至"十四五"时期的历次《规划》重点任务进行分析和对比，将其演变特征进行了如下概括：

历次主要任务涵盖范围不断拓展，愈加全面、科学，都围绕档案法制、信息化、档案资源、档案安全、科技和教育培训等方面部署，涵盖了北京市档案工作的方方面面；任务指标细化、量化程度不断提高；档案信息化建设越来越突出，从"十五"至"十四五"时期的《规划》任务中，档案信息化建设不断推进；档案馆基础业务建设循序渐进，档案馆建设贯穿始终；由"法制"建设转为"法治"，反映出北京市档案工作越来越趋向依法治理，强调档案法治化、规范化。

三、北京市档案事业发展趋势展望

纵观北京市"十五"至"十四五"时期档案事业发展规划的部署，规划内容的侧重点在依据时代发展而调整，始终立足市情，不断在新的历史条件下，坚持战略性和操作性并重，指导着首都档案事业朝着更高水平、更高效益的方向发展。

（一）依法治档

新时代、新形势、新要求之下，档案依法治理是推动未来档案事业持续发展的现实需要。法规制度是依法治理的基础，从北京市"十五"计划开始，一直强调加强档案法治建设，完善法律法规体系，强化执法监督力度。"十三五"规划提出发挥法治引领规范作用，提升档案管理的法治化。"十四五"规划继承前期理念从治理机制、治理制度、治理方式和监管模式等方面提出了档案治理体系建设。依法治档是构建档案治理体系、提升档案治理效能的重要依托和必然要求。[7]

（二）管理现代化

随着我国朝着基本实现社会主义现代化目标迈进，档案事业也不断朝着现代化进程发展。新时期档案资源的信息化建设，档案数字化的保存，档案工作模式的流程化、标准化等内容的实现必须依靠档案管理现代化的推进。为了适应新形势对档案事业的发展要求，"十五"时期至"十四五"时期，北京市档案事业不断顺应时代发展，加快现代化步伐。管理现代化已经是档案事业发展的必然结果，因此，要正视现代化的发展，准确掌握新时期对于档案管理现代化的要求及趋势，全面建设现代化档案事业发展体系，从而满足新形势下对档案工作发展的不同要求。

（三）数字化发展

如今，档案数字化发展是促进档案信息资源开发利用的自身需要，也是档案事业适应社会发展要求的必然趋势。档案数字化发展具有重要的现实意义和应用价值，它使档案的存储、管理、传输和利用的效率大大提高，对于推进社会信息高速化、智能化和精准化具有十分重要的作用。档案数字化发展不仅利于满足大众信息获取的需求，进一步促进档案事业转型升级，也有助于档案事业实现更快、更好、更实用的发展，为档案事业提供更稳、更健康、更可持续的发展路径。

（四）创新性发展

从北京市档案事业发展"十五"规划到"十四五"规划，档案工作每个阶段都面临着许多新问题，挑战与机遇并存，而创新思想贯穿始终。北京市档案事业始终在抓住机遇和应对挑战中不断突破创新，同时也在突破创新中更好地面对机遇和挑战，进一步实现创新性发展。

四、结语

档案事业发展规划为档案事业的发展提供了清晰的蓝图和方向，有助于档案事业的统筹、协调、高效推进。北京市档案事业发展规划历经"十五"至"十四五"共五个时期，为全市档案事业发展提供了基本遵循、指引了前进方向。可以看到北京市历次档案事业规划在二十年的历程中紧跟全国档案事业发展步伐，适时而变，进而推动档案事业朝向依法治档，管理现代化，数字化和创新性发展的历程。

参考文献

[1] 张利民.擘画蓝图 引领首都档案事业高质量发展——《北京市"十四五"时期档案事业发展规划》解读[J]中国档案，2022（03）：26-27.

[2] 北京市"十五"时期档案事业发展规划[J].北京档案，2001（07）：12-17.

[3]马秋影,常万龙.北京市全面启动档案事业"十四五"发展规划编制工作[J].北京档案,2020(01):6.

[4]北京市"十二五"时期档案事业发展规划发布[J].北京档案,2011(09):4.

[5]李花.依法治档 深化服务 推动档案事业持续科学发展——《北京市"十三五"时期档案事业发展规划》发布[J].北京档案,2016(10):5-6.

[6]本刊讯.中共北京市委办公厅北京市人民政府办公厅印发《北京市"十四五"时期档案事业发展规划》[J].北京档案,2021(09):4-10.

[7]展开新蓝图 奋进新征程——《北京市"十四五"时期档案事业发展规划》解读[J].北京档案,2021(09):11-13.

基建类电子文件材料归档研究

金美罗　谢永宪

摘　要：随着国家经济的不断发展和科技的进步，各种基础设施建设项目如高速公路、桥梁、机场、铁路等不断增多。这些基建类项目涉及的电子文件和资料非常庞杂，包括工程设计文件、施工图纸、施工合同、质量检验报告等。如何对这些电子文件和资料进行有效的归档管理，保证其真实、完整、可用及安全，成为当前基建类项目建设中急需解决的问题。本文分析了基建类电子文件材料归档现状、存在问题和解决思路，并从完善规章制度、加强保障安全性、提升信息化管理水平、建立特殊管理机制等方面提出对策，以供参考。

关键词：基建档案；档案数字化；电子文件；归档

一、基建类电子文件概述

（一）基建类档案的概念和特点

基建类档案是指与基础设施建设相关的各种文件和资料，包括建筑工程设计文件、施工图纸、质量检验报告、验收合格证书、竣工验收报告等。这些档案记录了基础设施建设的历史、现状和规划，对于基础设施建设的管理、维护、改建和扩建具有重要的价值和意义。

基建类档案具有以下特点：

（1）多种类型：基建类档案包括建筑工程、交通运输、水利电力等多种类型的档案，种类繁多，内容复杂。

（2）大量产生：基建类档案的产生量大，包括了从规划、设计、施工到验收和维护的全过程，产生的文件和资料数量庞大。

金美罗（1998—　），女，辽宁沈阳人，北京联合大学在读硕士研究生，研究方向为档案现代化管理；谢永宪（1980—　），男，辽宁锦州人，北京联合大学教授、硕士生导师，博士，主要研究方向为档案现代化管理，E-mail：yongxian@buu.edu.cn，本文通讯作者。

（3）长期保存：基建类档案对于基础设施的管理和维护具有重要的作用，因此需要长期保存，以保证其完整性和可靠性，便于随时利用。

（4）高度保密性：基建类档案中可能包含一些涉密信息，如设计方案、施工图纸等，因此对其保密性要求高，需要加强保密措施。

（5）多方共享：基建类档案涉及多个部门和单位，需要在不同的部门和单位之间进行共享，以实现信息的互通和协同。[1]

（二）电子档案特性

1.真实性

电子档案的真实性指的是其内容的真实、准确和可信。这个特性强调了电子档案的内容应该与实际情况相符，不能被篡改、伪造或捏造。为了保证电子档案的真实性，可以采取数字签名、时间戳等技术手段来对档案内容进行验证和确认。

2.完整性

电子档案的完整性指的是其内容的完整、不可变和可追溯性。这个特性强调了电子档案在保存和传输过程中不能被修改、损坏或遗漏，同时也要保证档案操作和使用的可追溯性。为了保证电子档案的完整性，可以采取数字签名、哈希校验等技术手段来对档案进行保护和验证。

3.可用性

电子档案的可用性指的是其内容可以方便地被访问、查找和利用。这个特性强调了电子档案应该具有高效、方便、及时、准确的访问和利用功能，能够满足各种使用者的需求。为了保证电子档案的可用性，需要采取合适的存储和检索技术，同时也需要保证档案的格式、结构和元数据的规范性和一致性。

4.安全性

电子档案的安全性指的是其内容在保存、传输、访问和利用过程中不被篡改、盗窃、泄露或损坏。这个特性强调了电子档案的保密性、完整性、可用性和可追溯性。为了保证电子档案的安全性，需要采取加密、访问控制、审计、备份等技术手段来对档案进行保护和管理。同时也需要建立完善的安全管理体系和制度，提高电子档案的安全保障水平。

（三）建筑全生命周期管理理论和文件生命周期理论

首先，建筑全生命周期管理理论提出了从建筑设计到运营维护的全过程管理思想，强调了建筑生命周期各阶段的信息管理与共享。基建类电子文件归档可以在建筑全生命周期管理的框架下，将各个阶段产生的文件进行归档管理，确保文件的完整性、可用性和安全性。同时，基建类电子文件归档可以为建筑全生命周期管理提供数据支撑，使得管理决策更加科学、准确。

其次，文件生命周期理论强调文件在生命周期内的管理需求和变化，提出了文件的形成、使用、保存、处理和销毁等不同阶段。基建类电子文件归档需要在文件生命周期理论的基础上，根据文件的不同特点和需求，制定不同的归档策略。例如，对于需要长期保存的文件，需要采用可靠的长期保存技术和措施；对于需要重复利用的文件，需要进行去重处理，避免数据冗余。

综上所述，基建类电子文件材料归档与建筑全生命周期管理理论和文件生命周期理论的结合可以为基建类电子文件材料的归档管理提供全面的支持，提高基建项目的管理水平和效率。

二、基建类电子文件归档的重要性

（一）保障工程建设的质量和安全

基建类电子文件中包含了施工图纸、施工方案、工程验收报告等重要信息，对这些电子文件进行规范的归档管理，有助于保证工程建设的质量和安全。

（二）提高项目管理的效率和水平

在项目管理中，需要对工程建设过程中的各种信息进行管理和跟踪。对基建类电子文件进行规范的归档管理，有助于实现工程建设信息的快速查询和共享，提高了项目管理的效率和水平。

（三）促进信息化建设的发展

基建类电子文件归档工作的规范化和信息化，有利于促进信息化建设的发展。采用电子档案管理系统，可以实现电子档案的快速检索和查询，提高了工作效率和服务水平。[2]

（四）保护知识产权和商业机密

在基建类电子文件中，可能涉及知识产权和商业机密等重要信息。对这些文件进行归档管理，有助于保护知识产权和商业机密，防止泄露和侵犯。

（五）遵循法律法规要求

国家和地方政府相继出台了一系列电子档案管理的法律法规，要求机关、企事业单位应当依法建立电子档案管理制度，做好电子档案的安全保存、归档和利用工作。做好基建类电子文件归档，遵循法律法规要求，保障机构的合法权益。

三、基建类电子文件归档存在的问题

（一）归档标准缺失

目前国内基建类电子文件归档的标准尚未完善，各地归档标准不一，存在着归档不规范、不统一的问题。缺乏标准可能导致不同机构之间的文件命名、文件分类、存储方式等存在差异，给文件的检索和利用带来困难。此外，缺乏标准也容易导致文件的重复归档、遗漏归档等问题，影响文件管理的效率和准确性。

（二）管理方式滞后

当前，基建类电子文件的管理多采用传统的手工管理方式，存在着管理成本高、效率低、容易出错等问题。传统的文件管理方式已经无法适应电子文件的管理需求，但是很多机构仍然采用传统的管理方式，如手工归档、手工查找等，这些方法效率低下、易出错，不能满足电子文件管理的要求。此外，一些机构也存在对电子文件管理方式不够熟悉、不够系统化的问题，缺乏专业的人员进行管理。[3]

（三）数据安全问题

基建类电子文件归档涉及重要的工程建设和项目管理信息，随着电子文件的存储量不断增加，文件的安全问题也日益凸显，若数据安全保障不到位，则可能存在数据泄露、篡改等安全风险，会对企业和项目造成不可估量的损失和影响。

（四）文件去重和重复利用问题

由于基建项目的建设周期长、项目资料众多，不同部门和人员往往会产生相同或类似的文件，如果不及时去重和重复利用，可能存在重复归档和存储同一份文件的情况，不仅浪费存储空间，而且增加了文件的管理和维护成本，同时也可能造成查找困难。

（五）归档文件的长期保存问题

基建类电子文件归档需要长期保存，随着技术的发展，存储介质和存储技术也在不断更新，因此需要进行数据迁移，将归档文件从老旧的存储介质迁移到新的介质上，以确保其长期保存和可读性。

（六）归档文件的依赖性问题

归档文件的依赖性问题是指归档文件在后续的使用过程中，可能会依赖于其他相关文件或系统，而这些文件或系统的变动或丢失可能会导致归档文件的丢失或无法使用。例如，在基建工程项目的归档中，一份工程设计文件可能会依赖于相关的图纸、技术规范和材料清单等文件，如果这些文件发生变动或丢失，就可能导致工程设计文件无法正常使用。

四、基建类电子文件归档策略

（一）加强制度建设

推动归档标准的制定和执行，实现基建类电子文件归档的规范化和统一化。应加强对电子文件归档标准的研究和制定，并通过相关法律规范加以执行。应加强对电子文件归档工作的监管，建立完善的归档标准和制度，确保归档工作的规范和标准化。[4]

（二）提升信息化水平

建立智能化电子档案管理系统，实现电子文件的自动化归档和管理。应采用信息技术手段，如人工智能、自然语言处理等技术，实现电子文件的自动化归档和管理，提高归档效率和准确性。建立长期保存的机制和技术，保证归档文件的长期保存和可用。应采用文件格式转换、数据迁移等技术，确保归档文件能够长期保存并且可用。

（三）加强安全性保障

强化数据安全保障，确保电子文件的真实性、完整性、保密性和可追溯性。应加强对基建类电子文件归档管理中的数据安全保障，采取措施保障数据的安全性和完整性，如加密存储、备份管理等，保障文件的真实性、完整性、安全性和可用性。

（四）加强人才队伍建设

基建类电子文件归档是一项复杂的工作，需要具备专业的档案管理知识和技能。加强人才队伍建设，提高电子档案管理人员的素质和能力，提高管理技能和水平,以更好地保障基建类电子文件的归档管理质量,提高基建类电子文件归档管理的专业性和水平。[5]

(五)建立特殊管理机制

建立文件依赖性管理机制,保证文件之间的关联性管理和一致性管理。同时,还应该建立文件的备份和恢复机制,以应对文件损坏、丢失等问题;定期对归档文件进行检查和维护,确保归档文件的可用性和完整性。

通过这些对策的实施,可以解决基建类电子文件归档中存在的问题,提高归档工作的质量和效率,保障归档文件的安全性和可用性。

五、基建类电子文件归档实践

(一)实践案例

如某城市地铁项目数字档案管理实践案例。该项目是一项大型城市地铁建设项目,建设周期长,工程规模大,信息量巨大,信息类型较多。因此,数字档案管理成为该项目的重要组成部分。在该项目中,通过采用BIM技术和数字档案管理平台,实现了数字化信息的收集、整理、归档和检索,提高了数字档案的管理效率和准确性。同时,还对数字档案的应用进行了探索,为项目后期的运维管理提供了重要参考。

(二)实践中遇到的问题及解决思路

1.数字化信息采集不完整

由于建筑工程涉及的信息类型繁多,可能存在信息采集不全的问题。可以采用BIM技术进行数字化信息采集,将所有信息进行分类整理,确保信息的全面性和准确性。

2.信息整理难度大

由于信息类型繁多,信息来源不同,信息整理难度较大。可以采用人工智能等先进技术进行信息整理,例如采用自然语言处理技术对文本信息进行分类和抽取;采用图像识别技术对图片信息进行自动化识别和分类。此外,还可以制定详细的信息整理标准和规范,提供相关的培训和指导,以提高工作人员的信息整理能力和效率。

3.数据归档容易出错

由于数据量大、格式复杂等原因,容易出现数据归档错误的情况。可以采用数据备份和数据验证的措施,加强数据质量监控,建立数据备份机制，确保数据的安全性和完整性。同时，可以采用数据验证技术，对数据进行自动化检测和校验，避免出现数据归档错误的情况。

参考文献

［1］周志峰.基于国家社科基金的图书情报学研究计量分析［J］.情报杂志，2009（05）：29-33.

［2］霍文杰，苏锡云，吴卫琴等.基建工程电子文件在线归档面临的问题及对策研究［J］.建设监理，2023（01）：47-49+53.

［3］汤晶晶.浅谈如何做好新时代企业基建档案管理工作［J］.黑龙江档案，2023（01）：276-278.

［4］邓哲.多元管理模式下基建档案管理工作创新［J］.黑龙江档案，2023（01）：71-73.

［5］蒋周凌.人工智能技术应用于基建档案管理的可行性探索［J］.建筑结构，2022（17）：156.

基于 SERVQUAL 模型的档案馆公共文化服务质量研究

朱明明　房小可

摘　要：本文借用 SERVQUAL 模型对档案馆公共文化从 SERVQUAL 模型的 6 个方面不同维度进行档案馆服务质量的评测。通过问卷回收数据，并对数据进行信效度检验，同时对量表结果进行统计分析，从定量的角度进行研究。研究表明，SERVQUAL 模型下的有形性、可靠性、响应性等指标在档案利用者满意度方面影响显著，档案公共文化服务在供需适配上还存在较大提升空间。文章对档案馆公共文化服务质量进行评析并提出相应对策，以期对提升档案馆公共文化服务质量提供借鉴。

关键词：SERVQUAL 模型；档案馆；公共文化服务

一、引言

2021年1月1日起施行的最新修订的《中华人民共和国档案法》从法律层面明确档案馆作为公共文化服务体系建设的合法地位，对我国档案馆公共文化服务建设提出了新的要求。提升公共文化服务质量已成为档案馆和档案工作者在新时代社会转型下的重要任务。本文借用SERVQUAL模型，结合档案馆在实际工作中的具体问题，为新时代档案馆提高公共文化服务质量提出合理化建议。

二、档案馆公共文化服务满意度现状

档案馆作为公共文化传播的载体，对于提升其公共文化服务能力无疑具有重要意义[1]。本文搜集的中外文献数据来源于知网及科学引文检索

朱明明（1999—　），女，山东济南人，北京联合大学在读硕士研究生，研究方向为档案现代化管理；房小可（1987—　），女，辽宁本溪人，北京联合大学副教授，博士，研究方向为档案信息资源开发与利用，E-mail：xiaoke@buu.edu.cn，本文通讯作者

(web of science)中的期刊，检索近十年相关内容，知网检索方式为：主题="档案馆公共文化服务"，web of science的检索关键词为"Public cultural services of Archives"，分别得到有效文献136篇和21篇。笔者通过检索并研读文献发现，对于档案馆公共文化服务研究主要在于理论分析，缺少针对档案利用者体验和满意度等具体问题的定量研究。

国内的研究主要从档案馆公共文化服务的不同方面进行开展，如李灵凤[2]明晰了档案馆公共文化服务的目的。苏君华认为公共档案馆具有实现公众文化权益的功能[3]。黄霄羽提出从战略规划角度出发，以文化休闲为导向，发展公共文化服务。国外档案馆也在开展相关研究。英美国家如英国国家档案馆[4]招募用户加入用户咨询小组，以期了解用户需求，提升档案馆服务满意度。美国档案馆[5]从公共文化活动和档案文创产品方面开展，以期提升档案用户的满意度[6]。

综上所述，国内外学者对档案馆公共文化服务质量开展了诸多研究，对于了解需求端的实际情况并有针对性地提升公共文化服务具有积极作用，同时也为本研究提供了理论支撑和基础。但档案馆公共文化服务研究还存在诸如从定性角度研究、从定量角度研究时方法简单、深度不够等不足。因此本文在对用户进行问卷调查的基础上进行定量分析，这也是本文的创新点。

三、概念界定

（一）公共文化服务

2006年，公共文化服务的概念首次出现在《"十一五"时期文化发展规划纲要》。公共文化服务主要是指由政府、公益组织以及相关公共部门共同为社会公民生产和提供文化服务[7]。

（二）SERVQUAL模型概述

SERVQUAL为英文"Service Quality"（服务质量）的缩写，即"服务质量=服务感知−服务期望"。SERVQUAL模型衡量服务质量包括6个方面的内容，具体阐释如下。有形性指的是档案利用者能够亲自感知的内容，包括技术装备情况、档案工作人员的工作状态等；可靠性指的是务实、准确履行服务承诺的能力；响应性是为档案利用者提供服务和帮助以提升服务水平的意愿；保证性是档案工作者的知识结构及较强的工作能力；移情性是指档案馆及其工作人员换位思考，为来访者着想，并给予来访者特别的个性化的关注；安全性是指有解除安全隐患和避免安全风险的能力和意识，包括高校档客馆自身安全、风险预防和控制能力以及能够保证档案利用者体验服务过程中的安全和保护档案利用者个人隐私安全等。

本文基于SERVQUAL模型的特征，从档案馆提供服务的角度，以档案馆公共文化服务质量为研究框架，探讨档案馆服务质量相关问题，如图1所示。

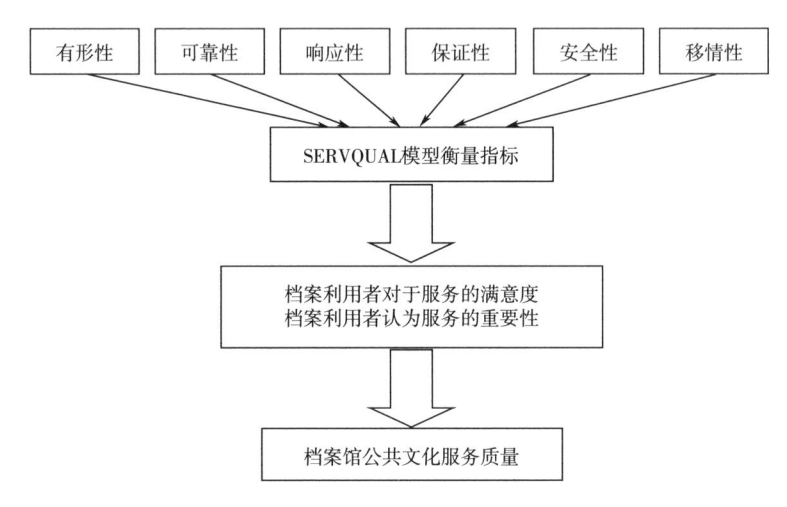

图 1　档案馆公共文化服务质量研究框架

四、基于SERVQUAL模型的档案馆公共文化服务满意度调查

（一）研究思路和量表设计

本文根据档案馆公共文化服务的特点，结合部分学者对于公共文化服务满意度衡量指标的理解，在借鉴SERVQUAL模型评价维度的基础上，借鉴史要方、王宁和陈忆金等学者的评价指标，并增添与档案馆服务体系相关的评价因子，提出对公共文化服务居民满意度进行评价的6个维度，36项指标，如表1所示。

表1　档案馆公共文化服务满意度衡量指标体系

评价维度	序号	评价因子（题项）	来源
有形性	A1	档案馆总体环境整洁舒适，办公、阅档、库房分区合理	史要方、王宁
	A2	档案馆所处位置便利、方便	史要方、王宁

续表

评价维度	序号	评价因子（题项）	来源
有形性	A3	档案馆服务场馆与设施设备开放使用	史要方、王宁
	A4	档室馆拥有便利、宽敞、舒适的电子阅档室	史要方、王宁
	A5	档案工作者情绪稳定，有良好的素养	史要方、王宁
	A6	档案馆设立特色的借阅场地	本研究自拟
	A7	档案规章制度及标识指引规范整洁、摆放合理科学	史要方、王宁
	A8	服务场馆和设施开放时间是合理的	陈忆金[1]
可靠性	B1	务实、准确履行服务承诺的能力	SERVQUAL
	B2	档案馆能提供精准对接来访者的要求，及时为来访者提供所优质、高效的服务	本研究自拟
	B3	档室馆馆藏资源丰富，充足，能最大程度满足来访者要求	本研究自拟
	B4	提供的档案准确度高，满足档案利用者使用要求	本研究自拟
	B5	保证档室利用者咨询和查档记录的不泄露	史要方、王宁
	B6	能高校解决档案利用者的相关问题	史要方、王宁
	B7	数字化建设与网站建设满足档案利用者线上查档和阅档的需求	本研究自拟
	B8	数字档案馆能够集成档案资源，专家智慧为用户提供在线的知识参考与咨询服务	陈忆金
	B9	通过图片、音像、3D技术等展览方式进行高校档案的在线观展	陈忆金
响应性	C1	对档案利用者的服务需求有较快的响应速度	本研究自拟
	C2	查档程序简化，检索、查阅方式多样化	本研究自拟
	C3	提供复制、复印、证明等服务	本研究自拟
	C4	档案工作者接待公众的态度是诚恳热情的	SERVQUAL
	C5	有专门接受档案利用者的线上线下信息反馈系统	本研究自拟

续表

评价维度	序号	评价因子（题项）	来源
保证性	D1	档案工作者的专业素养和服务技能	本研究自拟
	D2	档案工作者的耐心和责任心	本研究自拟
	D3	档案工作者在工作中自信和可信的工作能力	史要方、王宁[2]
	D4	档案工作者能较为准确地理解公众的需求	SERVQUAL
移情性	E1	有便于档案利用者查档的工作时间	SERVQUAL
	E2	始终将档案利用者的需求放在第一位	SERVQUAL
	E3	针对档案利用者需求提供差异性服务	本研究自拟
	E4	高校档案馆能给予档案利用者足够的人性化关怀	SERVQUAL
	E5	能对个别的档客利用者给予特殊的关注	本研究自拟
	E6	数字档案馆能够根据个性偏好、检索习惯推荐定制档案信息	本研究自拟
	E7	数字档案馆将档案资源按照主题聚类、专题推荐方式进行推荐	陈忆金
安全性	F1	档案馆定期为档案工作人员举办防火知识及消防安全知识培训	SERVQUAL
	F2	档案馆保证档案利用者个人信息隐私安全	本研究自拟
	F4	档案工作者对安全的重视程度	本研究自拟

（二）问卷发放与回收

问卷设置包括两大部分，第一部分是受访者的基本信息，第二部分是本次研究的具体问题。第二部分的相关问题来源于量表中SERVQUAL模型下的36个评价因子，具体是将服务质量的衡量指标修改为有关其满意度和重要性的问题，并设置相应回答。回答分为五个量级，由受调查者进行回答。接下来进行问卷发放与回收，回收问卷91份，剔除乱填、漏填问卷1份，实得有效问卷90份。

五、数据分析

（一）信校度检验

本文采取Cronbach´s Alpha信度系数来测评问卷的平稳性，总量表的KMO样本测度值为0.964，重要性与满意度的测度值均大于0.8，检验均通过验证。

Cronbach信度分析

项数	样本量	Cronbach α 系数
36	90	0.991

效度分析

KMO 和 Bartlett 的检验		
KMO值		0.964
Bartlett 球形度检验	近似卡方	4242.837
	df	630
	p 值	0.000

（二）基本描述统计

通过对问卷调查的第一部分受访者的基本信息进行统计，发现不同统计变量对于评价维度的感受差异比较大。为了找出在未来档案馆改进服务时的侧重点，本文对本次问卷中性别、年龄、职业和学历人群的计数和所占比例进行统计，如表2所示。可见本次调查问卷的样本涵盖不同人群，不同年龄段、职业和学历都有涉及，可以在一定程度上代表目前对于档案馆公共文化服务需求的现状，因此本文的数据来源较有代表性。

（三）配对样本T检验

通过对调查问卷的汇总分析，得到样本的满意度和重要性均值，对两项数据的均值做配对样本T检验（（Paired-sample T test）。结果显示，总共36组配对数据，其中有33组配对数据会呈现出差异性（p<0.05），即期望与

表2 问卷基本信息描述统计

基本信息		计数	比例	基本信息		计数	比例
性别	男	43	47.78%	年龄	18~25岁	31	34.44%
	女	47	52.22%		25~35岁	19	21.11%
职业	学生	22	24.44%		35~45岁	23	25.56%
	工人	11	12.22%		50岁及以上	17	18.89%
	公职人员	31	34.44%	学历	专科及以下	23	25.56%
	教师	14	15.56%		大学本科	28	31.11%
	无业	4	4.44%		硕士（研究生）	23	25.56%
	其他	8	8.89%		博士及以上	16	17.78%

感知的平均值之间存在显著差异，如下文所示。

配对 t 检验分析结果

名称	配对（平均值±标准差）		差值	t	p
	满意度均值	重要性均值			
A1档案馆总体环境整洁舒适，办公、阅档、库房分区合理	3.42 ± 1.50	3.86 ± 1.13	−0.44	−1.595	0.118
A2档案馆所处位置便利、方便	3.00 ± 1.40	3.72 ± 1.24	−0.72	−2.480	0.017*
A3档案馆服务场馆与设施设备开放使用	3.00 ± 1.45	3.70 ± 1.23	−0.70	−2.396	0.021*
A4档室馆拥有便利、宽敞、舒适的电子阅档室	2.84 ± 1.57	3.77 ± 1.17	−0.93	−3.380	0.002**
A5档案工作者情绪稳定，有良好的素养	2.74 ± 1.47	3.84 ± 1.21	−1.09	−4.563	0.000**
A6档案馆设立特色的借阅场地	2.74 ± 1.59	3.88 ± 1.05	−1.14	−3.680	0.001**
A7档案规章制度及标识指引规范整洁、摆放合理科学	3.21 ± 1.50	3.81 ± 1.18	−0.60	−1.993	0.053
A8服务场馆和设施开放时间是合理的	3.07 ± 1.47	3.81 ± 1.24	−0.74	−2.730	0.009**

续表

配对 t 检验分析结果

名称	配对（平均值 ± 标准差）		差值	t	p
	满意度均值	重要性均值			
B1务实、准确履行服务承诺的能力	2.93 ± 1.28	4.05 ± 1.05	−1.12	−4.435	0.000**
B2档案馆能提供精准对接来访者的要求，及时为来访者提供所优质、高效的服务	2.84 ± 1.49	3.93 ± 1.18	−1.09	−4.049	0.000**
B3档室馆馆藏资源丰富，充足，能最大程度满足来访者要求	3.05 ± 1.29	3.95 ± 1.00	−0.91	−3.983	0.000**
B4提供的档案准确度高，满足档案利用者使用要求	3.14 ± 1.52	3.86 ± 1.30	−0.72	−2.496	0.017*
B5保证档室利用者咨询和查档记录的不泄露	2.93 ± 1.56	3.93 ± 1.16	−1.00	−3.470	0.001**
B6能高校解决档案利用者的相关问题	3.26 ± 1.43	3.95 ± 1.13	−0.70	−2.630	0.012*
B7数字化建设与网站建设满足档案利用者线上查档和阅档的需求	3.16 ± 1.36	3.79 ± 1.21	−0.63	−2.377	0.022*
B8数字档案馆能够集成档案资源，专家智慧为用户提供在线的知识参考与咨询服务时	2.84 ± 1.51	4.16 ± 1.00	−1.33	−4.490	0.000**
B9通过图片、音像、3D技术等展览方式进行高校档案的在线观展	2.79 ± 1.61	4.12 ± 1.07	−1.33	−4.380	0.000**
C1对档案利用者的服务需求有较快的响应速度	2.77 ± 1.46	3.86 ± 1.13	−1.09	−3.609	0.001**
C2查档程序简化，检索、查阅方式多样化	2.58 ± 1.42	3.84 ± 1.17	−1.26	−4.165	0.000**
C3提供复制、复印、证明等服务	3.60 ± 1.42	4.00 ± 1.21	−0.40	−1.311	0.197
C4档案工作者接待公众的态度是诚恳热情的	3.16 ± 1.43	4.00 ± 1.15	−0.84	−3.277	0.002**
C5有专门接受档案利用者的线上线下信息反馈系统	2.93 ± 1.42	3.98 ± 1.18	−1.05	−3.608	0.001**

续表

配对 t 检验分析结果

名称	配对（平均值±标准差）		差值	t	p
	满意度均值	重要性均值			
D1档案工作者的专业素养和服务技能	3.05 ± 1.33	3.95 ± 1.15	−0.91	−3.130	0.003**
D2档案工作者的耐心和责任心	3.16 ± 1.45	3.93 ± 1.22	−0.77	−2.489	0.017*
D3档案工作者在工作中自信和可信的工作能力	2.88 ± 1.48	3.88 ± 1.07	−1.00	−3.116	0.003**
D4档案工作者能较为准确地理解公众的需求	2.84 ± 1.38	3.95 ± 1.07	−1.12	−4.599	0.000**
E1有便于档案利用者查档的工作时间	2.81 ± 1.38	3.98 ± 1.16	−1.16	−4.591	0.000**
E2始终将档案利用者的需求放在第一位	2.95 ± 1.36	4.07 ± 1.12	−1.12	−4.323	0.000**
E3针对档案利用者需求提供差异性服务	3.12 ± 1.42	4.09 ± 1.09	−0.98	−3.713	0.001**
E4档案馆能给予档案利用者足够的人性化关怀	2.72 ± 1.61	3.81 ± 1.37	−1.09	−3.373	0.002**
E5能对个别的档客利用者给予特殊的关注	2.86 ± 1.41	3.98 ± 1.18	−1.12	−3.722	0.001**
E6档案馆能够根据个性偏好、检索习惯推荐定制档案信息	3.35 ± 1.27	3.93 ± 1.12	−0.58	−2.309	0.026*
E7档案馆将档案资源按照主题聚类、专题推荐方式进行推荐	2.91 ± 1.36	4.05 ± 1.23	−1.14	−3.965	0.000**
F1档案馆定期为档案工作人员举办防火知识及消防安全知识培训	3.14 ± 1.39	3.95 ± 1.09	−0.81	−2.877	0.006**
F2档案馆保证档案利用者个人信息隐私安全	2.77 ± 1.43	3.84 ± 1.19	−1.07	−3.805	0.000**
F3档案工作者对安全的重视程度	2.84 ± 1.54	4.02 ± 1.08	−1.19	−4.554	0.000**

* $p<0.05$ ** $p<0.01$

由上表可知，在36组数据中有33组配对数据呈现出差异性（p<0.05）。根据研究变量的定义，服务满意度可以量化为用户对于档案馆公共文化服务满意度和重要性的显著性。差距值越是趋近于零，代表档案利用者满意度越高，反之满意度越低。具体分析可知：在档案馆公共文化服务质量的重要性均值中，可靠性B8项"数字档案馆能够集成档案资源，为用户提供在线的知识参考与咨询服务"最高，这表示用户对于档案馆给用户提供的便捷性服务要求很高。而有形性重要性均值普遍很低，有三项低于（3.8）。具体对比差异可知，满意度的平均值还是明显低于重要性的平均值。从数据的总体重要性平均值看，各项数据都较高且高于满意度均值，体现出用户对于档案馆公共文化服务的期望水平十分高，目前档案馆提供的服务离满足用户的需求和达到用户的满意还有一定的差距。

六、研究结果与建议

（一）研究结果

本文以SERVQUAL模型为基础构建档案馆公共文化服务质量评价体系，通过发放调查问卷回收数据进行信效度分析，并使用spss软件对档案馆公共文化服务用户满意度和重要性的差值进行比对，发现各类居民群体在对档案馆服务的不同维度中都存在满意度均值低于重要性均值的情况，表明目前档案馆所提供的公共文化服务还未能很好地满足公众的需求，还需提高档案服务质量和水平。因此笔者提出完善档案馆服务基础设施建设、推进档案馆公共文化服务数字化转型、健全公共需求导向型档案服务体系、优化档案馆人才服务队伍和提高档案馆信息安全及隐私保护能力的建议。

（二）对策与建议

1.完善档案馆服务基础设施建设

完善档案馆服务基础设施建设是提升公共文化服务有形性满意度的基础决策，也是提升档案事业发展的物质基础，是提高档案馆公共文化服务的满意度的依托和平台。[3]一是配置现代化设施，提高档案信息资源开发利用和档案馆公共服务能力。应保证重点库房的保管条件，为档案馆收集和整理档案提供基础保障。二是提高档案馆相关的服务能力，举办档案文化有关展览、开展社会宣传教育、为广大人民群众提供文化休闲娱乐等服务。三是完善档案馆的相关服务设备，以提高档案用户的满意度。

2.推进档案馆公共文化服务数字化转型

档案馆的数字化转型有助于提高档案馆服务的响应性。传统档案馆的数字化仅局限于档案载体的数字化,在新时代,为满足公众对于档案的需求,应当从档案的收集、整理、加工、存储的一系列流程向电子化靠拢,并实现用户线上查档,从而更好地为公众提供高效便捷的档案服务。实现档案馆公共文化服务的数字化转型,要做到以下几点。一是整合档案数字资源,健全档案管理体系,从档案馆源头实现档案的电子化管理。二是加大力度建设档案馆对外开放平台,提高数字化档案利用率。三是提高数据分析能力,对档案馆的资源实现智能数据检索,营造政府与公民、公民与公民之间的良性互动。

3.优化档案馆人才服务队伍

提高档案馆人才素质有效保证了档案馆的服务能力与效率。档案馆必须转变观念,一是档案从业人员要树立良好的基本职业素养。二是在档案从业人员不仅需要具备档案学相关知识,还应学习计算机知识、心理知识等,全方面为档案利用者服务。三是提高服务意识,以档案利用者为上[4],时刻为用户着想。

4.健全公共需求导向型档案服务体系

以用户需求为导向是档案馆提高移情性满意度的重要举措。在"放管服"背景下,档案馆为提高公共服务满意度,必须聆听用户声音,了解用户对于档案馆发展的意见,从而满足用户的档案需求。主要包括:一是扩充参与途径,通过群众意见箱、实地走访和调查问卷等方式,为市民增设参与途径,树立大数据思维,使用新技术软件,了解民众对于档案获取的满意度。二是不断丰富用户获取档案的途径,对查档流程加以简化。实现从现场查档的传统方式向网站查档的新型方式转变,充分利用微信小程序等查档途径,也可以创建相关APP方便档案利用者。三是加强对特殊群体的关注,如残疾人、老年人等,在其利用档案时提供相应帮助,更大程度发挥档案资源的人文价值。

5.提高档案馆信息安全及隐私保护能力

档案馆需要保障档案存储的可靠性与安全性。一是档案工作者自身做好档案的安全保护。档案工作是服务性和保密性相结合的工作,在提高公众利用档案满意度的同时,应时刻保持安全意识,定期参加有关档案安全和保密方面的培训学习,提高保证档案安全的能力。二是提高档案使用者隐私权意识,包括但不限于查档记录、家庭主题等相关隐私,防止个人信息泄露。[5]三是对档案安全保护基础设施进行检查与维护,完善升级档案安全保存设备,充分使用新技术保证档案安全,以防因技术设备问题导致存储的档案隐私被破坏。在加强技术保护的同时,在思想上进行档案安全意识的提升,大力宣传档案安全开放使用的规则,确保档案用户的信息隐私得到尊重与保护。

参考文献

[1] 韦楠华.国内公共数字文化建设与服务文献研究综述[J].图书馆学刊,2019(2):122-132.

[2] 李灵风.公民文化权利与档案馆公共文化服务[J].山西档案,2010(2):19-21.

[3] 苏君华.公共文化服务体系建设中公共档案馆的功能定位研究[J].档案与建设,2013(5):19-22.

[4] The National Archives. User Advisory Group[EB/OL].[2021-09-28]. https://www.nationalarchives.gov.uk/about/get-involved/have-your-say/useradvisory-group/.

[5] 黄霄羽,杨青青.美国国家档案馆公共文化服务机制探析及启示[J].档案学研究,2018(6):118-123.

[6] 汤慧莹.基于SERVQUAL模型的公共文化服务满意度研究——以长沙市居民为例[J].文化创新比较研究,2019(18):144-147.

[7] 国家"十一五"时期文化发展规划纲要(全文)[EB/OL]. http://www.ce.cn/xwzx/gnsz/gdxw/200609/13/t20060913_8548614.shtml.[2006-09-13]

[8] 陈忆金,曹树金.用户中心视角下公共文化服务质量评价研究[J].图书情报工作,2019(17):60-68.

[9] 史要防,王宁.SERVQUAL模型下高校档案馆服务质量研究[J].办公室业务,2022(3):183-186.

[10] 邓君,张巨峰,孟欣欣,宋雪雁.基于用户感知的公共档案馆服

务质量影响因素研究［J］.图书情报工作，2016（16）：26-38.

［11］江婷.信息时代高校档案馆人才队伍的建构［J］.兰台内外，2020（21）：62-63.

［12］向立文，龚慧卿.数字档案馆四维安全管理体系构建研究［J］.浙江档案，2020（10）：23-25.

科技名人档案现代展示技术研究

周 青 姜素兰

摘 要：科技名人档案的现代展示技术是指将科技名人的生平、成就、贡献等信息以多种形式呈现出来的技术手段。随着信息技术的不断发展，科技名人档案的展示方式也在不断更新换代，从最初的纸质档案到数字化档案，再到今天的虚拟现实技术展示，每一种展示方式都在不同程度上提升了科技名人档案的价值和意义。

关键词：科技名人档案；档案展示；展示技术

在互联网浪潮下，科技名人档案通过追溯科技领域的革新以及变化展示了科技进步的历程及里程碑，为社会群众、学者以及档案工作人员提供宝贵的参考资料以及科研价值。同时，科技名人档案记录杰出科技人才的故事，在精神层面可以鼓舞人心以及追求科学和社会领域的成就，对于学者以及科学家激发创造力追求卓越超越自我，从而推动科学教育的发展。最后，科技名人档案对于传承科技文化起到关键性作用，通过科技名人的贡献以及影响，对科技界核心价值以及思维方式起到一定推动性，科技文化的传承对未来科技发展奠定基础。因此，研究科技名人档案的现代展示技术，不仅对科技档案本身起到关键作用，更对科技文化的传承以及科技发展提供重要参考价值。

一、意识层面

（一）前瞻性意识

科技名人档案的现代展示技术需要有前瞻性的意识，关注当前技术的

周青（1999— ），女，江苏南京人，北京联合大学在读硕士研究生，研究方向为档案现代化管理；姜素兰（1966— ），女，辽宁海城人，北京联合大学教授、硕士生导师，主要研究方向为口述档案、档案文化研究，E-mail: sulan@buu.edu.cn，本文通讯作者。

发展趋势，紧跟科技发展的脚步，注重新技术的应用和创新，推动展示技术与科技的融合。前瞻性意识是一种实践性的具体思维意识，是人的主观认识根据已知条件对客观事物发展趋势的确定性判断思维方式。[1]科学性是所有意识不可缺少的基本特征，对于科技名人档案这一可具象化的载体，前瞻性意识即对科技名人档案进行前瞻，无法对展示技术的实践操作进行前瞻，前瞻性意识自身所具备的现实性和指向性即是将科技名人档案在展示技术发展过程中进行进一步的合理预测，实践中进行思维规律和自然规律结合的判断。科技名人档案的现代展示技术需要将现有的展示技术与现有的科技手段相结合，从而形成符合当代社会发展的数智未来型展示技术。

（二）用户体验意识

展示技术的核心在于用户体验，要有从用户角度出发的意识。现代展示技术发展的洪流以科技为导向，以用户为根本。科技名人档案的展示技术需要注重用户体验，提高用户的参与度和体验感，让用户能够更好地了解科技名人的生平、事迹和成就。档案现代化的发展推动档案本身的智能化进程，展示技术即从用户利用角度来吸引和满足观众的需求，展示技术落后于时代的发展，档案本身的利用意义必然会减弱。

在展示科技名人档案时，需要考虑到不同类型的用户，比如研究者、学生、科技爱好者等等。不同类型的用户有不同的需求，展示技术需要考虑到这些需求并且提供相应的功能和体验。比如对于研究者，他们需要深入了解科技名人的生平事迹和科技贡献，因此需要提供详细的资料和文献；对于学生和科技爱好者，他们更倾向于通过视觉和互动的方式来了解科技名人，因此需要提供生动、形象的展示效果和互动体验。多维度多方面研发用户体验技术，科技名人档案的利用程度才会提高。

因此，展示技术需要以用户体验为核心，通过对用户需求的深入理解和把握，提供符合用户需求的展示效果和功能，从而实现展示科技名人档案的目的。同时，也需要持续关注和研究最新的展示技术和用户需求，不断进行创新和升级，以提高展示效果和用户体验。

（三）艺术性意识

科技名人档案的展示技术不应只是简单的信息呈现，还需要注重艺术性的呈现。在设计展示技术时，需要充分考虑展示效果的美观性和艺术性，通过视觉、听觉等多种方式让观众产生强烈的视觉冲击力和情感共鸣。科

技名人档案的展示技术不应只是简单的信息呈现，还需要注重艺术性的呈现。在设计展示技术时，需要充分考虑展示效果的美观性和艺术性，通过视觉、听觉等多种方式让观众产生强烈的视觉冲击力和情感共鸣。科技馆作为我国重要的科普阵地，考虑到科技名人档案实物的多样性，更需要进行科学合理的空间与陈列设计，才能在提升档案利用程度时又提高科技馆的品质和内涵。[2]因此，档案馆中科技名人档案的展陈在以保存科技名人档案的基础前提下，更好的艺术性设计可以一定程度加深档案的利用与服务程度。

（四）责任意识

科技名人档案作为历史的见证者，具有重要的社会责任。展示技术的使用应当符合社会道德和法律法规，尊重名人的形象和隐私，避免不当的商业行为和不良传媒现象的干扰，保护科技名人的形象和声誉。科技名人档案馆作为提供公共服务和文化资源的场所，保护好科技名人档案成为社会公众和档案馆工作人员共同的义务，加强双方责任意识在一定程度上能避免服务中问题的发生。[3]因此，科技名人档案馆应与来馆观众积极沟通，了解需求与反馈，及时调节服务内容与方式，提高公众对科技名人档案的服务了解。与此同时，科技名人档案馆还应该加强协作和合作，与其他文化机构和社会组织合作，提高公共文化服务的整体水平和影响力。此外，公共文化服务机构还应该注重人才培养和队伍建设，提高员工的专业素养和服务能力，为公众提供更好的服务。

二、制度层面

（一）政策支撑

近年来，国家逐步加大了对文化遗产保护与利用的投入力度，出台了一系列政策法规，支持和规范科技名人档案的现代展示技术发展。例如，2018年国务院印发了《关于加快数字文化遗产保护与利用的若干意见》，提出要推动数字文化遗产保护技术研究与应用，加快数字文化遗产数字化、网络化、智能化进程；2019年发布的《北京市文化遗产保护规划（2019-2035年）》也明确提出，推动文化遗产数字化保护、文化遗产数字展示与传播等方面的建设。这些政策法规的出台，有力地推动了科技名人档案现代展示技术的研发和应用。

政府可以出台相关政策，明确支持科技名人档案现代展示技术的建设和发展。例如，鼓励和支持档案馆与科技企业合作，共同开发智能化、数字化展示平台。档案馆融入政府数据治理需要促进文件档案管理与政府数据治理相互借鉴、优势互补，实现档案馆文件档案管理和政府数据治理能力的共同提升。[4]政府在提供政策支持的同时，应考虑并结合科技名人档案的根本属性，以保存科技名人档案为本发挥其社会功能。

此外，政府还通过投资和建设一系列公共文化设施，为科技名人档案的现代展示技术提供了更为广泛的应用场所。例如，近年来，中国各地陆续建设了一批数字博物馆，这些博物馆不仅具有数字化、虚拟化等先进展示技术，还能够将文化资源通过网络等方式进行传播和共享，为科技名人档案现代展示技术的发展提供了更广泛的平台。

总之，政府政策支持是科技名人档案现代展示技术发展的重要保障，只有加大政策扶持和投入，才能够更好地推动科技名人档案的现代展示技术研发和应用，实现科技名人档案的保护与传承。

（二）法律保障

政府应当制定相关法律法规，规范科技名人档案的收集、保存、利用和展示，保障用户的信息安全和个人隐私。科技名人档案的法律法规主要涉及两个方面，一是档案管理法律法规，另一个是个人信息保护法律法规。

首先，档案管理法律法规对于科技名人档案的管理具有重要意义。档案管理法律法规包括《中华人民共和国档案法》、《中华人民共和国档案馆条例》等。这些法律法规规定了档案的分类、保管、利用等方面的要求，明确了档案管理的基本原则和制度，为科技名人档案的管理提供了依据和指导。新《档案法》中对档案部门开放档案提供服务、保障人民群众档案利用权的硬性规定，深刻践行了"为民建档、档为民用、由民管档"的理念，并从规范档案服务主体行为角度为人民群众档案利用权利的实现提供了保障。[5]科技名人档案为科技名人建档，服务社会群众，由档案人员管理保存。其次，随着个人信息保护法律法规的逐步完善，科技名人档案的管理也必须符合相关法律法规的要求。我国目前的个人信息保护法律法规包括《中华人民共和国个人信息保护法》《中华人民共和国网络安全法》《中华人民共和国电子商务法》等。这些法律法规明确了个人信息的范围和保护的原则，对于收集、存储、利用、传输和披露个人信息都做出了详细规定。因此，在科技名人档案的管理中，必须重视个人信息的保护，采取相应的措施和技术手段，保障科技名人的隐私和权益。

（三）管理规范

对于科技名人档案展示平台的管理应当进行规范，包括数据管理、维护、更新等方面。应该建立健全的档案管理制度，确保档案内容真实可靠，防止数据篡改、丢失等情况的发生。科技名人档案的管理规范主要包括以下方面：

（1）档案归档规范：对科技名人档案的存储、归档、保管等进行规范化管理，确保档案的完整性、可靠性和安全性。包括对档案材料的分类、编目、标识、装订、封存等。

（2）档案检索规范：制定科技名人档案的检索规范，明确档案的检索方式、检索内容、检索条件等。通过建立档案检索系统，方便用户查询和利用档案。

（3）档案传递规范：科技名人档案在传递过程中，需要有明确的管理规范，包括对档案传递的程序、文书、印章等的管理，以及传递记录的建立和保存等。

（4）档案利用规范：规范科技名人档案的利用方式、利用条件、利用流程等，确保档案利用的合法性、规范性和便捷性。同时，还需要建立利用档案的规章制度，保护档案的知识产权和个人隐私。

（5）档案保密规范：对科技名人档案的保密工作进行规范化管理，建立保密责任制度，明确保密的范围、等级、管理程序等。对涉及国家机密、商业机密等档案需要进行加密和安全措施，确保档案的机密性。

（6）档案销毁规范：科技名人档案在保管一定年限后需要进行销毁，必须按照国家相关法律法规和规定进行操作，同时还要建立销毁记录和报批程序，确保销毁的合法性和规范性。

总之，对科技名人档案的管理规范是确保档案安全、可靠、便捷利用的基础，必须要加强档案管理规范化建设，提高档案管理水平，为科技名人档案的保护和利用提供有力保障。

（四）用户参与

科技名人档案的现代展示技术应该注重用户的参与和反馈，不断优化展示效果，提高用户的体验感和满意度。例如，可以开展用户调研，听取用户的建议和意见，针对性地改进展示平台的设计和功能。随着新媒体的广泛应用和档案信息化的发展，档案用户对数字档案馆网站服务的体验感、对网站信息资源的建设满意度作出的评价在一定程度上对档案网站数字档案资源建设有指导作用，为实现档案用户参与机制由粗放型的建设发展模式向集约型转变作准备。[6]

科技档案馆在提供科技名人档案的利用服务时，可以将用户参与融入其中，制定用户参与评价制度体系。

综上所述，科技名人档案的现代展示技术制度层面需要政策、法律、管理、技术标准和用户参与等多方面的支持和保障。只有在全方位的支持和保障下，科技名人档案现代展示技术才能更好地发展和应用。

四、技术层面

收集是科技名人档案管理的前提和基础，开发利用则是现代科技名人档案管理的最终目的，[7]而技术层面围绕档案开发而言。科技名人档案的技术层面主要包括数字化技术、信息管理技术、数据库技术等。这些技术的运用，可以提高档案的保管、整理、检索和展示效率，促进科技名人档案的有效管理和传播。我国档案资源的整合与服务本质上是一个将技术理性和价值理性进行弥合的过程，终极的目的在于更加高效、更加科学、更加精准地向档案资源用户提供知识配置服务。[8]科技名人档案应当从技术层面为导向，以高服务利用为目标。

（一）数字化技术

现代数字化技术是科技名人档案数字化的关键。数字化技术可以将传统纸质档案转化为数字档案，实现档案的数字化管理、存储和传播。数字化档案的建设不仅可以提高档案的利用价值和保护水平，还可以满足公众对科技名人生平、科研成果等方面信息的需求。

（二）信息管理技术

信息化管理技术是数字化档案管理的重要手段。信息管理技术可以通过建立档案信息系统，实现档案的信息化管理，包括档案的录入、整理、存储、检索等各个环节的信息化处理。信息管理技术还可以通过建立档案数字化数据库，方便公众获取所需信息，提高档案利用效率。

（三）数据库技术

数据库技术也是数字化档案管理的重要工具。数据库技术可以通过构建科技名人档案数据库，实现档案信息的集中管理和共享。通过数据库技术的应用，可以实现档案的在线检索、下载等功能，方便公众获取档案信息，促进档案信息的传播。

（四）技术标准

科技名人档案现代展示技术需要遵循一定的技术标准，保证不同展示平台之间的互通性和兼容性。此外，需要考虑未来技术的发展趋势，及时更新和升级展示技术，保持领先地位。对于科技名人档案的技术标准主要以数字化标准、存储技术标准、传输技术标准、展示技术标准为主，而对于科技名人档案馆存储技术为根本行业标准，存储技术标准主要包括数据存储的安全、可靠、高效、低成本等方面。需要对数据进行分类、归档、备份、恢复等管理，确保数据的安全性和可靠性。同时，要考虑存储系统的扩展性和性能优化，以满足未来科技名人档案数据规模的增长和需求的变化。展示技术为具象体现，展示技术标准主要包括展示效果、用户体验、交互性、响应速度等方面。展示技术需要考虑不同设备、不同平台的兼容性，同时也需要考虑用户的需求和体验，提高展示效果和用户满意度。交互性和响应速度也是展示技术的关键指标，需要提供快速、灵活的用户操作和响应，以满足用户的需求。

在技术标准的制定方面，需要考虑行业标准、国际标准以及科技名人档案的特殊需求。同时，要建立相应的评估机制，对技术标准进行评估和审查，以确保科技名人档案的数字化、存储、传输、展示等方面符合实情完善制定。

除了上述技术，还有其他一些辅助技术，如数字化防伪技术、图像识别技术、自然语言处理技术等，也可以为科技名人档案的管理和传播提供支持。总之，科技名人档案技术的应用，可以提高档案的管理水平和利用效率，促进档案信息的传播和共享。因此，在档案管理中，科技名人档案的技术应用是不可或缺的一环。

参考文献

［1］李锡明.浅议前瞻性意识基本特征［J］.长江大学学报（社会科学

版），2011（11）：123-124+7.

[2] 宁也.科技馆展示设计空间与陈列设计分析[J].住宅与房地产，2020（35）：182-183.

[3] 相雨彤.大庆博物馆公共文化服务工作存在的问题及对策[D].黑龙江大学，2017.

[4] 贺谭涛，黄小宇，周文泓.档案馆融入政府数据治理的策略研究——以澳大利亚国家档案馆的政府数据治理政策体系为例[J].档案与建设，2023（02）：50-53.

[5] 周林兴，姜璐.基于法律配置维度的公共档案馆社会影响力建构探析[J].兰台世界，2022（05）：20-25.

[6] 赵馨.基于数字资源建设的档案用户参与机制探究[J].城建档案，2019（10）：31-32.

[7] 陈建，章伟婷.科技名人档案收集与利用的难点与路径创新——以老科学家学术成长资料采集工程为例[J].档案学刊，2022（04）：70-78+98.

[8] 廖蓓蓓.基于数字人文视域下档案资源整合与服务转型[J].黑龙江档案，2022（04）：311-313.

大数据时代高校人事档案信息化管理研究

吕 洁 张 敏

摘 要：高校人事档案是记录和反映高校干部队伍建设和人才队伍建设情况的重要信息资源，是人事部门开展人才工作的重要依据。随着高校人事管理改革的不断深入，传统的人事档案管理模式已无法满足日益增长的工作需求。为此，各高校应积极推进人事档案信息化管理，利用先进的信息技术手段提高综合管理水平。本文从大数据环境下高校人事档案信息化管理的重要性入手，分析当前国内高校人事档案信息化管理现状，提出优化高校人事档案信息化管理工作的策略。

关键词：大数据；高校人事档案；档案信息化

引言

随着我国教育事业的发展，各高校都致力于办学水平和人才培养质量的提高。教师队伍的质量好坏很大程度上影响着人才培养质量的高低。而人事档案管理是教师队伍选拔、培养和建设的重要依据之一。人事档案管理工作对教师利益有着直接影响，关系到学校能否吸引优秀人才、留住人才，关系到学校各项工作能否顺利开展。随着我国高校人事档案制度的深化改革，高校对人事档案信息化管理日益关注，各高校积极投入到推进人事档案信息化管理的工作中去。传统的人事档案管理模式存在着效率低下、成本高、信息滞后等弊端，已经不能满足新时代下高校人事管理工作的需要。大数据时代要求各高校将各种数据信息进行整合，形成高效便捷的信息交流平台，为高校人事档案管理提供更多便利条件。因此，各高校应积极推进人事档案信息化管理工作，利用先进的信息技术手段提高管理效率和服务水平，促进人才队伍建设。

吕洁（1998- ），女，江苏南通人，北京联合大学在读硕士研究生，研究方向为档案现代化管理；张敏（1975- ），女，辽宁人，北京联合大学副教授、硕士生导师，博士，研究方向为档案现代化管理，E-mail：zhangmin@buu.edu.cn，本文通讯作者。

近年来，各高校高度重视人事档案信息化管理工作，持续对有关的制度体系进行完善，并加强对信息化基础设施的建设。加强人员培训力度，提升信息素养，对如何发展人事档案信息化管理展开积极探索。在大数据时代背景下，推进高校人事档案管理的信息化进程，对促进高校人才队伍建设、推动高校人事工作发展具有重要的现实意义。本文在对国内高校人事档案管理工作现状进行问题分析的基础上，提出高校人事档案信息化管理的优化策略，以期为实现人事档案管理数字化、规范化、高效化和安全化提供借鉴。

一、高校人事档案信息化管理的必要性

（一）促进信息整合与集成

运用大数据开展高校人事档案信息化管理，为人力资源管理逐步走向科学化奠定了坚实的基础，在节约人力、物力的同时紧跟时代的步伐。对于传统的人事档案管理，在其最初的收集阶段，需要对其进行繁杂且重复的筛选工作，耗费大量的时间成本和人力成本。与此同时，极有可能因为管理人员的主观意念而影响对信息的判断，从而影响信息的真实性与客观性。在大数据时代，高校人事档案信息化管理能有效避免人力在信息收集阶段存在的主观性，可以自动对所有跟高校人事档案相关的数据进行收集，而不再对数据来源或数据形式作其余要求，以此确保数据的全面性、真实性和客观性，有助于促进信息整合与集成，便于后期的信息分析和资源共享。

（二）利于信息分析和资源共享

在大数据时代背景下，借助信息化管理，高校各部门之间可以建立人事档案交流机制，从而提高人事档案资源的功能和效用，实现各部门间人事档案的有效循环，最终推动高校人事档案管理价值的不断攀升。特别是在目前共享经济快速发展的大数据时代背景下，利用网络技术对人事档案管理工作进行信息化指导与协调，并把资源共享思想融入人事档案的日常管理中，才能充分体现出数字档案管理的现实价值。

（三）有利于人事档案管理工作的顺利开展

高校人事档案是高校人才招聘、考核、任免、评估的重要依据，对人事档案进行信息化管理和优化，可以较大程度上保证人才的价值得到发挥，

从而促进高校的稳步发展。此外，在大数据技术与人事档案管理相融合、相协调的过程之中，利用信息化的管理手段，可以避免对人事档案原始数据的人为修改，从而保证人事档案管理工作的真实性与安全性。与此同时，在大数据信息处理技术的支持下，高校的人事档案管理能够实现对人事档案信息的收集、整合和管理，从而提高人事部门的服务能力，为需求者提供更好的服务，进一步彰显档案工作的服务性特征。

（四）推进高校人事档案工作的科学化进程

大数据环境下，迫切需要对高校人事档案进行信息化改革。准确把握新形势，抓住改革动向，高效地开启新一轮的人事档案工作，是顺应新时代发展的必经之路。在大数据技术的支持下，推动高校人事档案工作的规范化和标准化，推动自动化办公与人事档案信息化管理的融合与协调，并在此基础上，为高校人事档案工作提供一条适应新形势、新任务的实现途径，推进高校人事档案工作的科学化进程。

二、高校人事档案信息化管理存在的问题

（一）人事档案管理信息化水平较低

目前，信息技术在部分高校人事档案管理的实际工作中覆盖率较低，利用率不高。主要方式包括对实体档案的扫描、对纸质档案的录入以及利用计算机技术对档案信息的简单查询与检索。人事档案整体管理水平并未实现跨越式的、实质性的提高，人事档案的利用仍然有很大的局限性。尽管其已开始推动管理模式的创新，但仍未能将云计算、云存储、大数据技术等应用到对档案信息的收集、筛选、分析以及利用上，导致工作时间延长，工作效率降低。

（二）基础设施不完备，专业人才缺失

高校人事档案信息化管理所需费用高昂，所需的人力物力庞大，相应的配套设施不完善，也是制约其发展的主要原因之一。而与之相关的支持，则涵括了硬件设备的采购，软件的开发，局域网的建设，以及各个部门之间的数据连接等。在前期，建设过程相对复杂，操作难度也较大，所以需要专门的技术人员提供帮助。造成这些问题的原因有二：一方面，由于缺乏资金的支撑，设备的更新速度很慢，导致人事档案的信息化管理无法得到有效落实，实施数字化、网络化管理的进度较慢，在推进的过程中也很

容易因发生问题而被打断。二是缺乏高水平的技术人才队伍。现在，许多高校的人事档案管理网站都是由高校自主研发，它们的页面内容比较简单，功能较为单一，仅能完成信息注册和数据查询、统计、档案目录编辑等工作，信息存储容量相对较小，难以与多样化的处理需求和庞大的数据存储需要相匹配。

（三）人事档案信息资源开发利用不充分

尽管目前大多高校人事档案管理人员都进行了人事档案信息数据库的建设，对人事档案信息进行协调与整合。但是，数据库中部分数据资料不够详尽和充足，数据库的管理效率较低，无法实现对人事档案信息资源的全面、深入的挖掘，极大程度地限制了后期人事档案数据的利用。高校人事档案信息资源开发与利用不足，导致高校档案工作缺失精准的数据支持，这对高校的长远、稳定发展是不利的。另一方面，部分高校还停留在传统的管理方式上，没有充分认识到信息化管理的重要意义，从而影响了人事档案工作的效率。

（四）人事档案信息化管理的安全性缺乏保障

如何保障档案信息的安全性，是人事档案管理工作的一项重要内容。当前，部分高校档案工作中，部分相应的安全防范措施有缺失，从而存在着诸多的安全隐患，应当引起相关工作者的高度关注。高校人事档案具有一定机密性，为了防止信息外泄，必须做好保密工作。但是，据了解，许多高校还延续着传统的、效率低下的管理方式，未能在数字化存档替代纸质档案的过程中兼顾到对纸质档案和电子档案的安全保障和保密防护。在大数据时代的背景之下，不管是对高校干部人事档案进行信息的收集、开发和利用，还是对其进行共享，都涉及网络传输过程。在这个过程中，不可避免地会遭受到外界病毒感染，外部黑客攻击或内部操作不当等因素的影响。因此，要保证档案数据资料的安全性和完整性，无论是纸质文件还是电子文档，都要及时进行备份，对有关的保密措施进行完善，对网络传输过程进行保密防护，同时加强人员安全意识的培训与提升。

三、高校人事档案信息化管理的优化策略

（一）建立高校人事档案的现代化管理模式

大数据环境下，很多传统的工作方式、管理思路都在悄然发生改变。

应对这样的变化，首先要颠覆和逆转传统的思维方式。高校应积极推进人事档案信息化建设工作，为教师和学生提供更加便捷、高效、优质的服务。目前人事档案信息管理存在资源分散、信息不能共享等问题。高校的人事档案管理要对网络信息资源进行有效利用，构建数据库，对数据中的潜在价值进行挖掘和利用，并在资源共享的前提下，合理配置资源，最大化利用人事档案的价值。高校还要加强对档案管理人员的培训和教育，使其转变传统观念，增强责任意识和服务意识。此外，还应加强宣传，增强高校各级领导对人事档案信息化管理的意识，争取经费支持，从而保证档案管理信息系统的硬件设施、软件开发、技术人员培训等工作的顺利进行。

（二）深入发掘高校人事档案的潜在价值

在大数据时代背景下，高校人事档案管理已经区别于单纯的信息收集与存储，更重要的是要深入地收集、筛选、分析数据信息，并且要将这些信息的有效价值最大程度发挥出来，将数据分析的结果进行比较与再分析，从而把握其中所蕴含的规律。在高校的人事档案信息化管理中，最根本的目的就是要根据这些规律和价值，逐步推进信息化管理进程。高校的人事档案信息化管理应该以信息准确、查询方便为特征，从而建立满足此特征的层次分明的数据平台。

在最初阶段，将大量的信息收集起来，建设数据库，按照不同的主题（技能考核或奖惩情况等）、来源（网络或他人转述等）、形式（图片、文字或音视频等），将其分类存放到人事档案信息化管理系统中。在中期阶段，对数据库中的数据信息进行统计分析，以满足用户的快速查询需要；在后期阶段，可以通过信息化技术手段，对数据展开加工整合和集成，并根据需求者的过往需求量进行需求趋势预测，根据预测结果进行数据信息的资源共享，该资源共享渠道可与校内各部门进行对接，方便职称评定等相关活动，体现档案的服务性特征。这一平台旨在使人事档案的价值得到最大程度的发挥。

（三）保障信息安全与建立安全意识

网络安全是信息安全的保障，也是在人事档案工作中运用信息化技术进行管理的重要一环，因此要加大网络防御强度，提高技术人员的安全意识，从而确保网络安全和信息安全。随着我国高校人事档案信息化建设的逐步完善，档案信息可以通过局域网进行检索和利用的申请，为高校人事档案管理工作提供了一条新的途径。与此同时，随着信息的开放性越来越高，数据面临的风险也就越来越大，因此，在高校人事档案信息化管理的发展进程中，网络信息的安全问题就成为一个需要预防和解决的难题。要对高校人事档案信息化管理中发现的安全问题展开深入的探讨和分析，并在制度层面寻找有效的办法，为后续相关问题的解决奠定制度基础。与此同时，要将对高校人事档案信息的网络安全工作落到实处，将网络安全作为高校人事档案信息化管理工作的重要部分，为其科学设置防御系统，并定期更新安全软件，以最大限度地减少或避免人事档案信息在传输过程中的泄漏。此外，还应加强对相关工作人员的教育与培训，引导建立安全意识，并且在具体工作中，要与岗位工作特点相结合，设置相应的权限加以限制。

四、结语

综上所述，高校人事档案信息化管理不仅是与大数据现实发展相适应、实现数字化校园的必经之路，也是高校培养人才、促进高校自身发展的必然要求。实现高校人事档案信息化管理的目的是促进大学的长远发展。信息化管理具有自动化、实时化和网络化的特征，能够促进人事档案信息的整合与集成，从而推动信息分析和资源共享，并以此推进人事档案工作的顺利开展，最终实现高校人事档案工作的科学稳步发展。因此，加强高校人事档案的信息化管理，是大数据时代高校人事档案发展的必然选择，也是管理模式创新的重要基础。

参考文献

[1] 徐艳.大数据背景下事业单位干部人事档案管理模式的优化[J].兰台内外，2022（12）：37-39.

[2] 储华.新时期高校干部人事档案管理与利用的实践与思考[J].办公室业务，2022（24）：171-173.

[3] 李丰，曹芬.浅议干部人事档案管理存在的问题及对策[J].兰台内外，2023（05）：43-45.

[4] 江瑛.大数据时代高校干部人事档案信息化管理的改进策略[J].兰台内外，2023（06）：66-68.

［5］吴卓阳.大数据时代高校人事档案信息化建设研究［J］.海峡科技与产业，2022（04）：37-39.

［6］杨光.大数据时代高校人事档案信息化建设研究［J］.人力资源管理，2017（4）：2.

［7］杨小兵.大数据时代高校人事管理信息化建设问题与对策研究［J］.产业与科技论坛，2021（19）：279-280.

三
北京高教学会档案研究分会
2020 课题研究成果

高校档案工作功能定位影响因素分析

陈 军 谢巍弘 费建梅

摘 要： 高校档案工作功能定位是高校管理工作中的重要一环。研究分析影响高校档案工作功能定位的因素，可以使高校档案工作功能定位更加合理科学，有利于高校档案机构做好站位，保持定力，聚精会神做好档案工作。档案影响高校档案工作定位的因素是多方面的，这些因素本身也不是单一存在的，经常是混合叠加存在的。分析的目的除了要分清形势，结合实际，我们还要最大可能地利用好这些不良因素，减少会排除这些不良因素，甚至转不利因素为有利因素，本文通过列举法和分析法对影响因素逐一进行了阐述，并针对各种因素提出来功能定位应对措施和途径，以期为进一步推动我国高校档案工作功能定位的高质量发展提供借鉴。

关键词： 高校档案；功能定位；因素分析

随着我国高等教育的迅猛发展，高校档案工作发展进入了快车道，高校档案工作功能定位在高校治理工作中的作用愈加凸显。高校档案工作功能定位在制度体系、管理体系、业务体系、技术体系、服务体系和安全体系等方面不断创新，已取得了长足的发展，出现了"为学校中心工作服务""为师生服务""学校基础工作""学校资源中心"等多种功能定位。但是，面临新的发展时期和新形势，我国高校档案工作功能定位仍然面临着许多新问题有待解决。高校档案工作功能定位的主要问题体现在落后的档案工作发展与高校各项事业高速发展不相适应，高校档案工作功能定位与

本文系北京市高等教育学会档案研究分会2020-2021年度档案研究课题项目"高校档案工作功能定位和创新发展探究（2020DAKTZ01）"研究成果。

陈军（1973— ），男，甘肃定西人，华北电力大学档案馆馆长，工档案信息化和数字化管理，主持了华北电力大学档案信息化系统的建设工作，E-mail: kai@ncepu.edu.cn；谢巍弘（1995— ），男，河北保定人，河北大学管理学院档案学专业研究生，研究方向为档案信息服务和数字人文，E-mail: —kai@ncepu.edu.cn；费建梅（1995— ），女，河北保定人，河北大学管理学院档案学专业研究生，研究方向为档案信息服务和数字人文。

高校其他管理服务功能定位不相适应。造成这些不相适应的原因主要如下。

一、经济因素分析

经济基础决定上层建筑，经济因素对高校发展，尤其是高校档案工作发展影响尤为突出，这和一个家庭的发展规律是类似的，一个家庭只有在经济条件容许的情况下，才会去关注文化建设。当高校发展资金紧缺的情况下，学校就会集中资金去做一些与学教科研相关和条件保障相关的紧迫工作，档案工作被无奈地遗忘在发展过程中，这个状况从中华人民共和国成立以来就存在，从当前国家经济发展比较好的南方高校和经济发展缓慢的北方高校档案发展相比较就可以明显地看出来，从南到北经济发展状况直接制约高校档案工作的功能定位，所以高校档案工作定位必须着眼于本地区的经济发展，不能脱离经济基础的实际状况去超前设计档案工作的功能定位，档案工作功能定位与经济发展相适应是最好的选择。

二、文化因素分析

自从党的十八大以来，文化建设走上快车道。高校大学文化建设也迎来一个发展机遇期，作为大学文化，各种大学章程、大学精神、文化展览、史馆展览、鉴书史书志书等文化建设如火如荼，于是承载大学文化历史的档案工作越来越得到重视，高校档案工作历史文化功能越来越得到体现。但是研究发现，综合性或者文法哲类高校更注重大学文化建设，理工类和行业型高校在这方面明显比较淡化，需求预期明显较弱，这就造成了截然不同的两种发展局面。在这种情况下，高校档案工作在文化建设方面的功能定位要依据本校办学类型，不能脱离需求盲目做出文化功能定位，最好的选择应该是聚焦学校办学特色和学科发展特点，功能定位小而精，而不要大而全，要静下心来，挖掘档案中与本校办学历史和现状相关的内容，主动作为，这样才会得到学校的重视。

三、用房保障因素分析

用房保障是影响高校档案工作功能定位的重要因素之一，档案工作发展最需要的是库房，随着每年入馆档案数量的增加，库房面积需要迅速扩大，这种带有严格承重要求的库房需求与高校大型科研设备实验场所、图书库房需求等产生了直接的需要冲突。环视高校建筑发展历史和现状，高校符合档案存放承重要求的地方越来越少，很多高校档案工作因为用房问题被严重制约，导致档案材料无法入馆，从长远看直接影响档案工作功能定位。随着高校招生规模的限制、高校异地办学和办分校被限制，高校教科研、食宿等用房需求将趋于稳定，档案工作发展的用房需求才能逐步得到解决。在用房紧张的情况下，档案工作要分清侧重点，最好的方式就是重点和永久档案入馆入库，其他长期或短期的档案可以通过建立档案分库的方式分散存放于业务单位用房。

四、资源因素分析

档案工作功能定位和馆藏档案息息相关。随着国家经济发展和高校各项事业发展进入新时期，各种新的档案服务利用日趋旺盛，比如涉及民生的财产继承的档案佐证、校友活动的材料制作、思想政治教育素材挖掘、校史展览等方面，很多都需要档案支持。档案馆藏是有限的，如果功能定位于新生需求，没有馆藏档案的增量，根本无从谈起。所以档案工作要有超前意识，不能死抱着"不能随意扩大归档材料范围"的规定停滞不前。高校档案馆属于事业单位档案机构，不是国家综合性档案馆，所以一定要着眼于如何为学校特色发展提供档案服务的功能定位理念，要思考把那些没人收藏的档案尽可能地收进来，不要浪费人力物力和用房大搞备份式馆藏。馆藏的目的是利用，所以要有独特超前的眼光，科学定位馆藏档案范围。这样档案工作功能定位才有底气，才能拿出手。

五、制度因素分析

从制度上看，根据我国相关制度的规定，档案的开放利用需要保密等因素，有一定的时限。这些因素都共同造成了高校档案工作功能定位的滞后性特点。

一是高校档案工作制度缺失，仅有的几个制度如《普通高等学校档案管理办法》（2008年）等亟需修订，制度的表述模糊和无法操作，导致高校基层档案部门落实起来非常困难。制度执行后一直有效开展制度落实情况的检查，各个高校档案发展极不平衡，档案分类各自为政，这方面部属高校尤为明显。

二是很多高校并未形成系统的档案管理工作体系，忽视档案管理工作，认为档案管理的作用就是收集并记录信息。由于高校对档案管理工作的不重视，所以工作流程较为宽泛且随意，档案工作在高校各项工作的地位较低，导致档案工作功能定位有效性较低。

六、效能因素分析

在效能层面，我国高校档案工作功能定位受重视程度有待提高。在学校层面，对本校的档案管理工作不重视是主要因素之一。因为档案工作效益明显具有滞后性的特点。慢工出细活，档案从形成、收集到加工再到开发利用，有较长的时间周期，导致了档案工作功能效应的显现明显滞后。因此，档案工作定位由于档案材料产生的功能效应滞后性无法带来明显的近期效益，导致学校领导在顶层设计的管理层面不重视。尤其是当前高校热衷于大人才、大项目、大成果等方面的成绩显现，档案工作并不受重视，这严重影响档案工作功能定位。所以高校档案工作功能定位要有定力，结合馆藏档案的特点和实际，科学功能定位，久久为功，守正创新，围绕领导的爱好和眼光兜圈子定功能的思维是没有出路，也不会长久的。

七、顶层设计因素分析

高校档案工作功能定位涉及内容较多，是一项系统且繁杂的工程。目前，出现了顶层设计的三种问题：一是档案工作功能定位没有明确下来，档案部门自省自悟自己摸索，根本谈不上创新发展，有的高校连档案馆（室）都没有成立。二是档案工作功能定位要求极低，高层定位就是各收档案、管档案和服务利用档案的部门，是教科研辅助部门，没有把档案工作和教科研及管理服务工作看作是一个有机的整体或相辅相成的环节，在这种情况下创新发展何来积极性。三是档案工作功能定位要求过高，档案机构人手急缺，但是功能定位很多，还把一些相关或不相关的工作都集中到档案部门，比如党史研究、校史研究、校史馆管理、博物馆管理、年鉴编撰、爱国教育、实习实践、志愿服务、校友服务、图书馆合署等。远远超出档案部门人员的承受能力，工作量过大，工作任务过多，导致档案部门只能疲于奔命，草草应付而已。所以档案工作功能定位不能大而全，要实事求是，结合学校事业发展实际，准确定位。

八、人员因素分析

很多高校轻视档案工作功能定位，所以档案管理人员素养参差不齐，少数高校为了填补管理岗位的空缺，甚至随便聘用对管理工作毫无概念的人员。大多高校档案管理人员为年龄较大的人员，他们很容易出现职业倦怠的情况，其思想较为陈旧，无法充分利用先进的管理手段，在很大程度上降低了管理效率。在人员素养的影响下，很多高校档案管理出现断层现象。信息技术背景下，档案工作功能定位随之变更，管理人员既要对档案进行归类汇总，还要对相关档案进行后期处理，这对管理者的创新素养提出了更高要求。档案管理人员素养的参差不齐对档案工作功能定位的顺利开展产生了多种阻碍，相关高校必须引起充分重视。在管理人员素养低下的影响下，很多学生不重视档案管理，对档案管理没有明确的概念，导致报考相关专业的学生较少。新鲜血液注入不足，导致管理者素养持续走低，形成恶性循环，严重影响了档案管理工作的顺利开展。

九、技术因素分析

各种技术会给档案工作带来软硬件方面的巨大影响，软硬件设备和技术采购耗资巨大，而且迭代更新速度很快，导致高校在环视档案工作功能定位中限于迷茫。回顾高校档案软硬件发展历史，硬件方面比如用于存储备份的主要有缩微胶片、软盘、优盘、光盘、硬盘、单机服务器、刀片服务器、虚拟服务器等，软件方面如档案软件的单机版、网络版等。可以说，很少有高校档案机构能把一种软硬件技术坚持做下去，基本都是半途而废，出现了欲罢不能和想停也难的尴尬境地。把高校档案工作的功能定位好，就必须避免患上档案技术综合征，档案工作定位不能一味迎合技术潮流，要静下心来聚焦档案资源的收集馆藏上。

结 语

影响高校档案功能定位的因素还有很多，有的是单一因素，有的是多种因素叠加，当然各种因素导致的功能定位也花样繁多；有的因素是可控的，有的因素是高校档案机构本身无法控制的；有的是主动的，有的是被动的；有的是显现的，有的是隐而不见的，诸如此类。如何做好高校档案工作功能定位，必须以习近平新时代中国特色社会主义思想为指导，结合高校各方面因素和学校事业发展的特点，实事求是，科学定位，守正创新，稳步发展。

参考文献

[1] 高等学校档案管理办法[J].中华人民共和国教育部公报,2008(09):5-9.

[2] 赵爱国,樊树娟.一流大学建设视域下高校档案工作的定位与功能浅探[J].档案学通讯,2018(02):96-100.

[3] 张欢.高校档案的教育功能探讨[J].陕西档案,2018(04):54-55.

[4] 彭宗忠.高校档案管理中的文化传承与创新[J].兰台世界,2016(23):79-81.

[5] 崔立影.高校档案专业教学理论与人才培养方法研究——评《档案工作综合实践教程》[J].教育发展研究,2019,39(21):85.

[6] 赵爱国,李星玥.高校档案馆的社会定位与社会开放研究[J].中国行政管理,2018(04):63-66.

[7] 曹勤民.从"独享"走向"共享"——论高校档案信息资源社会价值的实现路径[J].档案学通讯,2012(05):49-52.

区域协同背景下名人档案管理的对策探析

周 青 姜素兰

摘 要：现代社会科技发展、人类文明进步是名人档案管理存在的重要成因。名人档案对个人、社会都具有不同程度的价值效应，管理名人档案可以放大效应并在区域协同下带来更大的人文效应。从档案收集入手，经过档案保管和开发利用，更好、更高效地展现名人档案，是名人档案管理的根本目的。区域协同下名人档案价值的提升目标体现为扩大名人档案本身的价值、壮大国家科技人才队伍、激励青年精尖人才跨区域发展。区域协同下名人档案价值的实现路径包括从国家战略规划入手、推动名人档案数字化价值凝练、推行名人档案管理的激励政策机制。

关键词：区域协同；名人档案；档案管理

一、区域协同下名人档案的价值

全国各省市档案系统本身所具备的档案服务意识与工作远景，正在将自己的角色定位从单纯的档案数据管理者向社会记忆的塑造者、服务的提供者这样多元化的社会服务角色转变，为名人档案管理和服务提供了内在动能，对推动名人档案管理具有特殊意义。

（一）区域协同可拓展名人档案价值范畴及服务深度

随着科学技术进步的发展，智能时代多样化的媒体传播手段催生数据需求量不断升级，大众对于重点关注信息获取的时效性，价值感知的敏感性及档案从业人员的专业性相应提出了新的要求。区域协同的档案资源开发利用可以在此背景下最大程度回应社会服务转型的现实需求。转型内容包含服务行为的主观能动性及知识供应的高质量诉求，全方位突破原有区

周青（1999— ），女，江苏南京人，北京联合大学在读硕士研究生，研究方向为档案现代化管理；姜素兰（1966— ），女，辽宁海城人，北京联合大学教授、硕士生导师，主要研究方向为口述档案、档案文化研究，E-mail：sulan@buu.edu.cn，本文通讯作者。

域发展间的资源壁垒。主动推进名人档案管理的线上数字化工作,积极分享各区域馆藏名人档案资源,共同推进资源线上整合工作进度,强化服务与合作意识,催生新型合作监督体系,合力拓展名人档案价值范畴及服务深度。

进一步完善区域本身名人档案资源管理体系建立,提升区域间与区域内名人档案管理受众群体的公共教育、文娱经济发展、爱国主义精神及民主参政等能力,形成区域化名人档案管理合作共同体。不但如此,区域各主体的协同发展得以让更为积极的服务理念、开放包容的合作心态贯穿名人档案资源的区域协同工作,改变原有单一化、被动化的落后面貌,转变为区域范围中名人档案事业发展的中坚力量。

档案作为当代社会发展的见证者及内在框架的构建者,在增强自我身份认同乃至构建社会价值体系中作用明显,这与区域协同开发数据的价值导向是一致的,立足于代表时代发展成果的名人档案资源,结合区域内革命斗争及社会主义发展动向,强化加工数据基础,构建区域性红色记忆,保护和传承各区域的革命奋斗精神。

(二)区域协同可推动名人档案统一管理和价值放大

随着国家对各地名人档案保护力度的加强,名人档案价值不断扩大。历年来,档案行业致力于挖掘名人档案,各类被开发的名人档案资源依据档案建设标准,需要对其进行仔细的保存管理,从而实现档案的价值。

从人文精神价值层面而言,名人档案作为记录名人优秀品质的载体,有利于宣扬人物艰苦奋斗、不畏艰难、求真务实、开拓创新的美好品质。当各区域管理政策协同一致时,名人档案管理可将各区域的同行业名人档案进行统一管理,不仅能够将单一的人文精神补充完整,扩大档案本身的价值宣传效果,更能将中华民族名人价值汇聚产生更大的效应,使新青年能够借名人档案之鉴,启发自我,为建设社会主义新中国贡献力量。

从社会记忆价值层面而言,名人档案本身具有记录特定的历史和留存社会记忆的职能,在一定程度上,能够丰富某段人类历史记忆,使榜样的光芒更加璀璨。保存在各档案馆内的名人档案并不一定完整,区域协调下,各档案馆馆藏的名人档案资源能够被其他档案馆以备份的形式收集和储存,使名人档案的结构更加完整,使某区域的社会记忆得到补充,日益丰富和完善。

二、区域协同下名人档案价值的提升目标

（一）扩大名人档案本身的价值

名人档案存在的意义对个人、社会而言都是重大深远的。由于名人档案具有个人成长属性，其价值在历史的长河中因时而异。当区域政策与管理模式协同时，个人历史地位与社会形象通过档案的利用而逐步显现。此时，名人档案的价值将顺应历史的潮流，将积极的一面展现给社会公众，发挥应有的作用。价值曲线将因为各区域专题一致而达到顶点，与社会记忆定格，共同载入史册。

（二）壮大国家科技人才队伍

"科教兴国"战略贯穿社会主义新中国，名人档案即是展示榜样的由来。作为教育素材，科技战线的名人不仅具有良好的政治素养和积极奋进的品质，而且在某一领域有所造诣，集科技创新和学术成就为一体。国家科技与高校科研需要扩大人才队伍，而名人所获得的成就正是将"激励政策"完美落实的实例。因此，名人档案管理有利于国家科技人才队伍的壮大，对当下科研群体有着一定的潜移默化作用。

（三）激励青年精尖人才跨区域发展

区域协同将不同区域联通起来，使名人档案效应达到连片整体展现，使之达到最大化价值实现。当前青年精尖人才聚集于一线城市的现象仍在持续，而名人档案的管理有利于将新一线与一线城市带给青年的选择犹豫模糊化，使青年们愿意跨区域发展，将实现自身价值置之于首。中国的城市发展重在区域协调一致，从社会人文做起，思想熏陶更能从本质上引导青年，让新青年们感受到名人档案的价值引领，才能更好地驱动协调精尖人才跨区域发展。

三、区域协同下名人档案价值的实现路径

名人档案资源的区域协同发展应从国家需求、大区域需求到地方实际需求三梯度层次出发，结合各地区基础和实际，在各省（市）档案资源的协同线上管理系统不断完善的基础上，实现一定区域内的数据整合管理，再通过对应用于档案事业的各类新兴信息技术进行综合运用与创新发展，以实现优质名人档案资源的价值再扩展。因此，名人档案区域协调发展路径应从宏观政策到线上资源整合全方位管理体系出发，开展数据资源的多

维度整合，从档案发展的多样化、满足高质量知识需求的硬性要求出发，寻找名人档案管理的发展路径。

（一）制定国家级战略规划

区域经济一体化发展作为国家级经济发展战略，驱动区域间资本、线上数据、人力资源、技术发展等要素一体化，为区域间名人档案资源的共享、推动档案服务一体化提供了有力支撑条件。以长三角地区为例，上海市档案系统正在逐步推进上海自贸区及"一网通办"政策服务中"单套制"的管理运用，同步加速数字档案馆建设进程，已建成比例达到62%以上，并呈现逐年递增趋势；江苏作为长三角经济带的中枢，在数字档案系统的建设过程中成果显著，其数字档案馆的数量及质量在全国名列前茅；浙江省则强化档案资源的建设力度，深刻推进"最多跑一次"的政治基础性服务改革，将档案数据从城市的局部板块向省内的农村基层延伸。

"十四五"规划大背景下，相对充裕的专业教育资源是区域协同发展名人档案管理的不竭动力，既为专业技术教育提供了丰富的理论基础及指导方向，又可将各区域内高校内包含的优质师资力量统筹和交流。各高校的专业教育方向应以信息资源的全周期管控为研究方向，为名人档案的资源协调发展补给丰富理论知识与科研储备人才。

（二）推动名人档案数字化价值凝练

名人档案的内在价值提升主要涉及理论发展趋势、顶层系统设计、区域协同整理、完整知识体系结构这四个主要层次，依据名人档案价值形态的研究基础，可从交互式计算前台向应用窗口逐步推进名人档案的数字化。具象的表述即从数据后台出发，将名人档案数据的基础储存、管理、分析职能通过系统架构来维系原始数据的长期保存及更替使用，开发数据分析及整合功能，以此对名人档案的基础数据状态、实体数据量从组织层面的分类体系、模型归类、特定实例分析进行综合展示，同时将名人档案的本体基础建模工具与源数据集成到规模系统下的名人档案系统内，拟定数据框架，挖掘数据关联。

数据末端指特定时间点之后的数据，此对于名人档案存在更新信息方面的功能，对于了解名人最新的成就、活动、社交媒体上的动态趋势具有重要价值，通过分析数据末端可以观察到名人的发展趋势、特定的行业影响力发展变化、受欢迎程度的波动以及社会地位的演变。

与此同时，数据末端标志着名人的最新的历史活动与事件，可以帮助历史学家与研究人员更好地了解名人经历与社会影响，这些数据可以对编写传记和历史文献等相关研究。

数据中端则由名人档案数据的计算、推理、萃取组成，其中数据推理及计算的主要重点是通过复制神经网络将基础的档案数据中的图文表述进行量化，建立智能分析体系机制，实现数据的深度智能化。数据萃取则更能体现数字化价值的凝练意义，通过构建新型数据算法，细化已建成的区域数据库内名人档案数据，结合大数据收集的受众群体的喜好需求，构建数据传播梯度，即类似于互联网企业短视频推送的大数据喜好分析，由此可大幅度提升名人档案传播的黏性，提升知识服务的精度。

数据前端主要的功能为与名人档案数据产生交互的受众群体服务，结合前端数据模块实现受众群体的对象探测、人脸识别、信息连接等功能，为受众提供多维度前端服务。

（三）推行名人档案管理的激励政策机制

纵观档案行业从业人员群体轮廓画像，由于档案行业对于从业人员要求的专业特殊性，以各高校为主的师生研究群体已经成为推动当前档案行业发展的主力军，但恰恰是由于名人档案的部分私有属性，更应在收集整理时将私人档案持有者群体考虑进去。

从管理学角度而言，"激励政策"落实"双因素"理论，将从薪酬制度、激励方式、培训教育三个方面入手，旨在提高档案学师生素质的同时，仍能推动科技时代名人档案管理的发展。将现代理论与传统名人档案相结合，确保名人档案管理在智能时代下的完美转型，并使之紧跟档案行业的总体发展步伐。2021年1月1日施行的《中华人民共和国档案法》第七条强调，国家鼓励社会力量参与和支持档案事业的发展，对在档案收集、整理、保护、利用等方面做出突出贡献的单位和个人，按照有关规定给予表彰、奖励。由此可见，不仅是档案专业从业人员和档案一起成长，社会力量也是完善名人档案管理的一股不可小觑的力量。

激励政策的受众不仅是高校群体，人民群众的力量也是不容忽视的。对高校而言，实施激励政策可以加强当前档案教学队伍人员素质，其直接关系到人才强校的教学目标，科学合理有效地实施激励机制，积极地完善人才资源配置，充分有效地调动员工积极性，有利于实现行业和高校在档案由传统向智能转型的双赢。对社会群众而言，建设中国特色的社会主义需要人民的力量，名人档案共享不仅利于档案更好地保存，更能发挥档案的应有价值。只有收集档案的完善程度达到一定阈值，档案的保存和利用工作才能更好地完成。

参考文献

［1］付晓娇.高校名人档案的收集整理及其教育价值研究［J］.东华大学学报（社会科学版），2020（03）：294-297.

［2］高胜楠.我国科技名人建档研究的现状与问题［J］.北京档案，2020（01）：29-32.

［3］蔡盈芳，陈怡.加强科技名人档案管理工作的思考［J］.中国档案，2021（12）：70-71.

［4］田丽娟.浅议激励机制在高校人力资源管理中的运用——基于双因素理论的研究［J］.经济师，2021（10）：186-187.

［5］刘淑妮，赵钊.高校名人档案建设中存在的问题及对策［J］.陕西档案，2018（04）：26-27.

［6］周耀林，章珞佳，常大伟.名人档案信息化建设进展、问题与发展趋势［J］.中国档案，2017（01）：76-78.

［7］刘亚娟.浅谈名人档案的收集、整理、保管之我见［J］.办公室业务，2018（06）：118.

规范决策档案管理　赋能学校决策活动*

赵宪珍

摘　要：高校决策档案详细记录了高校各项决策活动过程中形成的大量原始信息，特别是关于职权的行使过程中形成的有价值的信息，使它成为完善决策制度和程序，强化决策责任，化解决策矛盾的重要资源保障。随着规范高校决策档案管理必要性认识的不断提高，高校采取了多种措施提高决策档案管理的规范化，尝试建立高校决策档案信息库，赋能学校决策活动，推进高校法治化建设进程。

关键词：决策档案；档案管理；高等学校

高校决策档案详细记录了高校各项决策活动过程中形成的大量原始信息，特别是关于职权的行使过程中形成的有价值的信息，使它成为完善决策制度和程序，强化决策责任，化解决策矛盾的重要资源保障。同时，高校决策档案也是落实党和国家关于责任追究和倒查机制的主要依据，是落实上级巡视和开展校内巡查、全面从严治党主体责任考核、领导班子成员经济责任审计等的主要材料支撑。规范高校决策档案管理，必将为高校法治化建设特别是学校的科学决策提供强有力的支撑。本文结合高校决策档案特别是涉及"三重一大"事项决策档案管理实际，根据内外部单位对决策档案管理的要求，阐述在做好高校决策档案规范化管理工作基础上，赋能学校各项决策活动，提高学校决策科学化、民主化、规范化水平。

一、推动高校决策档案规范化管理的必要性

近年来，高校及其校内各二级机构全面建立了决策特别是"三重一大"

---

* 本文系北京市高等教育学会档案研究分会2020-2021年度档案研究课题项目"高校档案预警系统的研究与实现（2020DAKTZ03）"研究成果。

赵宪珍（1977—　），女，河北定州人，北京工业大学档案馆（校史馆）副研究馆员，硕士，主要从事档案基础理论研究和高校档案编研工作，E-mail：zhaoxianzhen@bjut.edu.cn。

决策实施办法和清单制度,规范了各级领导班子的决策行为,保证了决策的科学化、民主化和规范化,有效防范了决策风险,推动了学校事业的科学发展。各个高校的决策制度特别是"三重一大"决策制度的实施办法都详细规定了决策事项内容、决策原则、决策的会议制度和程序以及监督检查、责任追究等机制,但是对决策过程中资料完整齐全、整理归档还未形成明确的、专门的管理办法和管理制度。目前决策过程中形成的文件材料管理归档状况水平不一,这与决策档案的利用需求特别是上级巡视、审计、监督检查等各项工作的要求存在一定差距,影响决策档案价值作用的发挥,迫切需要对高校决策档案进行规范化管理。

第一,推进依法决策建设的必然。在新形势下,高校依法依规决策成为新常态,同时按照规定接受巡视巡察监督检查也已成为新常态。特别是为深入贯彻党的十八届四中全会通过的《中共中央关于全面推进依法治国若干重大问题的决定》,推进决策科学化、民主化、法治化,切实加强对"一把手"和领导班子监督,推动全面从严治党向纵深发展,各个高校不断坚持和加强党的全面领导,压紧压实管党治党政治责任。作为决策过程的原始记录,决策档案必然需要全面完整准确反映学校决策特别是"三重一大"事项决策程序。因此,急需建立高校决策档案管理的相关制度,实现高校决策档案规范化管理。

第二,落实监督问责机制的必然。党的十八届四中全会通过的《中共中央关于全面推进依法治国若干重大问题的决定》明确提出,涉及重大决策要建立终身责任追究制度及责任倒查机制,造成严重影响的还要承担法律责任。各个高校也针对决策特别是涉及"三重一大"决策事项建立了决策责任追究制度,对不履行或不正确履行决策制度;不执行或擅自改变集体决定;未经集体讨论决定而个人决策;未提供全面真实情况而直接造成决策失误;执行决策后发现可能造成失误或损失而不及时采取措施纠正,给国家、学校造成重大经济损失和严重后果的,应在查明情况、分清责任的基础上,依法依纪分别追究领导班子主要负责人、分管负责人和其他责任人的责任。高校决策档案是决策过程中形成的原始记录,是相关部门进行责任追究、责任倒查的最真实有效的原始凭证,是落实监督问责机制的必然选择。

第三,维护广大师生利益的必然。法治校园建设要求决策必须依法依规，特别是事关学校改革发展稳定全局和广大师生员工切身利益，依据有关规定应当由领导班子集体研究决定的重要事项，要维护广大师生切身利益，努力实现公平正义。高校决策档案详细记录了决策过程，特别是教职工收入分配及福利待遇、奖励和关系学生权益的重要事项。高校决策档案规范化管理，特别是收集齐全准确、管理规范有效、保管安全完整、利用科学便捷的高校决策档案必将成为维护广大师生利益的必然选择。

二、实现高校决策档案管理规范化的措施

经过长期的法治建设，学校及其相关单位都能依法依规执行决策制度，特别是涉及"三重一大"决策事项的决策制度执行都非常严格，但是决策过程中文件材料管理存在一些问题。集中表现在文件材料不规范、归档文件材料不齐全、部分主要文件材料记录事项不完备、整理不系统等几方面。出现上述问题与制度体系不健全、重视程度不高、专业能力不强、约束力度不大等方面有关。为提高高校决策档案管理规范化水平，更好发挥高校决策档案作用，结合实际提出以下改进措施。

第一，提高重视程度，全方位、全流程收集高校决策过程形成的档案。针对决策事项特别是涉及"三重一大"的事项从开始酝酿、调研、征求意见，到决策的做出、执行、结果的呈现这一漫长的过程，高校档案管理部门和相关业务部门要提高重视程度，应对形成周期长、内容涉及面广、管理人员变动、相关部门调整等不确定因素，避免出现长时间不归档、归档文件不完整、决策文件遗失等状况的出现。学校层面要建立高校决策档案管理制度。制度要明确高校决策档案的内涵和外延，制定详细的可执行的归档范围与保管期限表，对归档流程、归档质量提出明确要求，对决策事项形成的文件材料进行全方位、全流程的收集归档，同时制定能确保高校决策档案信息和实体安全的措施。

第二，建立预警机制，及时反馈高校决策档案材料归档情况进行整改。针对决策事项特别是列入校院两级"三重一大"决策事项清单内的决策事项，建立高校决策档案预警机制，及时反馈给相关部门决策档案的归档情况，督促相关部门进行整改。预警的内容分为两部分，从决策事项层面看保证列入归档范围的所有决策事项全部归档，做到"横到头"；从每个决策事项中形成的文件材料来看保证所有应归档的文件材料全部归档，做到

"纵到底",应归档的决策文件材料涵盖整个决策流程,实现决策事项责任链条全程可追溯。

第三,强化验收检查,进一步落实高校相关业务部门的管理责任。针对预警机制建立后反馈给高校相关部门的整改清单不能引起足够重视、整改周期长、整改效果不理想等问题,高校需要进一步强化监督检查,对存在的文件材料完整性、规范性等方面的隐患,落实决策做出部门、执行部门、承办部门、档案管理部门、纪检监察审计等部门的具体管理职责,提高决策档案归档质量。

三、建立高校决策档案信息库赋能学校决策活动

高校决策档案具有真实准确可靠的特性,相比其他信息具有不可替代的优势,通过建立高校决策档案信息库,赋能高校各项决策活动,进一步提高其科学化、民主化、规范化、法治化水平。高校决策档案信息库的建设不仅仅是档案工作发展的需要,同时也是学校科学决策发展的需要。高校决策档案信息库的建立以实现档案价值,服务学校中心工作发展为目的;同时,也是增强高校决策的科学性、提高决策效率的需要。建立高校决策档案信息库赋能学校决策活动主要体现在以下几方面。

一是,为高校决策活动提供真实可靠的信息支撑。高校决策档案信息库从内容上看涵盖了不仅仅是高校自身有关教学、科研、管理等各方面职能行使过程中的有价值的文件材料,同时高校决策档案也保管了大量国家各个相关管理部门、相关行业科研院所等形成的涉及高校相关工作政策信息、管理信息、科研发展情况分析信息等,同时还保留了大量高校根据自身发展需要形成的调研报告、情报分析信息等。高校决策档案信息库的建设为学校决策活动提供了大量的内外部及相关环境信息,并且高校决策档案信息库内的相关信息具有真实可靠的特性,这也是高校决策档案信息库区别其他信息库最大的优势,赋能学校决策活动避免了对信息进行甄别的过程,减少了因信息不实带来的隐患。高校决策档案信息库内大量真实可靠、系统性、完整性非常强的信息,通过对这些档案信息进行再次挖掘和分析,能够为学校决策活动提供强有力的原本信息支撑。

二是,为高校决策活动提供规范化的案例参考。高校决策档案信息库保存了学校决策活动特别是校院两级"三重一大"决策项目的所有有保存

价值的文件材料，从高校决策档案归档的整体情况上可以整体了解学校决策事项，从每个决策事项归档文件材料的内容看可以了解具体的决策流程，从每份决策事项的文件材料内容看可以了解规范化的处理模式，这些从不同层面为决策活动提供了规范化的案例参考，节省了决策的成本提供了决策效率。特别是一些常规性的重复性的决策活动，决策档案信息库赋能决策活动的效果尤为突出，节省了决策成本提高了决策效率。同时对于突发事件的决策，通过对高校决策档案信息库相类似事件的处理过程、执行过程中的问题对策、总结的经验教训等信息进行挖掘，可以为突发事件的决策处理提供参考比对，为决策者能够快速有效做出理性决策提供案例参考。

三是，为高校决策活动提供可追溯的保护屏障。高校决策档案信息库详细记录了学校决策活动过程，包含了决策前、决策中、决策执行过程中所有有保存价值的文件材料，在规范权力运行的基础上，又为决策事项执行过程中各方面的质疑提供强有力的保障，同时也为日后追溯提供保护屏障。特别是关系教职工收入分配及福利待遇、奖励、关系学生权益等涉及广大师生切身利益的"三重一大"重要事项，高校决策档案信息库的全面系统的文件材料可以直面各方面的质疑、上级的巡视巡察审计监督等，使决策者的合法权益得到了保护，降低了决策者决策的风险。

近年来随着社会的发展，高校治理体系和治理能力现代化进程加快，决策的科学化、法治化建设水平越来越高，建立与之相匹配的高校决策档案管理体系也成为必然。以规范化的高校决策档案管理为基础，决策档案信息库的建立又能赋能学校决策活动，为高校科学民主依法决策提供强有力的支撑。

参考文献

[1] 尹翔；杨保华.《对新形势下"三重一大"决策制度的再认识和再实践——以中南大学为例》[J].化工高等教育，2019（02）：105-108

[2] 徐一尧.《高校领导人经济责任审计中"三重一大"审计研究》[D].导师：齐兴利.南京审计大学，2021.

[3] 中华人民共和国国务院令.《重大行政决策程序暂行条例》

[4] 靳文君.《赋能：档案工作服务重大疫情防控的目标取向》[J].档案与建设.2022（05）：29-33

档案管理资源多元化对高校电子档案"双轨制"单轨化进程的影响分析*

徐彦红 刘江霞 耿 硕 黄少卿

摘 要：档案管理资源呈现多元化的结构，利用管理的特有资源——权力和规则对狭义的档案管理资源进行整合发现，影响高校电子档案"双轨制"单轨化进程的外部因素来自档案管理的领导层、执行层、保障层和利用层等，内部影响则包括教育、人才、交流等因素，档案管理的未来趋势表现为"双轨制"单轨化或者并轨。

关键词：电子档案 管理资源 双轨制 单轨制

一、引言

20世纪80年代末，随着社会信息化和办公自动化的兴起，大量电子文件应运而生，对档案的检索、利用等提供了便捷、灵活的服务。有人借机提出无纸化办公模式，但因电子文件发展还不够成熟，无论从法律保证还是从安全性角度而言，都不能完全取代纸质档案，纸质档案和电子档案不可避免地会在相当长一段时间内相互依存。鉴于此，1996起，档案学理论研究主体和业务实践主体提出了"双轨制"的管理模式，即纸质档案与电子档案需要长期并存，双轨制运行。此后，对档案双轨制运行、双套制保管的探索研究层出不穷，单轨单套制的研究在这段时间处于配角地位，星星点点，未成气候。部分研究者在双轨制的研究热潮中提出单轨制仍然是

---

* 本文系北京市高等教育学会档案研究分会2020-2021年度档案研究课题项目"高校电子档案单套制"管理问题研究（2020DAKTY01）"研究成果。

徐彦红(1981—)，女，北京人，首都经济贸易大学档案馆、校史馆馆长，副研究员，博士，研究方向档案管理、史料编研，E-mail：xuyh@cueb.edu.vn；刘江霞（1987— ）女，江苏靖江人，首都经济贸易大学档案馆、校史馆人事档案科科长，副研究馆员；耿硕（1989— ），女，河北保定人，首都经济贸易大学档案馆、校史馆馆员；黄少卿（1991— ），男，吉林梨树人，首都经济贸易大学档案馆、校史馆馆员。

未来发展的趋势。如2011年,刘宏伟在《"双轨制""双套制"对电子文件管理的影响》中指出"双轨制"是无法完全摈弃传统的档案管理模式的权宜之计,国际上已逐步推进或已经实现"单轨制"管理模式,而中国必将与世界接轨。杨茜茜在2014年发表的《我国文件档案"双轨制"管理模式转型——澳大利亚政府数字转型政策的启示》中提出因"双轨制"实践带来了管理的混乱和资源浪费等负面影响,"双轨制"管理模式应逐步转向以电子档案管理为主的"单轨制"管理模式。

2016年4月,国家档案局发布《全国档案事业发展"十三五"规划纲要》,提出"有条件的部门开展电子档案单套制、单轨制管理试点"要求,旨在引导各单位逐渐地将信息化环境下生成的原生电子文件,无需打印成纸质仅以电子方式进行归档和保管,促进电子文件管理走向科学化。因国家政策的基调转为电子文件单轨运行、单套归档,对电子文件、电子档案单轨单套制的研究规模、研究成果开始慢慢追赶双轨双套制。然而,在实际工作中,电子文件单轨制运行、单套制保管的情况极少,只要电子文件与纸质文件同时存在,电子文件可信归档和电子档案安全保管的问题没有得到有效解决前,有关电子文件单轨制、单套制、双轨制、双套制的争论和研究就将继续下去。

另一方面,从国内看,"四个全面"战略布局、国家大数据发展战略和"互联网+"行动计划的推进,深刻影响档案工作的理念、技术、方法及模式;电子档案日益成为国家基础性战略资源。目前,我国档案管理正处于纸质档案向电子档案转换的过渡阶段和文档流转过程中纸质档案与电子档案并存的现状。近年来,档案管理资源的日渐增多,促进了电子档案的日渐成熟,如行政管理部门对电子档案日渐重视、经费预算增多、研究人员增多、教育导向转变等均促进了"双轨制"单轨化的进程。相关业务规范的发布,确定了电子档案的一般概念,对电子文件管理,电子档案的收集、整理、鉴定、处置、保存、利用及安全方面都作了明确的界定。法律资源、教育资源等的成熟,使电子档案能够独立、完整地承担档案从产生、流转、管理、利用到长期保存的整个生命周期,并且在电子形式下,档案信息的"真实性""完整性""可用性""安全性"都能得到保障,"双轨制"转型中以"纸质档案为主"即可转型为"以电子档案为主"甚至实现"双轨制"的"单轨化"。为实现这一目标,本研究通过剖析多元化的档案管理资源，对其进行整合，找出高校电子档案发展的规律，从而分析"双轨制"单轨化的进程。

二、档案管理资源多元化及其整合

管理资源一般指传统的"人力、财力、物力"资源，如果从管理维度的角度出发，管理资源可以分为狭义资源和特有资源。在档案管理领域，狭义的管理资源有很多，主要包括法律、技术、教育、传播、人才、信息、货币、文化等资源。他们为档案管理活动提供物质条件和保障。狭义资源的获得决定电子档案的成熟期与"双轨制"的持续时间。特有资源如权力、规则等资源，他们决定管理活动能否存在，为管理提供内在的动力。

（一）构建多元化的档案管理资源结构

新形势下，档案管理资源呈现多元化的趋势：人力资源多元化体现在人才资源、技术资源、文化资源、教育资源的多元化。财力资源指与经济相关的资源，如有形资产资源、无形资产资源等。物力资源包括档案信息资源、法律资源、传播资源等多元化资源，物力资源是管理的基础与保障，没有物力资源，管理工作无法开展。

多元视域下的档案人力资源发展呈现出教育资源和人才培养模式多学科、多文化交叉融合、跨学科培养的特质，教育资源侧重基础理论研究的同时重视信息技术、通信技术、网络技术、安全技术的学习资源。教育资源除来自档案学领域，也一般包含了历史文化领域、法学、身份认同和社区等多文化层面以及信息技术领域的专家、教师或者实践部门的经验丰富的专技人员等。人力物力资源在实践中相结合，共同促进档案管理数字化转型、数字档案资源建设、电子档案建设、档案信息服务可持续发展建设等。

多元视域下的档案财力资源在档案领域主要表现为获得的经济援助，经费支持。如在保障办公经费的同时，在档案保管、保护、抢救、信息化建设等专业经费获得。在国家发展的不同时期，信息化建设经费的获取与国家规划、重点发展方向一致。

多元视域下的档案物力资源指档案各种辅助管理的资源，是档案管理的"源头"和"核心"。从文件生成，到用各种规章制度进行管理，采用录像、博客、社会网络等多媒体方式、多维度、多载体、多形式的记录。促进档案部门以前端控制和全程主动参与电子档案的形成、管理、留存和可持续再利用。

（二）对档案管理资源进行整合

档案管理各种资源整合的关键在于管理，管理的核心在于对现有资源的有效整合。中国历来采取的集中式的档案保管体制，档案实现集中统一管理，地方档案机构接受中央档案机构的领导、指导和监督。《档案法》规定把档案事业纳入国民经济和社会发展规划，将档案事业发展经费列入政府预算，确保档案事业发展与国民经济和社会发展水平相适应。《档案法》规定机关、团体、企业事业单位和其他组织应当确定档案机构或者档案工作人员负责管理本单位的档案，并对所属单位的档案工作实行监督和指导。中央国家机关根据档案管理需要，在职责范围内指导本系统的档案业务工作。这样的管理体制部分制约了高校档案工作的开展。实际工作中，上级档案行政管理部门对高校档案的指导、监督、管理作用弱化，进而导致在执法或者制定规则的过程中这种主体意识弱化。根据管理学的"权责一致"原理，权力的来源和行使的方向是一致的。各级各类档案馆在管理过程中愿意接受本单位的直接明确的行政主体的领导，因为人财物上均依赖本单位以及本单位所属上级，而上级档案局（馆）因赋予的或能提供的管理资源较少，只能在管理过程中提供相应的指导。大数据、互联网+，电子政务不断发展，档案行政管理体制也正在发生转变。国家档案局顺时应势提出"大档案观"的要求，进一步扩大各级档案局（馆）的职能。各级各类档案机构按照新要求，对现行档案行政管理体制进行了认真审视和分析，探寻规律，建立起更为科学的档案行政管理体制。如建立合理的层级体制和管理规范，国家档案局、省市县档案局（馆）、企事业单位机关档案室等具备一定的领导、管理、监督权限，各级各类档案馆、专业档案部门、档案中心等在上级主管部门的领导和指导下科学整合档案管理"人力、财力、物力"资源，促进档案数字化工作转型发展，促进档案双轨制向单轨制管理方向转变。

三、高校电子档案管理现状与问题分析

（一）高校电子档案管理现状

在数字校园、智慧校园建设背景下，高校电子档案主要来源于两个方

面,一是产生于学校 OA 办公系统,主要以公文、信息为主,数据通过系统进行流转和管理,并通过 OA 与档案管理系统的接口直接归档。通过系统对接,在文件流转办理完成后,有价值需要归档保存的文件可直接进行归档处理,不必等一个档案年度结束后再归档。归档部门兼职档案员可直接将电子文件归入档案系统的预归档库,档案馆在线审核通过后便一键完成归档移交,不必再移交纸质档案,这大大减轻了归档部门集中归档的压力,提高了归档率。因没有了纸质备份,也就没有了纸质档案可以依赖,这会使档案管理者加强对电子档案的重视,不再"重纸轻电",而更加重视元数据的收集,对电子档案进行定期备份、多套备份、异地备份,定期迁移,降低档案损害丢失等风险,弥补对电子档案管理的不足,从根本上提高电子档案的质量。

另一方面是纸质档案数字化后形成的电子档案。目前大部分高校归档仍以纸质版本为主,然后实际利用中利用纸质档案大大影响了查档的效率和质量,无法保证查全率查准率。为解决这一问题,高校采用了大量的人力物力财力,将归档的纸质档案全部数字化,数字化后形成的档案导入档案管理系统,以便工作中查询和利用。

在档案管理系统中电子档案大体以以上两种方式存在。学校还有很大一部分电子文件产生于教学教务管理、招生毕业管理、人力资源管理、财务管理、固定资产管理、设备采购等业务系统,但因这些系统相对独立,一般不与档案管理系统对接,所产生的电子文件多为各种数据格式且数量庞大,这种背景下所产生的电子文件目前仍采用"双套制"归档,即打印出最后盖章签字的版本,再辅助归档这个版本的电子版,然而这部分档案在转变成纸质版归档有信息缺失,如多媒体文件、三维立体图形、网页等。按电子文件管理办法,财务管理、人力资源管理、教务教学管理等业务系统其基础数据、日常业务办理、数据传输、保存都应在其系统中进行,不用特意转化产生纸质文件,在系统中还有完整的元数据,如果转换成纸质档案保存必然会丢失部分数据,无法保证电子档案的"四性",不具备凭证价值。

(二)高校电子档案单轨制管理的桎梏

1.传统固化观念影响单轨制的管理

高校档案馆一般属于教学辅助单位,是非行政部门,工作的特性使之游离于学校中心工作之外,其发展所需各项条件难以得到满足,总体发展水平落后,难出亮点,难以受到领导关注。双套制双轨制管理模式又加重了档案管理部门的负担,需投入更多的人力、物力和财力开展档案工作,短期内又无较大产出,难以得到学校支持。而单套制单轨制对档案规范化和安全管理提出了更高要求,使之更难以付诸实践。对档案工作者而言,当下工作已使其疲于应对,且很多高校已对使用频率较高的纸质档案进行了数字化扫描,完全能够满足日常服务利用的需要,对电子档案单轨制管理改革缺乏动力。加上电子档案安全管理和长期保管的技术尚不成熟,单轨制管理存在较多不确定风险,对管理人员的知识和技能又有较高要求,普通管理人员难以胜任,造成心理上的恐惧,阻碍了单套制管理的推行。

2.传统管理模式影响单轨制的推行

当前,高校档案管理的各项要求仍是基于双套双轨的模式。档案实体分类一直采用基于纸质档案的传统档案实体分类方式,以卷为单位进行组卷、归档和管理;档案管理机构也多按照档案的收集整理、保护管理和提供服务利用的业务过程进行设置;人员分工和工作职能也多以传统纸质档案为基础进行划分;管理对象仍以纸质档案管理为主体,作为档案正本,以数字化扫描和原生电子文件生成的电子档案为副本进行管理。在当前及未来相当长的一段时间内,纸质档案和电子档案"双轨双套混合归档"的模式仍是高校档案管理工作的主流模式。单套制对档案管理模式提出了更高要求,基于双套制双轨制的管理体制无法适应其要求,阻碍了单套制单轨制的推进。

3.相关法规、规范不完善影响单轨制的实施

电子档案要实现单轨制运行、单套制管理,需要在电子文件产生的源头阶段赋予法定的保障。对高校而言,指导高校档案管理工作的《高等学校档案管理办法》自2008年颁布以来,至今尚未修订,未对高校电子档案实行单轨制管理提出明确的要求,《高等学校档案工作规范》2018年已经失效,新的工作规范尚未出台,高校开展电子档案单轨制工作难有直接依据和细化标准。

四、档案管理资源多元化对高校档案"双轨制"单轨化进程的影响

"双轨制"的产生是社会发展的必然产物,既是对传统的纸质档案或社

会记忆的一种重构和维系，也是对新兴的电子档案的一种折中的管理办法，是对历史负责的体现。"双轨制"的产生与长期存在是历史也是现实的要求，随着现代信息技术的产生、发展和成熟，高校档案部门需要寻找出一条符合时代要求和科技发展特征的电子档案管理之路。因为随着时代的发展，"双轨"不可能永远地平行下去，总有"并轨"的时候。而档案管理资源的多元化加快了"并轨"的进程，缩短了"双轨制"的持续时间。本研究通过分析对档案双轨制单轨化进程产生影响的内外部因子进行分析，探讨他们如何影响、作用档案双轨制的发展，以及在单轨制进程中的表现。

（一）外部影响因子

档案行业各种组织之间的行政关系是电子档案形成与成熟的主要外部影响因子。这里的档案行业各种组织可以分为四个层次的有机整体。一是领导层，即国家档案局、各省市县档案局，具有行政属性的各级各类档案局。这一层次主要负责法律法规、标准的制定、修改和完善；对全国档案事业实行统筹规划，组织协调，统一制度，监督和指导。二是执行层，即中央档案馆、各省市档案馆，企事业单位档案馆。主要职能是档案的接收、整理、保管和开发利用，接受档案局的领导与业务指导。三是保障层，即保障档案管理、档案信息化事业正常发展的相关部门，如各部门信息中心、安保部门等。四是利用层。即普通的利用者，用户。这四层中有关于管理的特有资源——权力与规则的明显的规定。其中包含了领导与指导关系、从属关系、相关关系和间接指导关系等。

这个四层结构中各个组织的功能不一，在本研究中，通过分析各组织功能，例如局馆职能、部门职能等，观察电子档案在各个职能中的变化，找出机构职能变化与电子档案管理发展间的关系。其核心关系如图1：

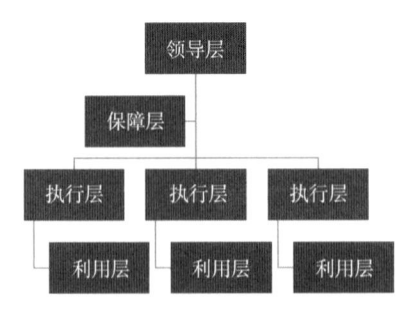

图 1 外部影响因子结构图

1.领导层

国家档案局的职能之一是对全国档案工作实行统筹规划、宏观管理。依据党和国家的政策、法规，拟定档案工作的方针、政策、法规和规章制度；组织、指导、检查、监督、协调中央、国家机关、军队、群众团体和省、自治区、直辖市的档案业务工作。这里的档案是一个大档案的概念，既包括了传统的纸质档案，也包括电子档案。2002年，《电子文件归档与管理规范》规定有价值的电子文件必须制成纸质文件或者缩微品，2003年，国家档案局6号令《电子公文归档管理暂行办法》发布，规定了电子文件归档的部门、要求、程序等。发布以来，国家档案局对电子文件、电子档案发展不断提出新要求，加强了对电子公文的归档管理，有效维护了电子公文的真实性、完整性、安全性和可识别性。2009年，《电子文件管理暂行办法》规定，电子文件应转换为纸质文件或缩微胶卷同时归档。国家档案局原局长毛福民、杨冬权在全国档案工作会以及相关会议上对档案信息化建设、电子文化归档提出新要求，国家档案局制定的全国档案事业"十一五"规划、"十二五"规划、"十三五"规划、"十四五"规划里对电子文件管理的要求均有详细表述（见表1）。2016年8月修订的《电子文件归档与电子档案管理规范》中取消了对档案双套制归档的要求。2018年10月发布的《机关档案管理规定》（第13号令）指出，满足该规定中保管与保护要求且不具有永久保存价值或其他重要价值的电子文件，以及无法转换为纸质文件或缩微胶片的电子文件可以仅以电子形式进行归档。2018年12月，《关于修改<电子公文归档管理暂行办法>的决定》，修改第七条规定"符合国家有关规定要求的电子公文可以仅以电子形式归档。2019年4月26日，国务院令第716号公布了《国务院关于在政务服务的若干规定》明确指出"除法律、行政法规另有规定外，电子文件不再以纸质形式归档和移交。符合档案管理要求的电子档案与纸质档案具有同等法律效力。

各个省市县档案局（馆）在国家档案局的领导和指导下，也相继制订了本行政区划内的档案信息化工作规划。领导层的有力推进促进了电子文件的发展，促进档案双轨制向单轨制转变。

表1　2006–2021年国家档案局对全国档案信息化建设及电子档案管理的要求

时间	文本	总体要求	影响
2006	全国"十一五"时期档案事业发展规划	加大管理力度，全面整合各类档案资源，促进档案信息资源总量增加，质量提高，结构优化；加强多形式多层次共享平台建设，推进服务机制创新，促进档案信息资源的公开、共享和再利用，全面提升档案信息资源开发利用水平和能力；加快优化档案信息资源开发利用工作的保障环境，建立长效发展机制。	电子文件归档、管理逐步规范，电子文件的接收机制和相关规章制度经过修订和完善逐步健全。
2011	全国"十二五"时期档案事业发展规划	加强以计算机网络设备和数据库为主要内容的档案信息化基础建设；根据电子文件管理和数字档案馆建设的功能要求，配备和开发档案数据库管理系统、电子文件归档管理系统、电子档案移交管理系统等；加快推进传统载体档案数字化、电子文件接收、重要数字信息采集等数字档案资源建设。	信息化建设初具规模。初步建成以局域网、政务网、因特网为平台，以档案信息管理系统为支撑，以档案目录中心、基础数据库、档案利用平台、档案网站信息发布为基础的档案信息化体系。
2016	全国"十三五"时期档案事业发展规划	加快推进信息技术与档案工作深度融合。采用大数据、智慧管理、智能楼宇管理等技术，提高档案馆业务信息化和档案信息资源深度开发与服务水平。制订相关标准和规范，明确各类办公系统、业务系统产生的电子文件归档范围和电子档案的构成要求；加强对业务系统电子文件归档管理，在有条件的部门开展电子档案单套制（即电子设备生成的档案仅以电子方式保存）、单轨制（即不再生成纸质档案）管理试点；探索电子档案与大数据行动的融合；研究制定重要网页资源的采集和社交媒体文件的归档管理办法；加强电子档案长期保存技术研究与应用。	加快档案管理信息化进程，电子档案单套制（即电子设备生成的档案仅以电子方式保存）、单轨制（即不再生成纸质档案）管理。
2021	全国"十四五"时期档案事业发展规划	重点推进电子档案、科研档案……数字档案馆（室）建设等标准供给。加快推进《电子档案单套制管理一般要求》等行业标准发布实施。加强《电子文件归档与电子档案管理规范》等标准的解读和宣传贯彻工作。大力推进党政机关电子文件单套制归档	切实推动来源可靠、程序规范、要素合规的电子文件以电子形式单套制归档。

2.执行层

执行层通过集中统一管理好党和国家的重要档案资料，保守党和国家机密，维护档案的完整，确保档案的安全。积极应对新技术、新业态、新模式发展对档案工作的要求和影响，创新档案管理理念和管理模式；探索档案区域协作发展模式，促进馆际合作。在领导层提出的信息化建设要求下开展电子档案归档工作，维护好电子档案的真实性、完整性、可用性、安全性。同时在利用层提出的要求下，选择合适的电子档案管理系统，建立档案信息数据库，最终开发出存储方便、检索迅速的档案信息数据库管理应用系统。只有这样，档案信息才能真正和网络接口，以实现更大范围内的档案信息资源的共享。

3.保障层

领导层和执行层为了使档案信息化建设工作顺利开展，需要相关部门提供一些保障措施。如信息中心的技术服务，安保部门的物理保障、信息安全保障等。通过建立档案数据安全管理制度，保障安全、高效、可信、可用；加强档案信息资源在公开共享等环节的安全评估与保护；加强对涉密信息系统、涉密计算机和涉密载体管理，强化涉密人员保密意识；建立健全人防、物防、技防"三位一体"的档案安全防范体系。制定数字档案馆应急处理预案，加强演练，提高应对突发事件的应急指挥和处置能力。

4.利用层

利用层的要求源于社会化环境，也与他们自身的教育背景、专业背景和从业背景息息相关。互联网+，大数据环境下，利用层也对新形势下档案信息的利用方式提出了新的要求：要面向网络，优化馆藏，建立数字档案馆，提供数字化查询服务等。这就要求档案馆或者执行层必须加强档案信息资源的建设，即馆藏电子化。一方面要调整档案馆的收藏方针，大量接收新型的电子档案。另一方面，对于库存的传统文本方式或模拟型档案文献进行必要的数字化处理，使之转换成可联机上网的数字信息。无论是接收新型的电子档案，还是将传统的文本信息进行数字化转换，如何组织这些数字化的档案信息，则是利用层对执行层提出的关键问题。

（二）内部影响因子

通过外部影响因素分析，可以把影响"双轨制"单轨化进程的因素归结到领导层、执行层、保障层和利用层四种关系中。对影响高校电子档案单轨制运行的内部影响因素进行定性分析，可以发现一般体现在以下几个方面，详情见表2。

表2：内部影响因子及其表现

影响因子	具体表现
人才培养	高校除要重视现有档案管理人员继续教育外，还应考虑增加电子信息管理、计算机等学科人才到档案馆。另一方面，档案管理人员要加强自我学习，增强创新意识，调整优化知识结构，加强与各业务部门的交流与协作。
经费保障	高校及上级行政机构进一步重视电子档案管理、重视档案信息化工作、数字档案馆室建设，财政经费支持力度增加，档案事业的财政投入增加。
宣传推广	充分运用新技术，创新理念、创新手段、利用档案报刊等媒体，特别是新兴媒体，有效传播优秀档案文化，扩大档案工作的社会影响力。增强全社会档案法治意识和法治宣传工作，推进电子档案单轨制管理工作。
技术支持	电子政务建设推进和实现了电子档案的形成、管理；档案信息化与互联网利用成为发展趋势；云计算、大数据和移动网络技术的发展，信息安全、隐私保护和数字记忆都得到了有效保障。
交流合作	通过与各国档案界同行的技术、业务交流和相互了解，参与国际标准化组织的工作，通过对国际标准的跟踪、评估和转化，提高了国内标准与国际标准一致性程度。

五、推进高校电子档案单轨制运行的对策

（一）领导层：制定或修订高校电子文件、电子档案管理办法

高校档案部门要紧跟国家、所在省市电子档案管理政策，从长远发展的角度和学校工作全局的高度确定电子档案管理的方向、目标和方针，跟上全国信息化进程。高校档案部门和各业务部门要对直接产生以及纸质档案数字化后的电子档案统筹规划，实施前端控制，这就要根据学校实际情况制定或修订电子文件、电子档案管理办法，在办法中明确详细的操作指南和技术要求，使形成的电子档案符合归档要求，从上而下的管理更科学、合理。

（二）执行层：促进馆际合作、校内逐步增加试点的数量和种类

高校档案馆室在单轨制管理进程中根据领导层的要求和部署，积极采用新技术、新方法，创新档案管理理念和管理模式，促进档案管理优化升

级,促进档案单轨制管理步调加快;可以探索档案区域协作发展模式,促进馆际合作;校内可以不断增加试点的宽度和广度,选择有代表性的行政部门、院系、教辅部门加入电子档案单轨制管理试点工作中,并不断拓宽试点的种类,如教学档案、外事档案、人事档案、会计档案、基建档案等,保证每个类别都能有成功的试点案例,对于业务关系紧密、工作量大、信息化设施完备的机构,积极开展宣传,促进单轨制运行,由点到面,从紧急到普遍,逐步推进全校范围的电子档案"单轨制"运行。如首都经济贸易大学档案馆现已从多方面增加试点,首先选择OA系统的公文实现了单轨制归档,后因工作需求,增加了合同文件单轨制归档,2022年实现了研究生论文的单轨制归档。目前仍在探索学生成绩单、学历学位材料的单轨制归档。计划在"十四五"末期实现更多电子文件的单轨制归档,首经贸档案馆的摸索代表了一部分高校执行层在电子档案单轨制管理过程中一直在探索,短期内,探索只有进行时,没有完成时。

(三)保障层:处理好电子文件管理系统数据库间的数据对接问题

因学校各个业务归口使用着不同的电子文件系统,如果能升级或者国家能研制并采用统一的电子文件管理系统,电子档案归档和管理就不存在版本不兼容、数据信息损失等问题,就能避免系统与系统、系统与文件之间数据不兼容的问题,然而研发并使用统一的电子文件管理系统,资金、技术和时间都是问题,不容易实现,且前期的各业务系统也已经投入了大量资金,不能肆意浪费。现阶段我们应处理好多个电子文件系统数据库间的数据对接问题,在各系统升级换代时能长远考虑,以格式化文件的形式统一封装电子文件的内容、背景和结构,保障不同数据库中同一份电子档案的真实性、完整性和一致性。

(四)利用层:倒逼电子档案管理转型升级,迎接新挑战

疫情防控期间,利用层的需求和疫情下传统纸质档案服务利用不能满足需求产生矛盾,倒逼档案远程服务被提上了日程,执行层不断探索、研究新技术,保障档案远程服务提质增效。同样,电子档案因缩短了档案从接收到提供利用的流程,实效性增强,利用率提高,提高了档案的价值,利用层可以向上反映诉求,让执行层根据他们提出的要求,选择合适的电子档案管理系统,与业务系统之间建立接口,实现电子档案单轨制管理。

（五）全流程：形成电子档案单轨制全流程管理的体系

单轨制运行模式下的高校电子档案在其整个生命周期一直以电子形式存在，包括电子档案产生阶段、归档阶段、保管与利用三个阶段（图1），从前端的业务系统产生电子文件到终端的电子档案的保管与利用，应形成一个完善的全流程管理的技术体系，每个流程都受上面分析的内部影响因子的影响，人才、经费、技术、宣传推广、交流等都是用以保障电子文件的真实、完整、可用和安全的重要因素。对于某些技术应用成本过高的问题，信息技术发展过程显示，基础设施的性能每隔18个月提高一倍，而价格下降一半，这为技术体系的建立提供了可能。

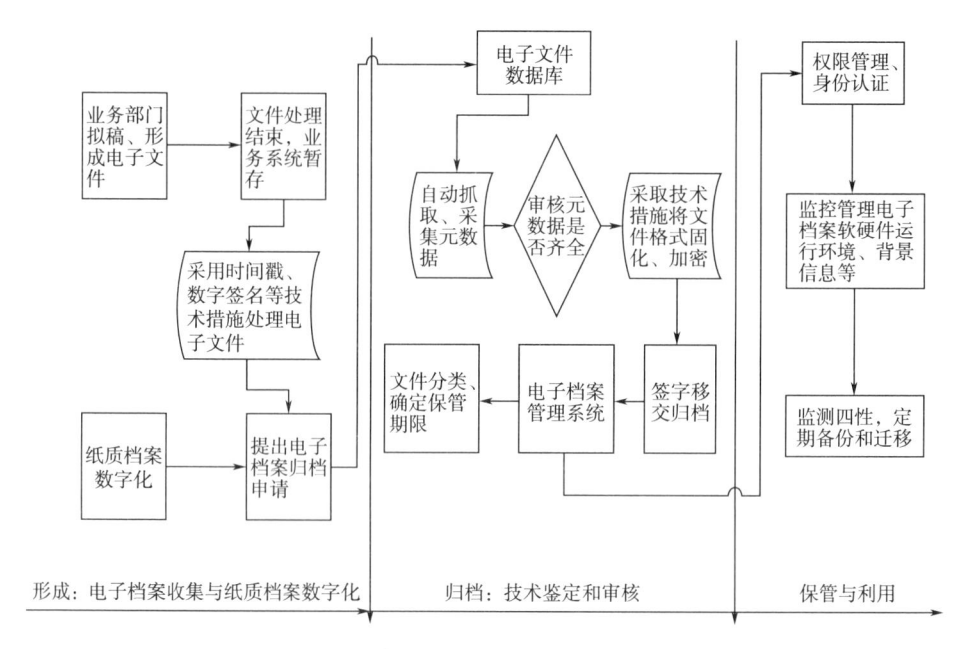

图1：电子档案全流程管理各阶段

在形成阶段，可对电子文件使用加密、数字签名、时间戳、电子印章、电子水印等技术确保其形成合法、来源可靠，未被非法修改，进入下一阶段真实性不会发生变化。

在归档阶段，档案部门接收到电子文件归档申请后，应确定电子档案归档范围、密集、归档数据交换标准、存储结构、交换方式、格式质量等，并再次与业务部门明确，指导业务部门归档。待归档电子文件进入电子文件数据库后通过技术措施实现自动抓取、手动输入或自动采集元数据，审核元数据是否齐全，将文件格式固化、加密、封装后归入电子档案管理系统，确保电子文件在归档过程中不被非法篡改，进入档案管理系统后能正常读取和使用。

电子档案在管理与利用过程中，要设置电子档案使用的权限，对用户进行身份认证，对电子档案及其元数据、软硬件环境和背景信息集成固化，建立关联。定期对电子档案进行检查、监测电子档案是否安全、可读、完整和有效，并对电子档案进行安全备份和迁移。

六、结语

大数据、大档案时代，档案管理资源呈现多元化特点，权力与规则作为一种特有的管理资源，对档案"双轨制"，档案"双轨制"单轨化具有双重影响：具有行政管理功能的领导层、掌握法律、国家安全、师资力量的保障层、拥有档案管理能力和信息技术、通信技术的执行层甚至有信息化利用需求的高素质的利用层等各个层面的影响因子从外部环境解释了我国电子档案管理的发展方向，而档案数字化信息化等领域的人才培养、经费保障、宣传推广、技术支持、交流合作加速了档案"双轨制"单轨化进程。电子档案单轨制管理已成趋势，高校档案管理者、工作者应辩证认识和深刻把握高校档案事业的发展形势，打破传统观念的禁锢，用发展的眼光、创新的思维、开放的心态迎接新管理方式的挑战。顺应信息技术发展的趋势，抢抓机遇、与时俱进、迎难而上，继续探索适合自身的电子档案单轨制管理办法，稳步推进单轨制模式下高校电子文件归档和电子档案管理工作，提升工作效率，实现高校档案管理更高水平的发展。

参考文献

［1］胡鸿杰，《维度与境界——管理随想录》［M］沈阳：辽宁出版社，2015.

［2］张大伟."无纸办公"还需慎行——兼论"双轨制"运行管理模式［J］.上海档案.2002（5）：27-30.

［3］张大伟.关于档案"双轨制"管理的探索［J］.上海档案.2003（11）：32-34.

[4] 刘宏伟."双套制"与"双轨制"对电子文件管理的影响[J]. 档案管理. 2011（09）：20-22.

[5] 杨茜茜. 我国文件档案"双轨制"管理模式转型——澳大利亚政府数字转型政策的启示[J]. 档案学研究. 2014（06）：9-13.

[6] 刘智勇. 对我国现行档案行政管理体制的反思与完善[J]. 档案学通讯.2008（3）：15-18.

[7] 国家档案局第6号令《电子公文归档管理暂行办法》[EB/OL]——http：//wenku.baidu.com/view/3322f76825c52cc58bd6be64.html，2011-01-04.

[8] 国家档案局.《全国"十一五"时期档案事业发展规划》[EB/OL]——http：//blog.sina.com.cn/s/blog_675c7f1f0100j94o.html，2010-04-27.

[9] 国家档案局.《全国档案事业发展"十二五"规划》[EB/OL]——http：//wenku.baidu.com/view/c71e187602768e9951e7381d.html，2012-02-12.

[10] 国家档案局.《全国档案事业发展"十三五"规划纲要》[EB/OL]——http：//www.360doc.com/content/16/0413/19/8102575_550353081.html，2016-04-13.

[11] 国家档案局.《全国档案事业发展"十四五"规划纲要》[EB/OL]——https：//www.saac.gov.cn/daj/toutiao/202106/ecca2de5bce44a0eb55c890762868683.shtml，html，2021-06-09.

[12] 丁德胜，宁鹏飞.《电子档案单套管理一般要求》解读[J]. 中国档案，2023（2）：2.

[13] 赵健. 辽宁省档案馆电子文件单套制归档与电子档案单套制管理技术创新与策略研究[J]. 兰台世界，2022（12）：3.

[14] 赵跃，陈香，陈水湖. 面向单轨制的档案人员电子文件管理专业能力研究[J]. 档案与建设，2022（11）：26-31.

[15] 孙立业，杨雯，张北建. 电子档案"四性"在《中华人民共和国档案法》修订版中的体现及实现途径[J]. 机电兵船档案，2021（5）：3.

[16] 杜娟. 基于SWOT分析法的高校电子档案"单套制"归档研究

［J］．医学教育管理，2021，7（S01）：4.

［17］薛四新．电子档案单轨制管理的关键问题研究［J］．浙江档案，2020（7）：4.

［18］冯惠玲．走向单轨制电子文件管理［J］．档案学研究，2019，166（01）：90-96.

数字人文背景下高校红色档案资源建设的思考

曹亚红　范泽龙

摘　要：在数字人文背景下对作为中华优秀传统文化中红色文化重要载体的高校红色档案资源建设进行探索性研究，对红色档案的概念进行了溯源和论述，针对高校红色档案资源建设中面临的问题提出了加强对高校红色档案资源重要意义的认识，拓展高校红色档案资源收集的深度和广度，运用数字人文技术建立高校红色档案资源领域本体数据关联，运用红色档案资源发挥榜样示范和思政育人作用等举措。

关键词：数字人文；高校红色档案；档案资源建设

红色档案作为中华优秀传统文化中红色文化的重要载体，是百余年光辉党史的原始记录，蕴藏着我们党"从哪里来"的精神密码，绘制出我们党"走向何方"的精神路标。[1]2021年7月6日，习近平总书记对档案工作作出重要批示"要把蕴含党的初心使命的红色档案保管好、利用好，把新时代党领导人民推进实现中华民族伟大复兴的奋斗历史记录好、留存好，更好地服务党和国家工作大局、服务人民群众"。习近平总书记在二十大报告中指出"弘扬以伟大建党精神为源头的中国共产党人精神谱系，用好红色资源，深入开展社会主义核心价值观宣传教育，深化爱国主义、集体主义、社会主义教育，着力培养担当民族复兴大任的时代新人。"习近平总书记对红色档案资源的重要批示和指示，凸显了红色档案资源的重要地位，高校要充分运用数字人文技术，加强红色档案资源建设，让红色档案"活起来""动起来""火起来"。

当前学界对红色档案开展了系列研究，并运用数字人文技术对红色档案资源开展了探索性研究，但是并未运用数字人文技术对高校红色档案资源建设开展相关研究。笔者通过在中国知网中输入关键词对"红色档案"

进行主题检索，共检索到834篇，主要集中在红色档案内涵、价值、保护、开发利用等方面。在中国知网中输入关键词"数字人文+红色档案"进行主题检索，共检索到11篇，经过数据清洗和筛选后相关的文章共有10篇，集中在档案资源组织、档案资源建设、档案资源开发等方面，输入关键词"数字人文+高校红色档案"进行主题检索则未检索到相关文章。本研究对数字人文背景下高校红色档案资源建设面临的问题提出相关举措，以期能更好地促进高校红色档案资源建设的开展。

一、数字人文与红色档案的内涵及关系

"数字人文"一词来源于20世纪的人文计算，并且伴随着计算机和网络技术的发展而愈加成熟。"数字人文"的出现，解决了人文研究领域面临的问题，成为近年来的研究热点。"数字人文"是指围绕人文社会科学领域特定研究对象知识本体的数字化保存和应用所进行的相关信息资源采集、加工、组织、服务、研究、教育等活动总称。"数字人文"将"数字"与"人文"二者相结合，"数字"代表着计算、技术、建模、工具，"人文"代表着人类文化中的先进部分和核心部分，即先进的价值观及其规范，包含中华优秀传统文化中的红色文化。

"红色"原意为一种颜色，从符号学角度而言，"红色"具有强烈的政治意指作用，是革命的象征符号。[2]无论是马克思主义指导下的工人运动、民族独立与解放运动，还是无产阶级政党领导革命建立社会主义现代化国家的具体实践，都运用了大量以红色为主要标识的符号，比如无产阶级政党创立的苏维埃政权被称为红色政权、所创建的武装力量被称为红军、所举起的旗帜被称为红旗，所建立的根据地被称为红区，所创办的各种报刊被命名为《红旗》《红星报》《红色战线》等。[3]红色作为中国共产党的标志，是同一切反对派相对的，从狭义上是指1949年前与白色恐怖下相对的红色革命，代表着中国共产党人在白色恐怖之下不怕牺牲的精神，这与伟大的建党精神是一致的，主要体现在李大钊、毛泽东等共产党人的身上。新中国成立后，红色代表着中国共产党带领全国各族人民为了实现中华民族复兴大业而不懈奋斗的精神，体现在建国大业、改革开放、新时代的不忘初心、牢记使命等方面。

将红色与文化结合而形成的"红色文化"概念也是基于红色所指称的

象征符号内涵。红色文化是中华优秀传统文化注入马克思主义后发生的完美蝶变，它以中华优秀传统文化为"体"，以马克思主义为"魂"，开放包容对待外来文化，是中国特色社会主义现代化建设的精神动力。[4]红色档案作为呈现中华优秀传统文化中红色文化的重要载体，从狭义地说，指在新民主主义革命时期形成的红色档案。广义地说，也包括社会主义革命、社会主义建设和改革开放时期所形成的新中国红色档案。[5]高校红色档案是指高校及师生在新民主主义时期、社会主义革命、社会主义建设、改革开放、中国特色社会主义新时代所形成的具有保存价值的文字、图表、音像等各种方式和载体的历史记录，包括落实党和国家的重要决策部署、重要活动，以及模范人物和先进典型事迹等的记录，它们既是共产党人早期参加革命的纪录，也是中国共产党创办新型高等教育奋斗历程的见证，是高校育人的重要的、宝贵的红色资源和精神财富。

数字人文是一种技术手段，高校红色档案则是主要内容。充分运用智能手机、电脑等载体，将通过数字人文技术加工后的红色档案以不同形式、不同方面呈现并传播其内容，可以让广大青年学生更容易理解红色档案的内涵，更适合当代年轻人的年龄结构特点。

二、数字人文背景下高校红色档案资源建设面临的问题

（一）高校对红色档案资源建设重视不够

笔者通过对一些高校的档案馆、校史馆、博物馆等进行调研，发现多数高校只是停留在通过学校网站简单介绍典型红色人物的先进事迹，未对学校的红色档案资源进行系统挖掘整理，对红色档案没有科学界定和统一标准，对相关主题的口述校史采访也缺乏顶层设计，成果呈碎片化，同时造成被采访者被非专业化的采访困扰，引发反感。各种成果未经考证和专业编审，简单通过微信、微博、抖音、头条等新媒体传播方式进行宣传，效果大打折扣。

（二）高校红色档案资源收集的深度和广度不够

有些高校只是对红色档案资源涉及的人物基本信息进行了采集，并未对其人物关系（工作、师承、亲属）、奖励（名称、时间、地点、级别）等进行全面系统的收集。只是对在学校历史发展过程中做出重要贡献的领导和校友进行收集，并未对在早期革命、新中国建设过程中在隐蔽战线做出

重要贡献的师生等人物资料进行收集。没有系统、完整的收集红色档案资源，造成红色档案资源收集的深度和广度不够。

（三）高校对红色档案资源内在关联分析技术运用不充分

近年来，高校积极利用数字技术加强红色资源的保护和开发。通过收集、挖掘、整合红色文物、图片、声像等资源，利用大数据、3D影像等技术，将其转化为便于储存和展示的数字资源，进而建立红色资源的基础数据库。[6]但是有些高校未充分运用数字人文技术建立高校红色档案资源领域本体，运用数据关联技术构建人物、时间、地点、事件等类别之间的关联，将其发布成关联数据，并对其中的内在关联进行分析。

（四）高校红色档案资源的榜样示范和思政育人作用不明显

红色档案中记录着英雄人物在革命工作中的光辉历程和先进事迹，有的英雄人物为革命事业献出了自己的生命，有的则在斗争中幸存下来，他们都是值得大学生们学习的榜样。有些高校通过举办专题展览、珍贵档案解读等方式运用去世的红色英雄人物的先进事迹和资料对广大师生开展教育，但是却没有开发和利用身边近些年获得优秀共产党员、先进工作者、劳模等称号的优秀教师群体，没有发挥好这些直接的、鲜活的红色人物的榜样作用，更好地进行思政育人。

三、数字人文背景下高校红色资源建设的举措

（一）要加强对高校红色档案重要意义的认识

红色档案作为红色文化的重要载体，是党光辉历程的原始记录，它关乎中国共产党培养什么样的人才、往什么方向去，这就需要全国高校加强对红色档案资源建设重要性的认识。高校档案馆要加强对红色档案资源的收集、整理和挖掘，并对红色的概念进行深入的研究和探讨。高校档案馆还要邀请领导、专家、校友等对红色档案资源的口述访谈进行顶层设计，由具有专业背景和丰富经验的老校友、骨干教师、学生组成采访团队对被采访者进行访谈，将访谈成果在考证后进行系统的整理和编辑，通过"互联网＋红色档案"的方式，运用新媒体将高校关于红色档案资源的视频、推文进行高效、便捷的宣传，讲好红色档案故事，让广大教师和学生认识到自己的责任和使命。

（二）拓展高校红色档案资源收集的深度和广度

高校要加强对红色档案资源的收集，除了采集高校红色人物的姓名（现用名、曾用名、别名、笔名等）、基本情况（性别、民族、职业、职称、职务、政治面貌、学历、籍贯）等基本信息外，还要重点采集和整理红色人物的人物关系（工作关系、师承关系、亲属关系）、机构（主要任职、工作经历）、事迹（时间、地点、人物、机构、成果）、奖励（名称、时间、地点、级别）等信息，并将其纳入到学校档案馆的收集和管理中。

高校红色档案资源建设既要注重以人物为主，也要注重重要的事件，如在各个时期对贯彻党的政策方针做出的比较重要的事情。高校档案馆不仅要对在学校发展历程中作出重要贡献的人物资料进行收集，更要对在早期革命和新中国建设过程中作出贡献中的人物资料进行收集，这些作出贡献的教师、校友往往不易被关注、资料也不便于获取，其中包括在隐蔽战线上工作的人物和事迹。如对外经济贸易大学档案馆通过接收去世五年以上的干部人事档案资料，发掘其中的红色人物和事迹，还通过口述史访谈的方式采访老校领导、校友来收集学校在隐蔽战线上工作的人物和事迹资料。

（三）运用数字人文技术建立高校红色档案资源领域本体数据关联

高校档案馆可以在收集和整理高校红色档案资源的基础上，运用数字人文技术建立高校红色档案资源领域本体，将高校红色档案资源的人物、事迹、时间、地点、机构等进行关联，并以其为线索进行架构。

构建的高校红色档案领域本体，采用RDF资源描述框架，即"定义域—属性—值域"的三元组方式，构建人物与人物、机构、时间、地点、事件、奖励等之间的关联。同时也可以构建各个类别之间的关联，如事件与奖励之间的联系，采用RDFS语言可以用规范的元素来描述高校红色档案领域本体中的类和属性。采用RDF资源框架协议和RDFS语言可以运用Google开发的OpenRefine开源工具编辑好的Excel词表资源转换成RDF格式，可以将高校红色档案词表资源发布成为关联数据。

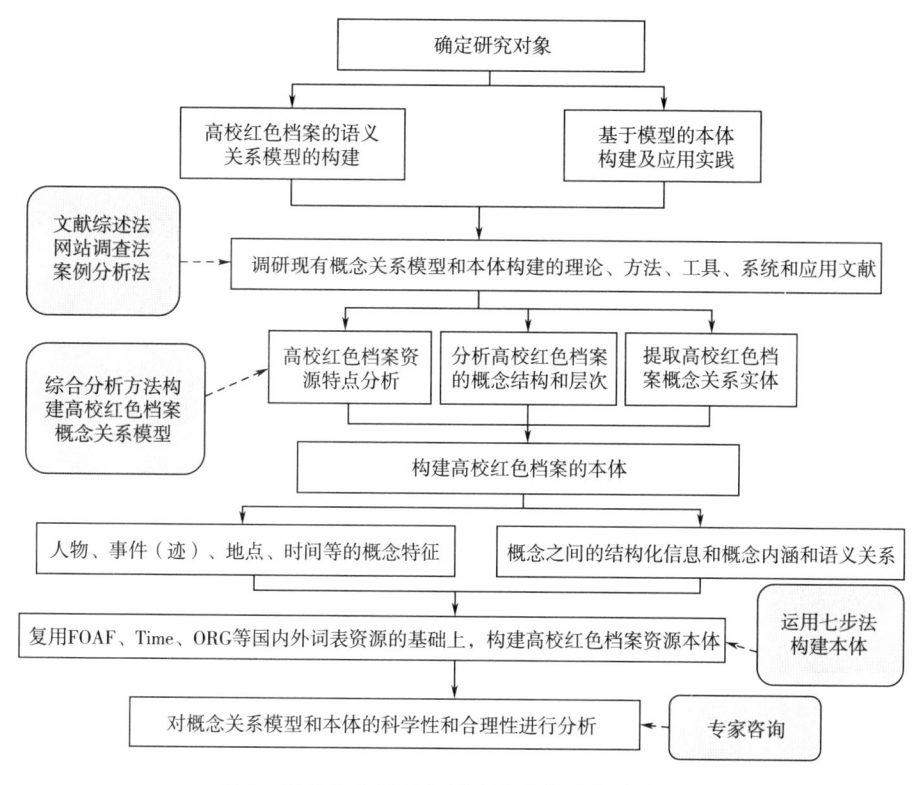

图 1　高校红色档案领域本体的构建技术路线图

（四）充分发挥高校红色档案资源榜样示范和思政育人作用

高校在建立红色档案领域本体的基础上搭建平台，并开发和利用身边的优秀教师群体，包括获得优秀共产党员、先进工作者、劳模称号的高校教师，这些直接、鲜活的红色人物的是广大师生学习的榜样。高校将党史和校史教育相结合，利用这些真实可靠的高校红色人物档案及相关资料，制成短视频，在平台发布，开展宣传教育。高校档案馆还可以让这些优秀教师以"现身说法"在课堂讲述的方式，运用红色档案资料跟学生分享自己的先进事迹，让"身边人的先进事迹影响身边人"，发挥好榜样示范和思政育人作用。

参考文献

[1] 中国人民大学档案事业发展研究中心.《中国档案事业发展报告（2022）》[M].北京：中国人民大学出版社，2022：1-3.

[2]魏本权.从革命文化到红色文化:一项概念史的研究与分析[J].井冈山大学学报(社会科学版),2012(01):16-21+31.

[3]薛焱.红色文化概念新探[J].红色文化学刊,2019(03):87-93+112.

[4]胡守勇.红色文化:概念、特征与新时代价值[J].攀枝花学院学报,2018(04):16-21.

[5]黎乃宁."红色档案"主题研究现状与趋势探究——基于CNKI的文献计量及可视化分析[J].兰台内外,2021(23):41-44.

[6]张冬冬."互联网+"背景下的高校红色档案资源建设[J].档案与建设,2022(07):58-61.

新形势下高校档案工作人才培养与队伍建设探究*

安贺意　邓丽娜　修孟茜　申　莉

摘　要：信息技术的快速发展，给档案的全生命周期工作带来了快捷和方便的同时，也增加了大量的电子档案，这对于档案信息资源的开发和利用工作发生了很大的变化，对档案工作人员提出了更高的要求，不仅要提升信息服务应用和数据挖掘开发编研的能力，还要根据不同的档案利用者提供多层次个性化的档案信息服务。经过开展北京高校调研数据分析得知，档案学和计算机专业的工作人员占比很小，不能满足档案事业发展的需要，那么在档案信息服务全过程中，人才培养迫在眉睫，档案工作队伍建设尤为重要。

关键词：高校档案工作；档案人才培养；档案队伍建设

新修订的《中华人民共和国档案法》（以下简称新《档案法》）于2021年1月1日正式实施，新《档案法》新增设立了"档案信息化建设"和"监督检查"两个专章，并增加了人才培养和队伍建设内容，新《档案法》既是档案事业顺利发展的法制保障，也是新时代档案事业发展的需要。随着计算机和互联网为核心的信息技术的发展，把档案工作带入了数字时代，人工智能、区块链、云计算、大数据等先进技术的应用，使得高档案管理工作的生命周期不再局限于档案的静态管理，而是随着信息技术的不断地

---

* 本文系北京市高等教育学会档案研究分会2020-2021年度档案研究课题项目"北京高校档案管理人员发展现状与职业发展设计研究（2020DAKTY03）"研究成果。

安贺意（1973—　），女，北京人，北京化工大学助理研究员，硕士，研究方向为人力资源管理、项目管理；邓丽娜（1979—　），女，吉林松原人，北京化工大学助理研究员，博士，研究方向为马克思主义基本原理；修孟茜（1992—　），女，河北人，硕士，研究方向为档案管理；申莉（1979—　），女，河南人，馆员，本科，研究方向为信息管理。

发展，档案的生命周期处于动态过程，不断发生变化；档案工作人员同时还要满足档案利用者提出的多样的多层次的利用需求，提供个性化服务，这些原因直接导致档案管理工作功能也必须进行重新定位和创新工作，对档案服务工作提出了更高的要求。

一、北京高校档案工作人才培养和队伍建设中存在的问题

笔者通过与专家访谈以及查阅相关文献相结合的形式，设计了包含有高校档案馆的性质、规模、档案工作人员的学历以及专业、工作人员数量、职业认同满意度等因素的严谨调研问卷，通过对回收有效问卷进行数据分析。为了更加全面更加准确地反映出北京高校档案工作人员情况，笔者还对某高校的兼职档案员的现状也进行了调研工作，虽然他们参与的是部分档案工作环节，但是高校的兼职档案员也是高校档案管理工作的参与人员，也是档案队伍建设的一部分。

（一）高校档案馆专职档案工作人员配备严重不足

新《档案法》中虽然没有规定配备工作人员数量，但是规定了"档案馆应当配备研究人员，加强对档案的研究整理，有计划地组织编辑出版档案材料，在不同范围内发行。"[1]。《高等学校档案管理办法》教育部令27号中明确规定了编制人数由学校根据档案机构的档案数量和工作任务确定。法律法规以及规范性文件对档案专职人员配备进行了规定，如《劳动人事部、国家档案局关于颁布<地方各级档案馆人员编制标准>（试行）的通知》（国档联发〔1985〕2号）文件中规定"以馆藏档案一万卷（册）确定编制基数；馆藏超过一万卷不足三十万卷的，其超过部分每五千卷增配一人；超过三十万卷的，其超过部分每七千卷增配一人。《人事档案工作条例》中也规定了"每管理1000卷档案一般应配备1名专职工作人员"。那么实际工作中，高校档案馆工作人员的配备情况如何，笔者就相关问题进行了调研，共计有19所北京高校填写了调研问卷（回收有效问卷18份），经过对有效问卷的数据进行分析得知高校档案馆在人员配备上远远少于法律法规以及规范中规定的配备人员。数据分析如表1所示。

表1 北京高校档案馆工作人员配备的数据分析

普通高校	高校数量	总人数	档案学专业人数	计算机相关专业人数	档案学、计算机相关专业人数/总人数（%）
A	3	36	8	4	30%
B	11	101	11	16	26.7%
C	4	13	3	0	23%
合计	18	150	22	20	28%

（二）高校档案专职工作人员专业性不强

高等学校的档案是人类社会档案的重要组成部分，是高等学校从事教学、科研、党政管理及其他各项活动直接形成的对学校和社会有保存价值的各种文字、图表、声像等不同形式的历史记录。高校馆藏的档案在服务学校发展的各项事业中，都发挥了无可替代的凭证和参考作用。随着计算机技术的不断发展，档案工作人员参与档案的生命周期全过程，以实现档案资源的增值和信息共享。档案馆是学校基础服务部门，档案学专业的工作人员比例非常小，相当一部分工作人员是通过转岗从事档案管理工作，所学的专业可以说是五花八门，因此工作人员组成的复杂性和专业理论知识不足。经过调研可知，18所北京高校档案馆中，档案学专业和计算机专业的工作人员占全体工作人员的28%，也就是新形势下，一方面，专职档案工作人员的专业性不强，另一方面，兼职档案工作人员的档案意识及档案管理能力主要从培训中获得。

（三）高校档案工作者职业认同满意度低

国外档案管理工作开展比我们要早很多，他们在对档案工作的认识非常全面，非常重视档案工作。英国档案学家詹金逊在其所著的《档案管理手册》中专门有一章是档案管理工作者职业素养的研究，提出要促进档案工作者的职业化。档案工作人员的职业认同低，事业潜能得不到很好的激发，那么职业倦怠的问题将得不到很好的解决。通过调研数据分析，19所北京高校中，与工作期望相符合的高校7所，占比36.84%。如果可以重新选择工作岗位，继续选择档案馆工作的高校有12所，占比58.33%，这两组数据充分说明档案工作认同满意度低，档案工作队伍极其不稳定，档案工作人员的流动性较大。具体数据分析见表2。

表2 档案工作人员职业认同度调研数据分析

高校	与期望值相符度（满意）	与期望值相符度（不满意）	满意度占比	会继续选择档案工作	不会继续选择档案工作	继续选择占比
19	7	12	36.84	12	7	58.33

二、新形势下档案工作复合型人才具备的条件

国家档案局原局长、中央档案馆原馆长杨冬权在《从"选时代"到"全时代"-智慧社会档案工作的历史性转折》一文中提到，在新技术背景下，电子档案管理和档案工作将由"选择性管理"时代，快速发展"全部性管理"时代，要做到"五个全"（包括立档单位全建档、形成档案全归档、归档档案全留存、留档档案全备份、所有档案全开发）[3]。大量的电子档案的增加对于高校档案工作队伍发起了挑战，为更好地实现档案信息服务的开发和服务目的，打造一支专业性强、综合素质高的队伍，档案工作人员必须具备以下信息素养，才能适应新时代档案事业发展的要求。

（一）丰富的信息知识储备

通过信息技术在工作各点链条间实现整体协作，使得档案信息更加系统，档案信息价值得到更加深化体现；尤其是新形势下面对档案存储格式类型多达200多种而带来的管理风险，要具有合理的知识结构，制定技术上的优化存储方案；通过采取实时监测、实时报警以及实施修复等有效的技术手段来确保电子档案的真实性、完整性、可用性以及安全性。

（二）信息道德的辨析能力

信息道德是信息素养的精神核心和行为准则。新《档案法》规定利用档案涉及知识产权、个人信息的，应当遵守有关法律、行政法规的规定[4]。档案工作人员所从事的信息应用和开发服务必须在法律框架和道德准则的要求下实施，不侵犯个人隐私保护知识产权。

（三）档案信息资源的开发与利用意识

档案工作人员应该加强对档案信息资源的开发与利用意识，加强对档案信息资源的整序、重组、转化，挖掘知识的关联性，深度挖掘信息的价值，根据档案利用者的需求进行个性化的编研和开发服务等等意识，才能拓宽信息资源的服务范围，深化档案的职能，利用网络信息平台对信息资源进行推送，实现信息资源共享。

三、加强档案工作人才培养与队伍建设的对策

（一）学校对档案机构增加关注度和支持力度

中华人民共和国教育部27号令中规定，高校档案工作是高等学校重要的基础性工作，学校应当加强管理，将之纳入学校整体发展规划。事实上，档案管理工作已经纳入了学校整体发展规划，但仍然存在着人员编制紧张、没有独立建制、学校在经费、基础设施以及设施设备等方面的支持力度低的现状。档案馆为了摆脱困境，减轻工作负担，一般采取立卷单位至少配备1名兼职档案员、招聘返聘和外包人员以及学生志愿者等措施来弥补档案馆专职档案工作人员的不足，完成档案管理工作。在保证档案收集、鉴定工作质量外，档案馆还可以变被动服务为主动服务，积极为学校的重大决策提供档案支撑和参考凭证作用，进而得到学校的重视，加大在人力物力财力的支持力度，解决档案工作人员的后顾之忧，助力于档案工作人员的职业发展。

（二）加大档案工作人员的专业培训力度

充足的、高质量的档案人才是档案事业发展的关键，因此，国际档案界对档案教育与培训问题也予以特别关注。国际档案理事会自20世纪50年代起便将这种关注付诸实践，并于1979年正式成立了"专业培训与教育委员会"。中国政府从20世纪80年代初开始加大了对档案教育与培训的重视与投入。《"十四五"全国档案事业发展规划》中提出要构建健全的人才培养激励和教育培训机制，科学的人才评价体系，合理的队伍结构，提升档案工作人员的职业认同感、自豪感，档案队伍建设取得新进展的发展目标[5]。

通过调研数据显示，新形势下高校档案馆的工作人员的信息素养的提高主要依靠在职培训进行。档案部门领导应该包容历史原因造成的档案管理问题，要有的放矢，履行档案赋予的历史责任，带领工作人员开展档案服务工作，及时把个人的职业规划与档案馆的管理工作协调一致；档案工作人员能够正确审视自己，准确找到自身的不足，有针对性地参加专业培训、讲座以及业务交流活动，在短时间内提升专业素养和职业行为能力。

（三）提升档案工作人员的职业认同感

具有高素质的工作人员需要在和谐的"土壤"中才能生根发芽开花结果，换句话说只有实施人本管理，构建和谐的工作氛围，才能使工作人员的满足感得到提升。实施人本管理主要指的是采取建立科学的职称制度的

评价标准、业绩评价体系，合理的激励机制和监督体制以及各种体现领导人本关怀的人本措施，来提升工作人员的满足感，以外力促活力，激发工作人员的工作潜能，领导对工作人员的工作给予肯定（职业规划满意度测评时表现出来得到领导在工作表现的认可是职业认同满意度满意的因素），以增加职业认同感，打造一支团结奋进、业务精湛、信息素养高的队伍，从而使得个人职业规划目标与档案事业发展同向快速发展，档案事业朝着健康、可持续发展的方向前进。

参考文献

[1]中华人民共和国档案法［J］.中华人民共和国全国人民代表大会常务委员会公报，2020（03）：535-540.

[2]中办国办印发《"十四五"全国档案事业发展规划》［J］.中国档案，2021（06）：18-23.

[3]杨冬权.从"选时代"到"全时代"－智慧社会档案工作的历史性转折［J］.中国档案，2021（1）：76-80

档案服务隐形化之初探

——以北京理工大学自助打印办理业务为例*

岳鹏

摘　要：高校成绩单业务多由档案部门负责。传统的高校成绩单业务办理时，以电子成绩数据生产年份为界进行划分。没有电子成绩数据的采用人工线下方式办理；有电子成绩数据的采用系统报表方式，立等可取。北京理工大学档案馆设计一种基于校园网打印池的自助打印服务系统，这种集合两种两个办理方式的新模式。北京理工大学档案馆对于一些"只能手工办理"的档案证明，也通过人工的方式先形成版式文件，再通过"版式文件推送"系统，推送到自助打印机从而实现利用现有成绩单自助打印系统自助打印，进而实现档案证明的"全线上"办理。自助打印系统彻底将需求者和档案管理隔离，实现了档案服务"隐形化"。

关键词：高校档案服务；档案证明；自助打印

传统的高校成绩单业务办理时，以电子成绩数据生产年份为界进行划分。以北京理工大学为例，北京理工大学档案馆从2003年开始承接了出国成绩单业务。目前以成绩单自助打印业务实现方式有两种。一是2005年（含2005年）之前（毕业的全日制本科生和2007年（含2007年）之前毕业的全日制研究生，通过电子版式文件推送方式实现自助打印，需要三个工作日；二是2005年（含2005年）之后毕业的全日制本科生和2007年（含2007年）之后毕业的全日制研究生，通过学校共享数据及报表功能的方式实现自助打印，立等可取。在实际具体办理过程中，申请者需要分清自身的情况分别进行申请。对于同时办理本硕科成绩单的申请者，可能需要按照两个方式进行申请。对于非全日制本硕生、专科生、成人教育和继续教育学

---

* 本文系北京市高等教育学会档案研究分会 2020-2021 年度档案研究课题项目"基于版式文件推送的档案证明自助打印系统应用研究（2020DAKTY04）"研究成果。

生等，还需特殊说明。这种办理方式，对于需求者来说，存在一定判别困难，甚至会产生一定混淆。基于上述情况，北京理工大学档案馆设计了一种基于校园网打印池的自助打印服务系统，将所有情况判断统一到系统后台来解决。对于需求者，只需提出需求，无需分辨自身情况，就可以按照系统回复信息，到统一的自助打印机上打印，从而实现自助取件。

一、基于校园网打印池的版式文件推送自助打印系统的实现

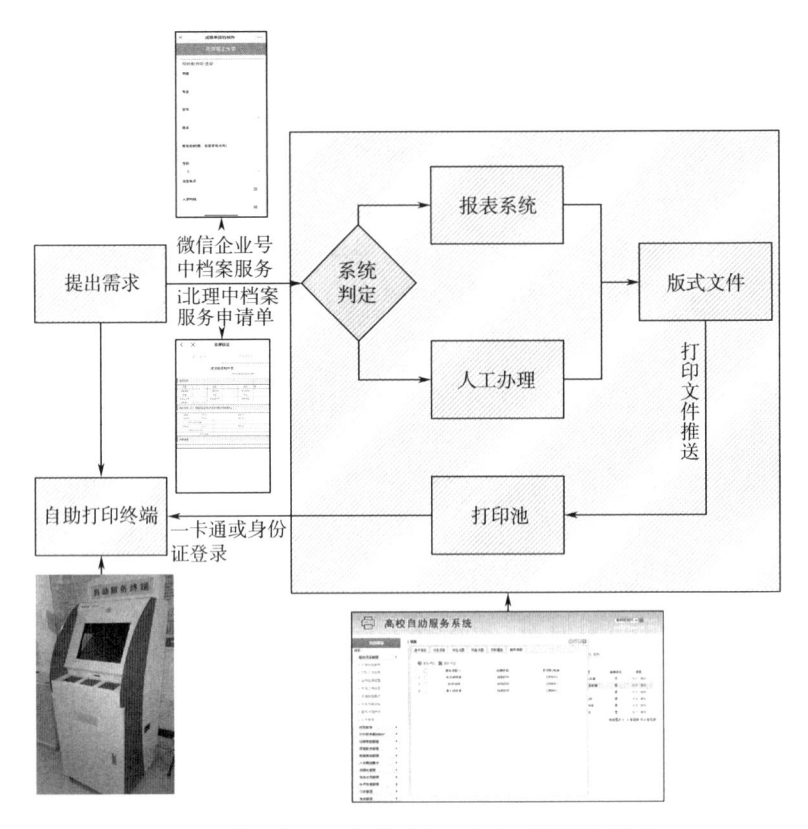

图1 基于版式文件推送自助打印系统的流程图

（一）服务平台

自助打印系统是基于校园网环境下开发的，利用学校的打印池。考虑到日后软硬件平台升级和更替，该系统首先构建了服务平台。该平台支持TCP/IP网络协议、支持标准的软硬件接口，允许各类服务注册，可以方便地扩展应用服务，并支持调用其他中间业务平台。服务平台主要功能是在

校园网下完成数据交换和向打印池的推送。

（二）服务终端

服务终端主要功能是在解析打印池文件。本文中自助打印终端由江苏金智公司提供。需要指出的是，虽然是自助打印终端商业产品，但自助打印系统设计了通过标准设备接口同主控制器进行联系通讯，从而实现系统外置设备无关性，现有的外置设备与本自助打印系统即联即通。同时，通过设置标准的应用控制接口，有利于应用的添加和删除，可以在不影响本系统所有功能的前提下，实现系统服务的扩展和升级。

图2 基于版式文件推送自助打印系统终端设备

（三）系统开发

本系统接口均是依照开放规范开发，使得江苏金智公司能够调用现有设备能力，如打印、第三方认证等能力，同时其他公司的应用服务程序也可以接入本系统。

（四）智能管理

本系统实现了用户的统一授权，可以提供报表及监控功能，时时监控软硬件的状态。实现操作权限多级管理，便于管理及责任区分。

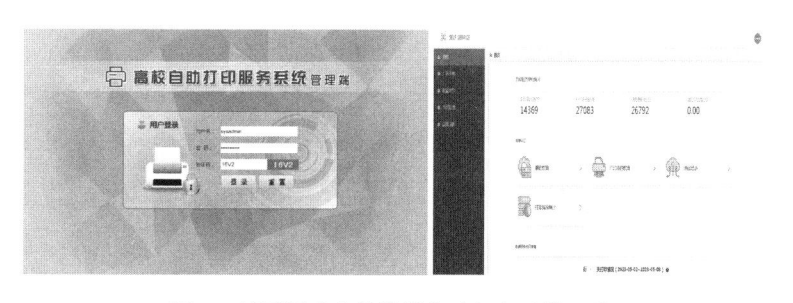

图3 基于版式文件推送自助打印系管理端

（五）反馈功能

自助打印系统设计了反馈的功能，自动记录各设备终端的数据，包括用户登录、操作及打印数量的情况。自助打印系统还可以随时查看各设备终端状态，当出现卡纸、缺纸、缺墨等情况时，自动通知管理人员。同时管理人员可以通过本系统的后台"管理端"对设备终端进行远程操作和设置。打印文件的查看和修改，避免打印方式一旦提交打印就无法修改的问题，为用户提供多次修改打印文档的机会，降低误打的概率。

图4 基于版式文件推送自助打印系统反馈功能

（六）安全功能

自助打印系统进行了比较完善的安全设计，强制用户进行身份认证。通过与学校官方的身份认证系统对接，再通过一卡通或身份证在终端设备上的读卡登录，来锁定使用者的用户信息，而后再推动自助打印流程。对于管理员，则通过账户和密码的形式确定权限和授权等管理功能。同时，本自助打印系统是基于校园内网开展服务的，也可以有效规避外部攻击和信息泄露。

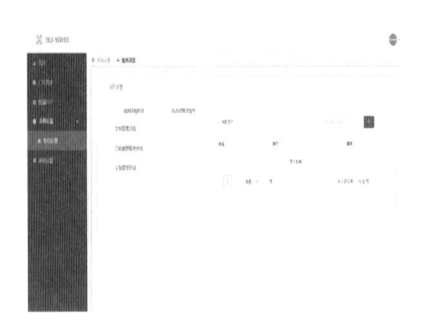

图5 基于版式文件推送自助打印系统安全功能

二、基于校园网打印池的版式文件推送自助打印系统的特点

（一）便捷性

本自助打印系统的"线上微信审批+线下自助打印"模式解决了传统服务的面对面的问题，师生只需要登录档案微信服务端，就可以完成身份认证、信息填写和信息确认等工作，自助打印机的使用也实现了"全天候办公"和"立等可取"，解决服务受限的问题。（注"线上微信审批系统"是北京理工大学档案馆2017年投入使用的微信预约系统，可以采集申请人的申请信息并具备沟通功能。）

（二）兼容性

由于该系统只规定了文件的格式（目前只允许PDF文件），对文件的内容和版式不做限制，可以兼容几乎所有证明格式，包括图文并茂的文件。

（三）准确性

通过校园网通信协议、数据传输加密等，解决各模块间的通信和数据传输安全性问题。

（四）可扩展性

由于自助打印系统实现了身份认证的功能，为后续开展教师的档案证明等材料自助打印的实现提供了前提。同时，由于实现了身份证登录方式，后续可以进一步拓展自助服务至往届毕业生，使服务更加多样化。此外，本自助打印系统预留了接口，通过流程再造实现信息和资源的共享，满足数字化校园的要求。例如可与教务系统、研究生系统以及学校OA系统等对接。

（五）信息保护性

由于个人成绩单涉及个人信息，原办理时，申请者必须提供个人有效证件，如身份证等。这种方式，同时也存在着申请者的个人信息泄露的可能性。而自助打印系统是通过连接学校认证平台来完成对申请的认证。这样申请者只需通过身份证在自助打印设备进行登录即可，在申请无需再提供有效证件，从而解决了个人泄露的风险。对于早期毕业生（学校认证平台中没有身份证信息），则通过学号赋临时密码方式，进行登录取件。

三、档案隐形化服务之初探

（一）电子文件档案服务

目前，在学校OA系统当中，所有文件必须归档的要素已经形成完全闭

环。OA系统中文件向档案系统进行电子文件归档时，只需进行真实性、完整性、可用性、安全性四性检测，无其他新增内容。故可以在这部分档案利用时，通过档案系统直接调用OA系统中的电子文件，并加盖档案部门印章的方式进行。

（二）电子数据档案服务

目前，学校的"智慧北理"建设日臻完善，网络中心的主数据完全可以让全校师生的数据顺利流通起来，通过智能手段实现教师和学生相关业务的自助打印，已具备了充分条件。对于学生成绩单打印等档案业务，完全可以通过直接调用共享数据库相关数据，通过一定的版式进行设计报表，并加盖档案部门印章的方式进行。

（三）传统纸质档案服务

目前，学校档案馆基本实现了馆存纸质档案的数字化扫描。除一些必须查阅档案实体的服务外，其他需要纸质档案的服务，完全可以通过直接调用档案数据库对应数据，借助人工上传打印系统，自助打印系统中的信息，加盖档案部门电子印章的方式进行。

综上，对于档案利用者来说，只需提出需求，如通过学校统一的系统（如北京理工大学的I北理系统）提出需求，由学校统一的服务系统调用后台相关系统或发出需求指令，经人工办理后再上传系统，以流程的方式进行需求供给，进而实现业务办理。这种方式，对于需求者来说，完全不必知道要找哪个部门办理，甚至可以脱离利用档案的概念，实现档案服务"隐形化"。与此同时，这种档案接入学校整体服务的方式，不仅有利于档案服务工作进行以需求为导向的改革，也有利于档案工作主动融入学校主流工作当中，进而强化无纸化办公条件下档案生存的意义。北京理工大学档案馆多年来一直坚持"需求驱动"的综合改革方针，强化"管理转服务"的思想，通过自助打印服务带动整个档案信息化建设，为破解档案服务中"老、旧、杂、难、繁"等难题提供新思路，并以"好办事"为准则，努力实现档案服务"掌上查、自助打"的目标。目前，文中的自助打印系统已进行了初试，并取得良好效果。当前，北京理工大学档案馆正在逐步推动现有服务程序的"模块化"工作，同时从档案业务工作规范的角度定义每个"模块"输入输出，再通过接入学校统一认证平台以流程的方式来实现应用界面和信息展示。新的档案系统为学校档案管理工作提供高效的自动平台，通过设置模块接口和调用协议，实现前端应用与后台档案数据库的自动数据传输，使档案管理工作从业务前台转向系统后台，进而实现档案管理全部工序的隐形。

参考文献

［1］李福，陈思，李承俸，胡骏．大学生在读证明自助打印系统的设计与实现［J］．现代信息科技，2018，8（2）：132-136.

［2］叶少林，钟晓砺．基于高校的教务服务自助系统设计与实现［J］．科技传播，2016，5：84-85.

［3］许子乾，余蜀宜，王丽鋆，何兴芳．基于一卡通及水晶报表的高校成绩自助打印系统研究［J］．中国教育信息化，2014，9：84-87.

［4］姚立敏．浅析浙江大学成绩自助打印系统［J］．考试周刊，2017（42）：139-141.

［5］姜一波．浅析自助查询打印系统在高校学籍管理中的作用——以南京城市职业学院为例［J］．当代教育实践与教学研究 2016，（07），12

［6］刘羽张，张祎格，翟欣彤，闫博芸，李恩喆．校园自助打印系统的设计与实施——以中国民航大学为例［J］．智库时代，2020（11）：136-137+208.

［7］李福，束乾倩，徐国祥，涂庆华，崔聪．一种高校学生成绩单自助打印系统的构建［J］．信息与电脑（理论版），2018（09）：91-92.

［8］田支斌．"互联网+"与高校数字档案馆公共服务平台建设实践探索［J］．黑龙江档案，2020（02）：76-77.

［9］张春风，徐卫红．基于区块链技术的民生档案跨馆利用模式的探讨研究——以沈阳市民生档案跨馆利用平台建设为例［J］．中国档案，2020（07）：39-41.

［10］韩超．成绩单自助打印系统的设计与实现［D］．广州：华南理工大学，2012

［11］殷菁遥．加强人事档案证明服务规范化探索［J］．黑龙江科学，

2020,11(13):148-149.

[12]战英.档案利用需求层次探究与服务体系建构[J].山东档案,2020(01):15-18.

档案在高校文化建设中的作用及其实现途径研究

王玉江

摘　要：档案自古以来就是重要的文化资源，档案是贮存、积累文化的一种形式，其本质不仅是简单的原始记录，而且是人类知识、信息、经验甚至思想的一种储存传承方式。高校档案在推进校园文化建设中，承载着高校的光辉历史和悠久文化，蕴藏着丰富的校园文化知识，具有校园文化宣传和传承的作用，展现着校园文化的美，有助于陶冶情操等，可以通过建立校园文化活动成果档案、挖掘档案资源开展编研工作、建设校园荣誉陈列室、积极参与校园文化建设等途径来实现。

关键词：档案　文化　传承　作用

一、档案与文化

档案和文化之间存在着千丝万缕的联系。档案具有原始性、凭证性、唯一性和真实性，大量档案的保存、积累和沉淀发展了文化。在人类文明发展史上，档案记录着文化、代表着文化、表现着文化，档案工作延续着文化，在社会文化发展进程中档案发挥着重大作用。

在中华文明五千年灿烂历史中，中国的档案工作也延续了近四千年，中华民族具有悠久文化，而且一脉相承、代代相袭，这得力于几千多年来连绵不断的历史记载，各个时期所创造的文化成果通过档案保存下来，为延续和发展中华民族文化发挥了重要作用。

档案自古以来就是重要的文化资源，蕴藏着国家的政治、军事、行政、文化等众多大量的知识和信息。随着社会的不断进步，虽然先后出现了图书、文献、资料、情报等其他文化载体形式，但档案的地位无可替代。档

王玉江（1974—　），女，北京人，北京青年政治学院，大学本科，研究方向为管理学，E-mail: wangyujiang@bjypc.edu.cn。

案的沉淀发展了文化。借助档案我们可以将人类的文明具体化、实体化，能够更好地了解过去、把握现在、预见未来。经由档案的代代相传，我们不仅可以探索历史发展规律，还可以了解中华文明的由来，从而继承文化的精髓。

二、高校档案与高校档案文化

高校档案是高校在从事教学、科研、党政管理等活动直接形成的对师生、高校和社会有保存价值的各种文字、图表、音像、实物等不同形式和载体的历史记录。高校档案文化是以馆（室）藏档案为基础，以历史再现性及其传承为主线建立起的具有原始性、真实性、凭证性的文化体系。

高校档案文化是高校日常教育教学的积累，是高校历史的延续和延伸，是从档案的视角以纪实的方式原始地、客观地、真实地记录高校的物质文化和精神文化。通过利用高校档案，繁荣档案文化，可以开发出大量有价值的信息，对全面了解高校的历史和现状，对促进校园文化建设起着重要的作用，具有深远的文化内涵。

高校档案文化是高校师生在长期办学过程中形成的智慧与汗水的结晶。高校在校园物质文化建设中，可以从档案中查考历史记载，并把这些历史信息运用到校园物质文化建设中，让躺在档案柜里的"死"档案"活"在校园内的每一个角落，把档案在高校文化建设中的作用凸现出来。作为高校档案工作者，应提高认识，重视档案文化，认真履行职责，切实做好档案资料的收集、整理、管理和利用等工作。在档案日常管理或研究中应最大化发挥档案的文化价值。通过举办档案展览，制作橱窗、图册，开发档案网站等方式不断发掘和发挥档案文化的独特魅力，让高校师生充分认识到档案文化的重要意义和价值。

高校档案作为记载高校建设发展过程的重要载体，能够为高校未来发展提供准确、真实、权威的资料参考。对于高校来说，文化传承离不开档案材料的支撑，档案以其独有的特性，滋润着师生的情操和品质，潜移默化发挥着特殊的功能，任何文化的创新都离不开之前文化的传承，只有在继承前人优秀文化成果的基础上，才能更加有效地进行文化创新，从而推动高校文化繁荣发展。

三、高校档案在高校文化中发挥的作用

要想发挥好高校档案的文化作用，就要在档案信息的收集、整理、加工等日常工作中狠下功夫。一是要根据高校档案成分复杂、种类繁多的特点，做好档案的收集、整理、编目、鉴定及保管等工作，使馆（室）藏的每份文件、每张照片、每段影像、每件实物都能做到检索快速，利用无误；二是要充分利用现代技术和科技手段，加强档案信息化建设，提升档案服务功能；三是要通过对档案采取科学合理的措施，做好档案保护工作，确保档案实体和电子文件完整安全；四是要对高校大量档案馆藏资源进行深层次编研。通过发挥档案文化优势，带动高校文化资源优势的发挥，通过档案工作的细化和深化，凸显档案工作的文化特色。

高校档案在高校文化中的作用有：

（1）高校档案承载着高校的光辉历史和悠久文化。高校档案真实地记述了高校的变迁、历史事件、教学成果、科学研究、学生学籍等各方面的情况，是教职员工智慧的结晶，是高校的历史宝库。档案以其原始性、历史性、直观性和内容丰富、信息量大的优点成为宣传教育的生动素材，如陈列柜中陈列的高校的集体或个人在各项评比、比赛、验收等活动中获得的荣誉证书、奖状、奖杯、奖牌、奖章、锦旗等的实物档案在知识传播与创新教育、激励功能方面有着特殊而深远的作用。

（2）高校档案蕴藏着丰富的校园文化知识。高校的办学规模、教学质量、学术水平都在不断提高，由此产生的高校档案不仅系统地构建了高校教育教学活动的体系和科研成果，而且数量大、内容丰富，载体形式多样、文化特性强、科技含量高，具有较高的文化知识价值，这些素材往往闪烁着先人思想的火花和智慧，给后人以启迪和鼓舞。

（3）高校档案具有校园文化宣传和传承的作用。高校档案文化利用高校档案形成的一切产品，如老照片复制品、档案缩微复制品、各种编研成果、各种档案展览、纪录片、宣传片等能够更直观、全面地展现高校的历史和现状。通过开放性展示和传播使得它比原始档案更容易被师生接受，同时是宣传高校和传承校园文化的最有效工具。

（4）高校档案的展现着校园文化的美，有助于陶冶情操。一些反映高校教育事业逐步发展的典籍和史料，名人手稿、字画、照片，上级领导来校视察的视频、照片、题词，友人赠送的礼品等珍贵的实物资料，展现着

文化的美，能够起到净化人的心灵，培养师生高尚情操的作用。

四、高校档案作用在高校文化建设中实现的途径

（1）建立校园文化活动成果档案。高校校园文化活动形式多样，类型丰富，高校档案馆（室）可以利用自身的业务，收集和整理高校的主要文化活动，建立校园文化活动成果档案。高校每年开展的校园文化活动丰富多彩，有大学生文化艺术节、艺术团活动、学生社团活动月、专业特色文化活动等，这些活动中图片、视频以及获奖情况都是校园文化活动成果，彰显了校园文化特色。档案部门适当参与校园文化活动，有利于对文化成果收集，形成一些特色文化资料，对促进文化传承具有重要意义。

（2）挖掘档案资源，开展编研工作。高校档案工作人员以原始、客观、真实的素材编写校史、高校历年大事记、高校组织机构沿革、历届党代会资料汇编、历届教代会资料汇编、历届教学工作会议资料汇编、高校规章制度汇编、制作专题展板等多种途径展示高校档案，使师生了解高校的历史，了解高校精神风貌和传统特色，了解高校的成就，增强师生的荣誉感、责任感、使命感和归属感。

（3）建设校园荣誉陈列室。高校应建立校园荣誉陈列室，既可以增强广大师生的荣誉感，也是校园文化传承的表现。荣誉陈列室可以陈列教学活动中的教学竞赛获奖情况，或师生在校外各专业大赛获得的证书和奖牌，还可以是本校教师出版的著作，甚至还可以陈列高校开展重大活动中知名人士的题字题词等。这些都是高校发展历程中的印记，是档案原始的记录，是高校引以为豪的历史成绩，对在校的师生是一种精神的激励和鼓舞。

（4）积极参与校园文化建设和宣传。高校档案馆（室）是永久保存和提供利用本校档案的文化事业机构，要想充分利用档案工作为校园文化建设服务，高校档案工作人员不仅要提高自身的服务质量和业务水平，更要多多宣传档案，让师生知道档案与每个人息息相关，档案在高校建设、国家发展中发挥着重要作用。要主动了解校园文化建设动态，改变过去默默无闻的被动状态，及时提供馆（室）藏相关信息，充分发挥档案面向师生和社会的文化贮存与传播功能。档案人员可以利用档案展览、档案馆（室）网站、制作档案宣传册、宣传片等方式宣传档案。人们只有了解了档案，才能有效地利用档案，高校档案才能获得最大的社会效益，人们也才能更好地理解档案工作人员的辛劳与付出。高校档案人员要完善自身的文化理念，积极主动参与校园文化的建设和传承，宣传档案，提供专业的服务，通过不同的途径使师生认识到档案在文化活动中的重要性，主动利用档案。

参考文献

［1］曹燕红.高校档案在高校文化传承中的价值研究［J］.兰台世界，2019（11）：64-66.

［2］姜素兰，徐娟.北京地区利用高校档案推进大学文化建设路径研究［J］.北京档案，2018（4）：37-38.

［3］刘迎春.高校档案在文化传承创新中的地位与作用［J］.中国档案，2017（4）：44-45.

［4］陈岩.也谈档案与文化的关系［J］.黑龙江档案，2012（1）：17.

高校口述档案资源建设探析*

朱 笛

摘 要：高校口述档案可以弥补学校历史的缺失，丰富档案馆（室）藏资源和种类，是构建学校鲜活记忆的有用资源。口述档案承载着师生、校友对学校的共同情感，加强口述档案资源建设对于丰富馆藏、传承大学精神以及思想政治教育工作具有重要意义。本研究对高校口述档案的价值与作用做了梳理，提出高校口述档案资源建设的原则和具体实施方案，对于加强推动高校口述档案发掘利用、弘扬大学精神等方面具有重要的理论和现实意义。

关键词：高校；口述档案；档案资源建设

一、高校口述档案资源建设的作用和原则

（一）高校口述档案资源建设的作用

1.弥补历史文献记载的不足

由于天灾人祸或是一些高校在发展过程中几经合并拆分等各种各样的原因，不少高校大量的历史档案遭受损毁或缺失，留下了很多令人惋惜的历史空白。传统载体的档案并不能完整记录高校发展的全部过程，需要口述档案加以补充。除此之外，口述档案还可以印证原有档案内容的真实性，如出现不吻合的情况，便要进行更深层次的研究和挖掘，最大程度地保证高校历史的真实性再现。然而，很多熟知学校历史大事的亲历者年龄均已至耄耋，因此建设口述档案来弥补学校历史空白的工作迫在眉睫。

2.丰富高校档案馆（室）藏资源和种类

据笔者多方调研，了解到全国有很大一部分高校是根据《高校档案实

---

* 本文系北京市高等教育学会档案研究分会2020-2021年度档案研究课题项目"高校口述档案资源建设研究（2020DAKTY05）"研究成果。

朱笛（1986— ），女，山东德州人，中国地质大学（北京）档案馆馆员。

《高校档案实体分类法》DA/T 10-1994

体分类法》，将馆藏档案分为党群、行政、教学、科学研究、产品生产与科技开发、基本建设、仪器设备、出版、外事、财会十个一级类目，构成了以纸质档案载体为主，声像、实物档案载体为辅的馆藏结构。

高校口述档案的载体以视频和音频为主，是一种新型的档案种类。在口述档案的采集过程中，受访者通常还会捐赠一些关于学校发展的资料和实物，极大地丰富了高校档案馆的馆藏资源和种类，为校史研究提供多样化资料。

3.构建鲜活的高校记忆

口述历史的作用早已超出了记录历史这一传统范畴，而是承载着机构、团体、地域、民族甚至是国家的精神建构、文化塑造与传播。当前我们所处的时代是"视听时代"，抖音等短视频社交媒体的兴起让人们更加倾向于"碎片化"的阅读方式。口述档案作为学校的历史文化遗产，通过图像和声音来呈现，可以传递出受访者的情感，使读者能够身临其境地进入到当时的历史背景和氛围中，从而构建更为生动的高校记忆，培养师生的归属感和认同感。

4.为学校文化建设提供素材

近年来，中国地质大学（北京）将建设校园文化和加强校史研究作为重点工作之一，将档案馆和校史馆合并，共同发挥存史育人的文化功能，档案馆的馆藏档案已难以满足校史深度研究的需求。高校口述档案包含了丰富的文化资源，见证了学校的发展历程，可以反映学校的文化氛围，体现了学校的办学特色和精神风貌，将这些文化资源充分融入到校园文化建设中，可以有效提升高校校园文化建设的品味和档次。

（二）高校口述档案资源建设的原则

1.真实性原则

档案的真实性是档案的生命，是档案存在的首要条件，如果档案的真实性不能得到有效的保证，档案的存在也就失去了意义。口述档案资源建设必须遵循档案的原始记录性、真实性的原则。有很多学者对口述档案的真实性持怀疑态度，因为记忆的不确定性、口述者自身可能存在利己主义的倾向都是客观存在、很难排除的，因此在口述档案资源建设的过程中要采取一定的手段，维护好口述档案的真实性。

2.互动性原则

口述档案的采集需要采访者在前期了解受访者的生活经历、技艺特长等内容，有针对性地展开发问，从而勾起受访者埋藏在心底的往事。在口述档案的采集过程中，受访者可能会对触及隐私的问题闭口不答，或者基于自己的某些私人理由，对问题敷衍了事，使访问效果大打折扣。这就需要采访者精心安排问题导向，在采访过程中形成良好的互动，使一段段鲜为人知的历史得以重现。

3.规划性原则

国务院办公厅发布的《关于加强档案信息资源开发利用工作的意见》中明确指出，档案信息资源开发利用必须制定档案信息资源开发利用专项计划。高校口述档案资源建设也需要制定相应的专项规划，采集工作紧紧围绕规划来进行，按照"轻重缓急"的原则，从最迫切、最急需的领域做起，将校史口述档案的抢救和保护提上重要日程，保护与开发利用并行，选择最优的工作流程、最合理的技术手段、最科学的开发模式等等。

二、高校口述档案资源建设方案

（一）高校口述档案资源建设的路径

1.前期规划

一是确定采集主题，如以重要事件为主题、以组织机构发展为主题、以学科建设为主题等。二是确定采访对象，采访对象要具有一定的影响力，对采访主题有着深入的了解，身体状况可以完成整个采集过程，有清晰的思维和表达能力。三是调研受访者的背景，可以通过网络检索、查阅相关档案信息等方式进行。四是撰写采访提纲，在明确采访主题和采访目的的基础之上，挖掘受访者与采访主题有关的线索，并将这些线索串联起来，形成采访提纲，在访谈过程中也可以根据内容反馈来修改问题。就中国地质大学（北京）档案馆制定口述档案的提纲来说，一般设置10个左右的问题是较为合适的，问题的设置是逐渐深入的。

2.正式实施

首先是确定采访时间和地点，时间不必过于着急，要给双方充足准备的时间。地点的选择要注意环境安静、无噪声，光照条件好，以方便录制视频。例如中国地质大学（北京）档案馆主要是在会议室进行采访工作。

还需考虑到有的受访者身体状况已不具备外出接受采访的条件，采集团队在与受访者沟通后，可以选择去受访者家中开展采集工作。

正式访谈前，采访者可以与受访者多交流一些轻松温馨的话题，营造愉快的采访氛围，以缓解受访者的紧张情绪，减少受访者的陌生感，保证访谈过程顺畅。

正式访谈时，采访者需要提问、倾听、引导和补充。有的受访者本身比较健谈且逻辑清晰，在抛出问题后便不要扰乱对方的思绪，在适当的情况下给予回应便可。而有的受访者思维比较发散，容易过度延伸话题，采访者就要在恰当时机将话题拉回主线。整个采访过程要控制好时长，一次访谈时间一般不要超过3个小时，以免时间过长引起疲劳，如遇到受访者的精力不足以在一次访谈中道尽的情况，可以增加访谈的次数。

正式访谈结束后，要注意签订好关于口述内容和口述成果的所有权归属的相关文件，包括被访谈者对口述内容文字说明的确认和签字、被访谈者对口述资料的处理意见和使用授权书、档案捐赠或委托寄存协议等。

3.整理归档

口述档案的整理主要是指将口述视频和音频中说的话进行转录，也就是以文字的形式记录下来。初次转录是原汁原味记录受访者说的话，在此过程中可适当删掉一些语气词。在初次转录后再进行校对，将受访者提到的不确定的名词或内容进行考证，将口语化的文字转成规范的书面用语，以便于后续的利用。整理的最后是对视频进行剪辑和加字幕，运用视频编辑软件将不重要的画面进行剪辑，在视频画面下方添加文字，形成逐字逐句的字幕。

整理完毕后的口述档案即可归档保存，将各种载体的口述档案利用档案管理系统软件进行管理，为口述档案资源的开发和利用提供便利。

（二）高校口述档案资源建设的举措

1.提高口述档案建档意识

高校口述档案可以有效推动校园文化建设的高质量发展。由于对高校口述档案的重视不够，起步较晚，各方面工作仍然处于比较薄弱的阶段，一部分档案工作者还没有充分认识到口述档案的潜在价值。因此，高校档案馆（室）应转变思想，主动迎接挑战，加强宣传引导，开展专题讲座、培训活动和展览活动，出版口述档案书刊，利用互联网宣传口述历史等等，提高口述档案意识。尤其是要让学校的管理者意识到口述档案对高校文化建设的重要程度，将口述档案的采集工作纳入到学校总体发展规划中，并作为一项长期的任务去建设。要让全校各部门和师生都了解到什么是口述档案，口述档案采集的重要性，为感兴趣的师生提供积极参与口述档案收集工作的平台。如重庆大学档案馆在2021年与校党委宣传部共同开展了主题为"口述校史、薪火相传"视频大赛，学校各部门各学院均积极报名参与，取得了良好的效果，推动了学校口述档案资源建设工作。

2.建设高水平口述档案专业人才队伍

高校口述档案资源建设的工作包括口述档案的收集、整理和利用，这一系列工作需要极强的专业能力，从事口述档案工作的人员素质和能力是决定此项工作水平高低的决定性因素。

高校档案馆（室）要积极主动争取学校的支持，将口述档案工作人员队伍建设纳入学校的人才招聘和人才引进计划。首先要保障人员的数量，并加强现有工作人员的培训。目前国内口述档案的培训开展较少，尚未形成体系化的课程机制。比较有影响力的是中国传媒大学崔永元口述历史研究中心的"口述历史工作坊"，自2015年起，多次策划并举办口述历史培训项目。笔者了解到最近的一期是2023年4月14日至16日，中心再次与校教育发展中心联合举办主题为"从零开始学做口述历史"工作坊。课程设置覆盖口述历史项目的立项、策划、统筹、采集、整理、多元应用、可能性探析、相关拓展等多个环节和层面，为有志于口述历史理念与实践学习的团队和个人提供培训、交流机会。*

与此同时，高校档案馆（室）可以成立口述档案志愿者协会。笔者在2017年赴重庆大学调研时了解到，重庆大学在2013年5月成立了口述历史志愿者协会，由档案馆工作人员带队，主要采访了参与学科建设、院系建设的老专家，依托学校档案馆的口述档案，对口述资源进行梳理并完成音视频的文字转录，协助重庆大学档案馆建立口述资源的信息库、留存学校珍贵记忆与历史资料，同时开展口述理论交流，传播口述文化。**

---

* 李岩.崔永元口述史中心 | 报名中，2023春季工作坊课程发布［EB/OL］.（2023-04-03）［2023-05-29］. https://oral.cuc.edu.cn/2023/0403/c3763a203304/page.htm.

** 追寻记忆，回味故事［EB/OL］.（2016-03-14）［2023-05-29］. http://huxi.cqu.edu.cn/page/cd6fe38ac5fe2359.

3.重视高校口述档案资源的信息化建设

中共中央办公厅、国务院办公厅印发的《"十四五"全国档案事业发展规划》中指出,要加快推进档案信息化建设,引领档案管理现代化。高校档案馆(室)要利用现代电子技术,加强高校口述档案的数字化、数据库建设以及信息资源共享,为研究者和利用者提供更加便捷的使用渠道,从而提高口述档案信息资源的使用率。构建口述档案信息网络共享平台,要充分利用学校档案馆网站、微博、微信公众号等社会化媒体开展口述档案远程利用服务,提高高校口述档案的信息化服务水平。

4.加强交流与合作

"它山之石可以攻玉",一些发达国家和地区在口述档案的抢救保护和开发利用方面已先行一步,并取得了一些可借鉴的经验。如美国哥伦比亚大学在20世纪40年代创立了口述历史研究室,加州大学伯克利分校、加州大学洛杉矶分校等知名学府也纷纷成立了自己的口述历史项目和研究机构,值得我们学习和参考。*"请进来"的同时也要"走出去",在学习和借鉴国外先进理论和实践经验的同时,还要举办档案展览、发行书刊、音像制品,建立专门的网站供利用者查阅,通过各种社会化媒体分享口述档案信息资源等。

5.健全内部口述档案资源建设制度

以中国地质大学(北京)为例,口述档案的收集范围、鉴定标准、利用范围等制度还有待完善,在采集过程中充满主观性和随意性,因此亟须制定适合本校的口述档案工作规范,为工作提供依据和指导。新加坡口述历史中心制定的《口述历史使用条例》和美国口述历史协会提出的口述历史档案工作的标准和原则都对我们制定口述档案工作规范有一定的指导和借鉴作用。高校档案馆(室)要结合本校口述档案工作的实际情况,形成体现本校特色和更具操作性的口述档案内部规范。制定相应的工作标准和详细的规章制度,包括口述档案信息资源建设的收集、整理到利用等各个环节的工作,如参访对象的选择、参访提纲结构等。同时,制度不仅要满足当前采集需要,还应该具有前瞻意识,考虑到未来高校文化建设的要求,划定收集范围、采集主体和采集模式。

---

* 李楠.高校口述档案采集研究[D].云南大学,2020.

6.拓宽资金来源渠道，合理分配

资金是开展口述档案工作面临的一大问题，充足的资金可以保障口述档案的采集工作和设备的及时更新，维护口述档案信息资源平台，保障口述档案开发工作可持续进行。高校档案馆（室）要多渠道争取资金的支持，笔者认为主要可以从两个渠道来扩大资金来源：一是申请口述专项课题来获得学校或政府的拨款，针对现有的建设情况制定一系列口述档案的未来工作计划，从专题研究的角度启动口述档案项目，获取一定的经费支持。二是与社会组织机构合作开展工作，获得赞助。发达国家一般都具有成熟的慈善捐助体系，口述档案采集开发项目的资金来源体系通常是以民间资本为主导的，资金来源来自社会各界，较为广泛。高校档案馆（室）也可以借鉴民间慈善投资模式，由社会组织机构提供资金支持，学校口述档案采集团队可以独立完成采集任务，将成果与提供资金的组织机构分享，也可以互相合作，共同完成口述档案项目。

参考文献

[1] 罗蓉.巢湖民歌社会记忆建构机制初探——以"口述档案"形式为中心[J].大连大学学报，2023（01）：37-42.

[2] 陈晓梅.基于集体记忆的东乡族口述档案整理与研究[J].兰州职业技术学院学报，2023（01）：16-19.

[3] 李素宁.开展高校口述档案资源建设的有关问题与对策[J].丝绸之路，2022（04）：124-127.

[4] 李洋.非遗保护视域下高校口述档案资源建设的价值认知与实践路径探究[J].兰台世界，2022（12）：65-67.

[5] 黄冈：开展"黄梅戏回娘家"口述档案采集工作[J].档案记忆，2022（11）：63.

[6] 周秋萍.非物质文化遗产口述档案的采集与构建研究[J].兰台内外，2022（31）：64-66.

[7] 周帆.口述档案信息资源开发利用对策研究——以重庆高校为例[J].赤峰学院学报（自然科学版），2022（08）：74-76.

[8] 薛玉洁，杨生吉.《民法典》背景下口述档案隐私权保护问题探究[J].档案天地，2022（08）：40-43.

[9] 魏佳,王春晖.口述档案资源建设探析[J].机电兵船档案,2022（04）：72-74.

[10] 周龙,宋军,宋秀瑜.口述档案在大连气象史研究中的意义与思考[J].兰台世界,2022（S1）：15-16.

[11] 谭卓玉,曹航.红色口述档案采集刍议[J].档案,2022（06）：61-64.

[12] 徐益,翟婧媛.湘中梅山傩戏口述档案资源建设探究[J].湖南人文科技学院学报,2022（03）：42-46.

[13] 徐雯洁,芦云珊,管子金,赵因,王鹏.中医药口述档案研究方法初探[J].北京中医药,2022（05）：576-578.

[14] 杨静.基于口述档案的社会记忆构建研究[J].档案,2022（05）：50-54.

[15] 魏珣.数字人文视域下口述档案开发与价值实现研究[D].南昌大学,2022.

[16] 林雅琴.浅论历史研究视角下口述档案的价值及采集[J].档案记忆,2022（04）：56-58.

[17] 聂勇浩,萧颖.红色口述档案采集与开发的多元主体合作机制[J].档案学研究,2022（02）：83-88.

[18] 吕冰玉,李定梅.侗医药口述档案采集整理工作研究[J].兰台世界,2022（03）：73-77.

[19] 高晶晶.数字记忆视域下华侨口述档案收集策略研究[J].兰台世界,2022（03）：69-72.

[20] 邹兰.论高校口述档案的现状及其发展方略[J].黑龙江档案,2022（01）：30-32.

[21] 王巧玲,周玲凤,梁传靖,史唯君.对口述档案采集工作的理论思考——以北京地区丝绸老专家口述档案采集实践为例[J].北京档案,2020（03）：13-16.

[22] 古琬莹,吴建华.基于管控视角的口述档案采集规范化研究[J].档案学研究,2020（01）：87-90.

[23] 朱爱卿.历史研究视角下口述档案的价值实现[J].办公室业务,2020（05）：118+120.

[24] 赵局建.云南彝族口述档案数字资源建设研究［D］.云南大学，2020.

[25] 陈蕾.口述档案采集流程研究［D］.苏州大学，2020.

[26] 张可.湘西土家族口述档案资源建设策略研究［J］.智库时代，2020（07）：137-138.

[27] 邓晓娇，金元平.高校教学文化传承探索研究——以西南财经大学名师口述档案资源建设为例［J］.云南档案，2020（01）：51-54+61.

[28] 陈蕾.口述档案采集流程分析［J］.兰台世界，2020（01）：49-51.

[29] 洪秋兰，黄沁雪.我国图档学科"口述历史"研究：回顾与展望［J］.文献与数据学报，2019（04）：74-82.

[30] 徐立勋.口述档案——城建档案活化的新动力［J］.城建档案，2019（12）：71-74.

[31] 王涧洋.口述档案参与社会记忆的探索与实践［J］.城建档案，2019（12）：97-98.

[32] 孟月.口述档案的价值理解——基于档案双元价值观视阈［J］.资源信息与工程，2019（06）：129-131+135.

[33] 吴筱贞.社会记忆建构视角下口述档案资源采集模式研究［J］.档案时空，2019（12）：16-17.

[34] 可新方.口述档案的价值分析［J］.办公室业务，2019（21）：92+94.

[35] 王磊.浅析非物质文化遗产传承人口述档案访谈提纲的设计原则［J］.档案与建设，2019（10）：47-49.

[36] 于斌，张述孟.《口述档案：说出你的上合青岛峰会故事》录制完成［J］.山东档案，2019（05）：17.

[37] 郭胜溶，赵局建.民族文化生态变迁视角下少数民族口述档案保护研究［J］.档案与建设，2019（09）：31-34+54.

[38] 张维.美国VHP老兵口述档案实践特色及启示［J］.档案与建设，2019（09）：39-43.

[39] 荆欣，刘国华，武利红.口述档案相关概念辨析及开发利用原则

探微[J].档案管理,2019(05):23-25.

[40] 陈海玉,万小玥,杨久达,赵冉.我国口述档案研究的回顾与前瞻[J].档案管理,2019(05):26-29.

高校数字档案资源建设问题探析*

梁全英　马俊云　龙　瑶

摘　要： 在国家政策大力支持下，大数据技术、人工智能AI等新技术革命浪潮的到来，档案信息技术不断更新，当前高校数字档案资源建设问题已经迫在眉睫，首要任务是做好数字档案资源的收集、利用工作。目前高校档案工作明显处于落后状态，笔者从数字档案工作现状分析，对高校数字档案资源建设存在的问题进行了探讨。在分析高校数字档案资源建设优势的基础上，提出高校数字档案资源的建设路径，包括理念先行，科学选择档案管理系统；做实做细资源收集制度建设；构建数字档案资源库和数字档案服务平台，实现数字档案资源网络共享；强化建设高质量人才队伍。

关键词： 高校档案；　数字档案；　档案资源建设

科技革命数字时代的来临，提升了我们工作、学习和生活的维度，人们工作学习生活都在变革转型中。在数字时代，高校作为创新人才培养的重要摇篮，也面临着前所未有的挑战与际遇。2021年新修订的《档案法》坚持了"服务社会和人民群众，进一步为档案开放和利用提供便利条件，增加人民群众好的获得感"，以此为导向，做好收集工作是基础，服务人民是根本，高校档案部门要充分利用时机，加快高校数字档案资源建设，保障档案工作与学校数字化校园建设同步，将档案事业融入高校高质量发展的各项重要工作中。

---

* 本文系北京市高等教育学会档案研究分会2020-2021年度档案研究课题项目"网络化时代对高校数字档案资源收集利用的影响及策略研究（2020DAKTY10）"研究成果。
梁全英（1971—　），女，北京人，北京农学院档案中心主任，馆员，从事档案管理工作20余年；马俊云（1965—　），北京农学院校友校史办公室主任，副教授；龙瑶（1986—　），北京农学院校友校史办公室。

一、高校数字档案工作现状

截至2022年7月22日,共有98家档案馆列入国家级数字档案馆,开启了数字时代档案资源建设的大门。高校数字档案馆是"指在现代信息技术普遍应用的基础上,高校以计算机技术和校园网络系统为依托,采用数字化、网络化的手段将电子档案信息资源进行有目的的整合处理,形成的用于存储和利用的数字档案信息资源,它是一个由信息系统基础设施和组织机构组成的虚拟个体档案馆或者档案馆群。"[3]高校档案馆身在时代发展的浪潮中,也必将迈入数字档案资源建设的长河之中。时代趋势所迫,高校数字档案馆建设势在必行,既有高精尖人才的支持,同时也面临诸多困境。

(一)高校数字档案资源建设面临的问题

大数据时代为满足存史资政,服务人民的工作目标,高校档案事业发展要做到"应收尽收,应归尽归"。目前,高校强化制度建设、改进工作作风,服务学校发展提供利用是档案部门的首要工作任务。学校各职能部门都很重视信息留存,工作要留痕备查,必然形成数量众多的数字化、电子化档案资源。

首先,从财力角度分析,目前有一些高校在财政拨款支持下,已经在建设数字档案馆,试点过程中不断出现不尽如人意的状况。数字档案馆建设本身就是一项复杂的工程,耗时长,需要投入巨量资金、需要后期不断跟进,需要持续投入的日常工程,不是一蹴而就的事情。从高校档案事业的资金来源分析,都是依赖于学校财政拨款。具体实施过程,主要采取分步实施,阶段性发展的工作策略。力求用较低的投入争取最大化的效率,建设过程中的压力是真实存在的。

其次,从人力角度分析,在精政减员的大形势下,高校档案管理人员不足,只能满足日常管理工作的需要,没有精力深入职能部门调研、监督、检查收集数字档案资源。加上重视程度不够,档案人员不能随时参与到学校的重要工作中。导致学校数字档案资源中,只有少部分按照双轨制工作要求,集中归档保存在学校档案部门;绝大部分数字档案资源,由于缺乏有效的管理机制,只能独立保管在业务系统中,形成分散管理,无法及时收集归档。在职能部门领导轮岗后,难免会出现资源流失的情况。另外,高校的档案部门普遍缺少数字技术方面的专业技术人员。大数据时代,高科技发展更新很快，网络服务平台、系统的研发等需要依靠学校网络信息技术部门的支持才能完成。实际上，在高校数字档案资源建设过程中，网络信息技术部门的参与是不可或缺的支持。

最后，从物力角度看，高校都已应用档案管理系统和一系列配套的硬件设备。从功能需要来说，基本上可以满足目前的需要。笔者走访调研了15所高校档案部门，绝大多数档案馆建设都没达到国家文件规定的要求，没有高质量的存储物理环境，不利于数字档案资源的收集保管和开展深层次的利用。面对数字化时代要求，高校要坚持不懈地推进数字档案馆建设工作，力争将办公OA系统、教务系统、科研系统中产生的数字资源收集完整、保证真实有效性。此项工作开展过程中面临着诸多现实困扰。

以上发现的这些重点难点问题的解决，需要人力、物力、财力三力合发才能得以根本解决。

（二）高校数字档案资源建设的优势

（1）档案工作各项制度保障完备。目前，在新修订实施的《中华人民共和国档案法》《电子文件的归档与电子档案管理规范》以及地方性有关电子档案的法律法规的引领下，高校数字资源收集与利用建设势在必行。在数字时代，人工智能的研发、应用、普及与推广，得到了各项制度的保障，外部环境良好，国家政策支持，信息技术日益成熟，应用市场广阔，数字化建设累积的丰富经验，这些必将促进高校积极探索档案事业发展的新路径。

（2）高校数字档案资源丰富且形式多样。目前，数字档案信息资源建设遵循"存量数字化、增量电子化"的要求，高校数字档案资源丰富且形式多样，大多以数据文件、图形文件、图像文件、影像文件、声音音频文件、多媒体文件、超媒体文件等数字资源的形式存在，从内容到形式具有多样性。

（3）高校数字档案资源展示渠道多样。高校档案数字化工作开展有序，利用需求高的档案都已经完成数字化扫描加工工作，方便网上利用。很多高校都建有校史馆、博物馆、档案馆等，成为开展新生入学教育、特色教育、红色教育的基地。

（4）数字时代利用需求的推动。数字档案信息在"智慧校园"建设过程中高速海量增长，伴随着师生用户对档案利用需求的增长，传统的提供利用档案资料的方式逐步被电子档案网上传递所替代，人们追求信息的快速获得，时效性及便利性成为人们基本的诉求。

二、高校数字档案资源建设路径

（一）理念先行，科学选择档案管理系统

2023年第六届数字中国建设峰会上，中国人民大学冯惠玲教授发表题为"促进数字文化产业新发展"的主旨演讲，她讲到"希望更多的城市、乡村、机关、企业、学校建构自己的数字记忆，以复合叠加、蓬勃生长的文化力，把历史传给未来。"冯教授把大档案的理念提升到人类文化和历史记忆的高度，启发我们要关注学校师生在各类活动中产生的音视频等见证学校人文全景发展的数字档案。人人都是档案的形成者、收集者、利用者，只有心怀大档案理念，才能做好数字档案的收集工作。

先进的理念必将激励高校档案工作者将档案信息资源以功能需求、利用服务为导向，关联到数字档案收集利用的全流程管理。高校各行政单位在官方网页发布宣传本单位机构设置、人员情况简介、日常工作动态等。高校各院系可发布院系概况、教师风采、学生工作、课程建设、学科建设、校友风采、科学研究、论坛等信息。这些档案是真实的记录，是学校历史的组成部分，为今后的编研工作提供素材。高校档案部门要及时发现信息变化并进行动态管理，应收尽收，随时加以归档。因此，建立科学有效的数字化档案管理系统，应用人工智能高科技管理方式，满足更加宽泛的"大档案"收集、整理、保存、开发、利用、调取、统计、销毁等全流程管理。让档案管理系统满足多功能一体化模式的新要求。高校档案部门要聚焦现实和未来两个方面，结合学校各职能部门实际开展工作，关注业务部门管理系统生成的电子文件，梳理学校电子档案归档的范围，内容要涵盖电子文件原文及其关联的元数据，保证电子文件的真实有效性，发挥应有的凭证参考作用。

（二）做实做细资源收集制度建设

在国家、地方各类法律法规的引领之下，高校要制定自己的规章制度，使得数字档案资源收集工作得到有序、规范、可持续的建设与发展，具体工作能够有效执行、落地性要强，从各级领导到部门要高度重视，建立完整的保障体系，争取学校各级部门的支持。档案部门工作人员要具有开拓意识、攻坚克难的精神和干劲，创造条件一步一个脚印地推进工作。档案部门要有监督、管理和服务等多种职能，将档案工作纳入学校整体规划、纳入学校重要工作的议事日程，定期汇报档案工作。确保档案工作奖惩有度，纳入部门考核和处级干部年度考核中。

（三）构建数字档案资源库和数字档案服务平台，实现数字档案资源网络共享

引入生态学的理念，推进构建数字档案资源库的建设。实现收集与利用工作的多元性、共生性、共存性，在现有基础上建立跨系统、跨专业的协同合作架构，构建数字档案资源库。人工智能技术的研发与应用已经在众多领域展开，人工智能拥有强大的推理能力，发挥其信息整合能力的优势，可以极大地改变数字资源的运行环境，真正实现学校数字档案资源的智慧整合。数字档案资源库的建立，使档案信息资源实现集中管理，并通过创建办公门户网站，搭建数字档案服务平台，目的是方便利用者（包括教师、学生、校友和社会人员）通过互联网平台，使用注册登录的方式，进入校园局域网，经过档案部门审核使用权限，直接查询有关可以公开的信息。例如教师主持或参与的科研项目、获奖证书、专利证书的数字档案。数字服务平台的搭建，让用户体验良好，反过来促进高校档案的收集工作。以档案服务效果反哺数字档案资源的收集。数字档案资源建设要抓住机遇，适时展开。通过宣传，走近师生，拓展"一站式"服务，高效灵活地挖掘数字档案资源的价值，促进高校档案事业的高质量全方位发展。

（四）强化建设高质量人才队伍

数字档案资源建设是高校数字档案馆建设的基础，需要人力资源的保驾护航，有人才支撑才有事业发展。在高校档案事业转型发展过程的攻坚阶段，重点难点不断增多，要求档案工作者具备较高的业务能力和分析解决问题的能力。需要不同专业、不同学历以及不同年龄的人才支撑，才能保障档案事业有序、持续的发展。档案专职人员的高质量体现在：首先，要不断通过学习培训丰富自己的专业知识；其次，要加强专业以外的实践能力的提高；最后，要树立崇高的职业道德，成为历史与文化的守护者，做具有责任感、使命感、紧迫感的一代档案人。

三、结语

高校档案事业的发展,需要以"百年树人"的精神去实施档案信息资源建设,需要长期坚持不懈努力。高校数字档案资源建设能有效提升高校档案工作的实力和社会影响力。高科技的人工智能技术的应用,可以大大提升工作效率,节约时间和人力成本。前景是美好的,档案人要用"不积跬步无以至千里"的精神,通过实践—总结—修正—提升的过程,不断付出努力,将数字档案资源建设工作做实、做细。高校数字档案资源建设丰富着数字校园建设的内涵,可以给人们带来更真实更友好的服务利用效果。

参考文献

[1] 李华.大数据时代背景下数字档案馆建设的分析[J].兰台内外,2019(25):9-10.

[2] 樊振东.档案数字化与数字档案馆的若干思考[J].兰台内外,2019(30):29-30.

[3] 肖永红.我国高校数字档案馆建设存在的问题与对策[J].资源信息与工程,2019(1):201-202.

[4] 牛力,蒋菲,曾静怡.面向数字记忆的数字文档资源描述框架构建研究[J].档案学研究,2019(4):40-49.

[5] 张莹,姚蔚迅.我国数字档案资源融合服务实现路径探析[J].兰台世界,2017(9):23-27.

[6] 王志宇,熊华兰.语义网环境下数字档案资源关联与共享模式研究[J].档案学研究,2019(05):114-119.

[7] 王改娇.从档案利用视角考量新修订《档案法》[J].中国档案,2020(9):22-24.

[8] 李萍.数字时代高校档案社会化服务平台建设策略研究[J].兰台世界,2016(17):38-40.

[9] 梁静娴.数字档案资源整合与服务机制的发展策略思考[J].兰台世界,2017(S1):28.

浅析高校扶贫档案的思想政治教育价值及其实现路径

朱　彤　王淑阁

摘　要：高校肩负着"立德树人"的根本任务，是国家脱贫攻坚事业的一支重要力量。在高校参与脱贫攻坚中形成的扶贫档案不仅是国家档案事业发展的重要成果，也是高校"就地取材、现身说法"开展思想政治教育工作的素材。探究高校扶贫档案在大学生思想政治教育中的价值并提出切实可行的实现路径，是开展好高校扶贫档案育人工作、筑牢高校思政工作主阵地的前提之要。

关键词：高校；扶贫档案；思想政治教育

自2012年以来，教育部统筹领导75所教育部直属高校和其他省部共建高校，以多种扶贫方式推动构建了全国精准扶贫开发的"高校模式"，高校参与脱贫攻坚的过程中形成了大量具有重要教育意义的扶贫档案。习近平总书记强调，要坚持把立德树人作为育人中心环节，把思想政治工作贯穿教育教学全过程，实现全程育人、全方位育人[1]。高校扶贫档案作为高校参与国家脱贫攻坚事业的真实记录和记忆留存，是高校"就地取材、现身说法"开展思想政治教育工作的优质素材和有效载体。多年来，笔者所在高校定点扶贫结对帮扶广西壮族自治区河池市都安瑶族自治县，发挥教育、科技、人才的优势开展扶贫工作，形成了具有自身特色的扶贫档案，是学校师生共同参与定点帮扶工作的生动总结。学校充分发挥扶贫档案的价值，为巩固拓展脱贫攻坚成果同乡村振兴有效衔接，做好扶贫档案的开发利用工作，助力乡村振兴，也为思想政治教育工作提供档案育人素材，贡献档

---

* 本文系北京市高等教育学会档案研究分会2020—2021年度档案科研课题"高校扶贫档案开发路径研究（2020DAKTY07）"研究成果。

朱彤（1979—　），女，吉林长春人，中国矿业大学（北京）档案馆副馆长，副研究员；王淑阁（1979—　），女，辽宁大连人，中国矿业大学（北京）科长，中级职称。

案力量。但当前，我国高校扶贫档案育人工作整体还处于探索阶段，故本文仅从笔者所在高校实际工作出发，开展高校扶贫档案在大学生思想政治教育中的价值研究。

一、高校扶贫档案在大学生思想政治教育中的价值意蕴

高校扶贫档案是独具脱贫攻坚时代特色、独属高校扶贫记忆的高校档案资源，在大学生思想政治教育中具有不可替代的教育价值，是高校作为立德树人主阵地，对大学生开展思想政治教育的资源。

（一）高校扶贫档案有助于大学生坚定崇高理想信念

脱贫攻坚战的冲锋号吹响之际，高校师生同时立下愚公移山志，坚决打赢脱贫攻坚战。理想信念教育是高校对大学生开展思想政治教育工作的基本要求，将高校扶贫中广大师生凝聚的脱贫攻坚精神与大学生思想政治教育相结合，能让高校学生坚定对共产主义事业的崇高理想，树立奋斗成就事业、不惧艰难险阻的信念。高校在开展定点帮扶工作中，涌现出一大批扶贫干部和参与教育扶贫的师生，他们在扶贫工作中走过的足迹、留下的事迹是扶贫档案的真实记录，能够砥砺大学生在中国特色社会主义事业的发展中找准人生目标、实现人生价值。在结对帮扶至脱贫摘帽期间，学校先后选派3名青年教职工到都安县琴棋村任驻村第一书记，选派4名优秀教职工到都安县委、县政府挂职，连续7年选派7届研究生支教团共42人到都安职业教育中心开展支教工作，发起教职工捐款改善帮扶地基础建设，48名教职工自愿"一对一"资助都安高中贫困学生完成学业……[2]这一过程中，形成了许多具有育人价值的扶贫档案，在2020年国际档案日来临之际，学校档案馆围绕"档案见证小康路、聚焦扶贫决胜期"的宣传主题，对学校扶贫档案进行整理归纳，推出"扶贫档案故事"系列文章，并在学校官网、微信公众号等平台发布，学校脱贫攻坚队伍奋发图强、力争上游、经受考验的扶贫路给广大青年学子上了一堂真实的思政课，坚定了青年学子投身伟大事业的理想信念。

（二）高校扶贫档案有助于大学生厚植爱国主义情怀

伟大事业的成功离不开伟大精神的支撑。在脱贫攻坚事业中充满了未知与挑战，学校师生在爱国主义精神的指引下走出校园、走进贫困山区，将国家对贫困人民的关怀与大爱带到山区。在这场无声的战斗中，学校扶

贫挂职干部、驻村第一书记和支教团的学生们加班加点、无私奉献,在遥远山区、祖国的群山沟壑中生动诠释了为国尽忠、为民尽职的新时代爱国主义情怀,将爱国奋斗精神写在奋战脱贫攻坚事业的旗帜上。高校扶贫队伍用良好的工作作风和务实的工作态度感染和带动着定点帮扶地区的人民群众,赢得了帮扶地百姓的信任和认可,树立了良好的高校口碑,打造了为民着想、为民谋福的国家形象,书写了独属于高校的扶贫档案。学校充分挖掘高校扶贫档案中蕴含的爱国主义、集体主义、社会主义教育资源,将脱贫攻坚精神融入大学生思想政治教育。2017年11月,学校举办"学习贯彻十九大,弘扬主旋律,助力脱贫攻坚"教育扶贫主题宣讲会,学校扶贫干部、支教团成员通过一张张照片深情汇报,激发了广大学生将青春梦想与党和人民事业紧密结合的爱国情怀。

(三)高校扶贫档案有助于大学生提升思想品德修养

高校的人才培养应是育人和育才相统一的过程,而育人的根本就在于立德[3]。思想品德修养是大学生的立身之本,是个人一生的必修课。高校扶贫档案蕴含着丰富的思想政治教育价值,因其直观性、示范性的教育特征,经充分挖掘、有效利用后,对于提升大学生的身心修养、提高大学生道德品质素养具有重要意义。高校扶贫档案既是思政教育的教学素材,也是服务思政教育、支撑思政教育的现实材料。用好高校扶贫档案,有助于教育和引导新时代大学生砥砺奋斗精神,激发创新活力,有助于广大学生培育高尚的品德修养,将明德正行融入今后的工作和学习中。学校档案馆将扶贫档案中的部分音像档案、实物档案、荣誉证书、帮扶地区的信件往来等进行教学化、传播化开发,将其融入思政教育,使得扶贫工作队伍的优秀事迹在学生群体间口耳相传,以身边师长、朋辈的现实事迹引领青年学子立大志、明大德、成大才、担大任,为培育立志投身伟大事业的时代新人贡献档案育人力量。

(四)高校扶贫档案有助于大学生践行时代使命担当

脱贫攻坚战打响以来,高校人把参与党和人民事业作为自己义不容辞的职责,用新时代高校人的使命担当走进中国偏远地区沉寂贫穷多年的土地,助力社会主义事业向前迈进。作为千千万万扶贫力量中的一员,学校全体师生本着为国尽忠、为民谋福的坚定信念,始终坚持"站在最前列、冲在第一线",用实际行动扛起了脱贫攻坚战的使命,圆满完成了党和国家交予的神圣使命。为更好讲述扶贫故事，吸引更多青年学生参与脱贫攻坚与乡村振兴，2020年10月，学校档案馆联合马克思主义学院邀请学校扶贫干部（时任驻村第一书记）同马克思主义学院硕士研究生进行线上座谈，引导马克思主义理论学科学生将所学理论与扶贫工作实践相结合，强化了青年学生投身国家和社会需要的使命担当。可见，扶贫工作蕴含着丰富的教育内涵和思想政治教育功能，高校学生通过扶贫档案能够亲身感受到个人与国家同呼吸、共命运，近距离感受国家发展的社会变迁，激发新时代大学生践行时代使命担当。

二、发挥高校扶贫档案思想政治教育价值的实现路径

深入挖掘高校扶贫档案蕴含的思想政治教育资源，发挥好扶贫档案育人价值，多角度、全方位开展扶贫档案育人工作，将其融入学校"大思政"工作格局，做好新时代档案育人工作。

（一）讲好扶贫故事，弘扬脱贫攻坚精神

在脱贫攻坚伟大斗争中，锻造形成了脱贫攻坚精神，这"是中国共产党性质宗旨、中国人民意志品质、中华民族精神的生动写照""是中国精神、中国价值、中国力量的充分彰显"[4]。脱贫攻坚的伟大斗争，产生了一个又一个高校扶贫故事，也闪耀着高校扶贫工作的时代光辉。因此，多角度多途径讲好扶贫故事，能够有效弘扬脱贫攻坚精神，发挥好高校扶贫档案思想政治教育价值。首先，从扶贫故事的发掘来说，需要面向参与扶贫工作的各单位和人员广泛征集扶贫档案、了解扶贫事迹，以典型性扶贫故事为重点发挥其思想政治教育价值。2021年5月，学校档案馆向学校各二级单位收集8年来扶贫工作形成的档案资料，经整理筛选，共收集439件纸质文件、784张数码照片、46部视频、23件实物，构建起了学校扶贫专项档案库。其次，从扶贫故事的传播来说，一是需要传播者的有效宣讲，以具有扶贫经历和深刻体会的扶贫干部为宣讲主体，促进扶贫故事传播生动化；也需要多渠道推动扶贫故事的宣传，运用好课堂、讲座、新媒体等载体进行线上线下宣传，实现扶贫故事传播广泛化。自参与定点帮扶以来，学校多次组织扶贫干部和支教团成员开展事迹宣讲、扶贫体会交流座谈会等活动，并将扶贫故事整理成系列文章，在学校融媒体平台进行广泛宣传，生动地再现了高校师生扶贫历程，使得学生在了解扶贫故事中产生情感共鸣，

感悟脱贫攻坚精神。

（二）走进思政课堂，充实档案育人资源

思想政治理论课作为高校立德树人的根本课程，是发挥高校扶贫档案育人价值、用好扶贫档案教育功能的主战场。高校在教育学生学习贯彻习近平新时代中国特色社会主义思想的过程中，可取材于扶贫档案，以脱贫攻坚为切入点，阐述习近平总书记治国理政新理念新思想新战略。档案资源给予了思政教育现实依据，在《形势与政策》课程教学中运用学校扶贫档案，能为思政教育提供更具时代特色和时事特征且具有亲切感和真实性的教学支撑素材。在不断丰富思政课教学内容的同时，档案资源育人价值也得以持续发挥，档案资源与思政教育的共促共进，既为高校思想政治理论课创新教学形式、拓展教学内容提供了方向，也为高校档案资源开发利用提供了新的契机。推进高校扶贫档案进思政课程，一是注重结合学生特点，以青年参与扶贫的档案和事迹作为教学素材，特别是以本校扶贫故事或行业扶贫故事感召学生；二是注重发挥典型事迹的教育作用，在脱贫攻坚斗争中涌现了黄文秀、黄诗燕、张桂梅、李保国等先进人物，讲好先进人物的光辉事迹，能够引导学生在学习中发扬脱贫攻坚精神，通过感悟时代的发展变迁了解社会、服务社会。

（三）创新教育模式，打造档案育人体系

传统的思想政治教育课堂教学常以教师单向灌输为主，往往忽视学生的学习感受，难以激发其学思想的自主性。随着教学手段和教学方式的不断拓展，思政教育融入校园文化、走进高校立德树人第二课堂，成为创新思政教育模式的有效途径，努力形成扶贫档案融入"思政课程+第二课堂"的扶贫档案育人体系。一是积极推进扶贫档案故事的校园展陈，推进档案育人融入校园文化。需要学校层面统一部署，由档案馆、宣传部、学工处和各学院通力合作，做好扶贫档案展的专栏展示与宣传。还可通过倡议投稿、捐赠等形式挖掘校友在工作中的扶贫故事，丰富可利用的扶贫档案资源，发挥身边榜样引领力量。二是注重用好各类实践活动，推动扶贫档案教育资源走进第二课堂。学生社团活动、文娱活动、竞赛活动、社会实践、创新创业训练等都是学生教学课堂之外学习成长的第二课堂，可以通过将扶贫档案的收集保管、开发利用与各类活动的举办相结合，充分发挥扶贫档案育人价值。如在学生社会实践的开展过程中，指导学生前往贫困地区参与扶贫工作调研、收集地方扶贫档案、挖掘典型扶贫事迹；在学生进行创新创业训练时，以查阅学校扶贫工作档案为切入点，了解帮扶地区现状与需求，进而以帮助贫困地区群众增收为训练内容等。通过切身实践、深刻体会来达到扶贫档案的感人育人作用。

三、结语

高校扶贫档案为巩固拓展脱贫攻坚成果同乡村振兴有效衔接提供了档案价值，做好高校扶贫档案的开发利用工作，在一定程度上能够助力乡村振兴，贡献档案力量。深挖高校扶贫档案的育人内容，融入高校"大思政"工作格局，是牢牢掌握意识形态主动权，坚守高校立德育人主阵地的应有之举。

参考文献

[1] 新华社.习近平：把思想政治工作贯穿教育教学全过程［EB/OL］.［2016-12-08］http：//edu.people.com.cn/n1/2016/1208/c1053-28935842.html.

[2] 朱彤，马宁.档说扶贫：中国矿业大学（北京）校地结对精准扶贫工作纪实［J］.档案管理，2021（06）：96-97.

[3] 习近平.在北京大学师生座谈会上的讲话［N］.人民日报，2018-05-03（2）.

[4] 习近平.在全国脱贫攻坚总结表彰大会上的讲话［M］.北京：人民出版社，2021：19.

大数据时代学生成绩档案数据可信化管理探析
——以华北科技学院为例

付小伟

摘　要：本文以华北科技学院学生成绩档案管理为例，分析了大数据时代学校学生成绩档案数据管理中存在的问题，如电子档案的法律效力尚未明确，学生成绩档案仍为纸质档案；教务系统的学生成绩数据不够完整，且缺乏档案的凭证属性。探讨成绩档案数据的可信管理解决方案，包括纸质档案电子化、与教务系统对接、可信化处理。

关键词：大数据时代；学生成绩档案；电子成绩档案；档案数据可信化

一、引言

随着"大数据"概念的发展，学校各个管理部门建设了各项信息系统，2006年学校开始通过教务管理系统集中的录入、修订、维护、管理、审核学生成绩。因教务管理信息系统中学生成绩是以数据形态保存在，没有形成完整的版式成绩单，也没有可靠的技术保障数据的四性，导致这些成绩数据不具有凭证属性，无法直接进行归档和使用。学校曾采用终端系统自助打印学生成绩，这种方式需要为学生提供防伪纸，这种防伪纸的成本相对较高，打印也需要学生亲自或者委托他人到校办理，给毕业生带来极大不便。随着成绩档案重要性的提高，越来越多的学生需要利用成绩档案，学生到校办理的成本相对较高，方便快捷的电子档案更能满足学生的需求。因此，电子学生成绩数据管理，数据完整安全可信的保证对于学校档案管理十分重要。近年来，大数据技术快速发展为学生成绩档案的"单套制"

---

* 本文系北京市高等教育学会档案研究分会2020-2021年度档案研究课题项目"大数据时代可信学生电子成绩档案管理探析（2020DAKTY08）"研究成果。

付小伟（1983— ），女，天津人，华北科技学院科长，讲师。

管理提供了技术条件和可信的信息生态环境[3]。

2019年《中华人民共和国电子签名法》第十四条规定"可靠的电子签名与手写签名或者盖章具有同等的法律效力"确立了电子签名的法律效力，为可信电子成绩单的生产与应用提供了法律依据[1]。2020年6月十三届全国人大常委会第十九次会议审议通过了修订后的《中华人民共和国档案法》（以下简称《档案法》），第三十七条明确提出"电子档案应来源可靠、程序规范、要素合规"，高度凝练了关于电子档案的形成和管理要求，明确了电子档案的法律效力，为可信电子档案管理提供了法律依据[1]。

本文结合相应方法和技术，保障成绩数据完整真实、可用和安全，使学生电子成绩档案达到国家电子档案标准，赋能学校高质量发展。

二、大数据时代学生成绩档案数据管理存在的问题

（1）电子档案的法律效力尚未明确，学生成绩档案仍为纸质档案。在电子档案的法律效力尚未明确时，教务管理部门是使用防伪纸等特殊纸张打印学生成绩单并加盖学校成绩管理部门的公章，使其具有档案的凭证作用，目前成绩档案移交、保存、利用的学生成绩档案依然是传统的纸质档案。

（2）教务系统的学生成绩数据不够完整，且缺乏档案的凭证属性。因为教务管理系统中未能将电子成绩档案管理的相关要求嵌入其中，教务管理系统中存有学生成绩数据是以动态的、数据字段的方式进行录入，无法在终端呈现出完整的成绩页面，而且教务系统中留存的成绩数据缺乏档案的凭证属性，难以发挥电子档案的法律效力。而且仅仅通过系统几乎难以判断和证明学生成绩信息的真实性、有效性和内容原始性。

三、解决方案

（一）纸质档案电子化

通过对近5年成绩档案利用频次分析可知，近5年成绩档案借阅2000人次，2006-2016年成绩档案利用人次为1150人次，1993-2005年成绩档案利用人次为415人次，表现出的规律是时间间隔越长，成绩档案利用率越低。根据档案的利用频次，对时间间隔短的档案优先进行电子化、优先核实。

1.对2006-2016年学生纸质成绩档案扫描变成电子化

（1）纸质扫描过程中，制定扫描的具体标准，扫描材料一律进行彩色

扫描，扫描分辨率为400dpi以上，图像存储为PDF格式，以专业、班级加姓名命名，方便线下查询利用。

（2）及时进行质检，扫描一个纸质成绩后，质检人员认真检查图片质量等，确认符合要求工作人员才能继续扫描下一张。扫描完一个班级，工作人员要整体查看扫描质量，经过一段时间后，确认相关工作人员能够胜任扫描工作，再逐渐降低质检的比例。

（3）以班级为单位抽查完整性，每个专业按照50%的班级进行抽查，班级按照20%进行质检。检查名字和文件对应情况，错误率达到5%的要二次质检。

共完成2006-2015年学生纸质成绩单42657份，并生成双层PDF文档。

2.对1993-2005年学生成绩档案进行电子化整合

（1）按照教务处规范制发的学生成绩制表单模板，同一年同一专业的制作使用一个模板，以便提高著录效率。

（2）录入过程中操作人员要对记录成绩单中课程名称不全，缺少补考成绩等问题，档案管理人员通过记录单，第一时间对纸质档案存在的问题进行确认，并组织相关业务部门进行复核，提交成绩单的同时提交相应的背景材料，用以补充课程名称及补考成绩，以确保数据准确。

（3）分析近5年档案利用记录，成绩档案利用目的多为补充人事档案，且该时间段成绩档案利用概率较低，按照每个专业20%的班级10%的比例，对学生成绩数据准确及完整性进行质检。错误率达到5%要换班级二次质检。

共完成学生成绩补录校对24000余人，同时生成双层PDF文档。

（二）与教务系统对接

与教务系统对接，及时将学生电子成绩数据接入档案管理系统，以便适应移动互联网下的档案利用需求。对学生电子成绩数据生成全过程管理进行梳理：

（1）明确成绩数据档案凭证属性的组成要素。一份电子成绩单要完整显示学生姓名、班级、专业、学号、课程的名称、成绩、学分等关键信息。

（2）规范制度，细化电子成绩档案管理规则。成绩单数据真实性、完整性和有效性的重要角色是教师、院系级教务员、校级教务员等。保障成绩档案形成过程中，要明确教师、二级教学单位、教务系统管理人员、教务处负责人操作流程和职责，明确维护成绩单数据完整性真实性的整体要求。课程教师提交课程分数并确认后，不允许任何人进行数据的修改，每个学期结束后对成绩进行锁定，同时在系统中进行成绩数据信息的固化处理。

（3）毕业生成绩数据筛查。对毕业生成绩数据进行归档，就需要在教务系统中确定毕业生信息。如使用入学字段进行归档，可能会将部分休学学生成绩归入档案系统，而这部分学生成绩数据并不完整。如使用毕业年限字段进行筛查，部分留级复学的学生成绩可能会遗漏。最终确认使用入学年份加学制，学籍状态和在校状态三个字段进行毕业生数据筛查，保证毕业生成绩的完整性。

（4）时间周期的确定。一般认为所有学期结束后成绩数据已形成，可以对电子成绩进行归档。经过调查华北科技学院成绩档案认定过程可知，每年学生毕业后都存在一小部分学生补考情况，如果学生毕业后一个月进行成绩电子文件归档，会存在少部分学生数据不完整、不准确的问题，而学校通常在12月份进行统一补考，于是系统将电子成绩档案生命周期设定为入学至毕业当年的12月底，设置当年12月31日教务系统数据自动归档。

（三）可信化处理

纸质文件的影像化处理的电子数据，存在被伪造、篡改的可能性，可信程度欠缺，因此不能在实际中得以推广应用[4]。要保证材料的可信性，需要保证证明材料的真实性、完整性以及防伪性，需要在电子数据中增加可信化处理。

1.可信化处理方式选择

在电子档案可信化处理方面，区块链技术是目前非常热门的技术，国内成功落地应用的区块链档案管理系统比较少，在该领域可供借鉴的实践经验不足；其余典型案例大多是在各自的实践工作中逐步发展并完善起来的，具有极强的区域性和组织特色，其普适性与可推广性不强[5]。且存在效率功能性差，需要多节点对齐，使用效率较低，其普适性与可推广性不强等特点。局域网取证设备适合所有电子档案场景，存证效率好，但对比学校目前的信息平台改造来说，造价相对较高，并不适用。经过调研部分高校可知，清华大学、北京科技大学、集美大学、华南师范大学均采用CA认证技术，CA认证技术成熟且有很多成功案例，高校使用率较高，对学校而言性价比相对比较高。

2.构建可信电子归档解决方案整体架构

（1）业务系统：档案管理系统，负责管理各类需要归档的电子文档。

（2）扫描仪：负责将纸质文档进行扫描。

（3）可信电子档案服务系统：对纸质文档、电子数据进行版式化处理，并利用第三方合法的数字证书，提供电子签章服务及时间戳服务，生成可信电子归档文件。提供可信时间、可信身份、可信的电子档案完善的安全功能，提供安全审计。

（4）可信电子档案密码应用支撑平台：后台硬件服务器，包括PDF签章服务、数字签名服务和时间戳服务，为电子归档服务提供基础密码运算组件，支持国际、国内通用密码算法。

3.纸质档案数据可信化处理

将可信电子归档服务系统集成到电子档案管理系统中，在系统中调用可信电子档案服务系统应用接口，对成绩纸质档案扫描件进行可信化处理，采用标准、固化、统一的电子数据格式，使用信息安全密码技术进行必要的技术处理，使其具备可信时间、真实身份、完整性保护、责任认定等特征，从而确保电子档案在全生命周期实现完整、有效、安全、可靠。

4.教学系统数据可信化处理

按照高校档案管理的相关规定对档案文件版式化处理，在教务管理系统中增加自动生成PDF版式文件的功能，由第三方CA认证机构确保签发单位的网络真实身份，同时使用数字签名技术对电子档案文件进行可信化处理，任何人采用任何方式都无法篡改经过数字签名的电子档案版式文件，确保了电子档案文件真实完整安全。

采用Token授权认证的方式，对接口进行可信认证；采用HTTPS进行数据加密传输，对系统形成的版式文件都加盖电子签章；系统接收后进行四性检测，对接收到的版式文件，会通过签章接口进行签章验签，保障电子文件的真实性；对归入档案系统的电子成绩单系统自动加盖归档章及电子签名，保障进入档案系统后的电子档案的安全性及自动进行备份；电子档案系统会对成绩单进行自动巡检，巡检到异常后，可从备份封装包中进行恢复。

（五）应用

档案管理人员调阅查档申请，在系统中通过检索定位到需要利用的档案，同时通过CA数字证书对档案文件的电子签章及时间戳进行验证，验证通过后，就可以为学生提供利用可信电子档案文件服务。

四、总结

基于CA认证的可信处理，实现了成绩单的可信电子化，解决了毕业生的迫切需求。不仅可以提升学校电子档案管理水平，为学校其他档案实行"单轨制"管理提供了样板，而且为其他高校实现可信电子材料或可信电子凭证等服务提供了借鉴意义。

参考文献

［1］周建秋，王卉乔.基于可靠电子签名技术的电子档案管理方法研究［J］.教书育人（高教论坛），2022（21）：46-48.

［2］韩李敏.电子档案与传统载体档案具有同等效力［J］.浙江档案，2021（1）：16-18.

［3］徐静，薛四新.高等院校电子文件可信管理方法研究［J］.中国档案，2019（04）：64-66.

［4］薛四新.高等学校电子文件可信管理方法研究——以研究生电子学位论文为例［J］.浙江档案，2019（01）：30-32.DOI：10.16033/j.cnki.33-1055/g2.2019.01.017.

［5］于欢欢，程慧平.区块链技术在国内电子档案管理中的应用研究述评［J］.档案与建设，2021（05）：27-33.

"双奥之城"背景下奥运档案的管理、开发利用与价值传承研究*
——以首都体育学院（北京国际奥林匹克学院）为例

王 雁 王小伟 姜素兰

摘 要：奥运档案作为申办、筹备和举办奥运会过程中产生的各种门类和载体的历史记录，具有来源广泛、数量繁多、内容丰富、形式各异的特点。它是保存奥运记忆、传承奥运精神的重要载体。管理和利用好这些档案意义深远、价值重大。本文在概述奥运档案国内研究和实践现状、介绍其基本概况的基础上，以首都体育学院为例，提出了对奥运档案管理坚持合法、内容为先、注重分类的原则，从历史发展观、可持续发展和培育社会主义核心价值观三个方面提出了开发利用和价值传承的路径。

关键词：奥运档案；开发利用；价值传承

1894年6月23日，国际奥委会在巴黎宣告成立，标志着现代奥林匹克运动的开始。1896年4月6日第一届现代奥林匹克运动会举办，赛前举办国希腊向世界诸国发出了邀请，其中也包括中国，当时第一个接到邀请书的是光绪皇帝，但因慈禧太后和属下都不懂其含义而作罢，中国与首届奥运会的缘分到此为止。直到1908年第四届伦敦奥运会时，天津一份杂志提出了"奥运三问"：中国何时参加奥运会？中国何时获得奥运奖牌？中国何时举办奥运会？"奥运"一词才走进国人视野。如今，一百多年过去了，这三个问题都已经有了明确的答案，北京业已成为世界上首座"双奥之城"。百年沧桑巨变，奥运薪火相传，那些曾经的报告、奖牌、火炬、老照片、旧报

---

* 本文系北京市高等教育学会档案研究分会2020-2021年度档案研究课题项目"特色档案在高校博物馆展陈中的应用研究（2020DAKTY09）"研究成果。

王雁（1974— ），女，吉林省吉林市人，首都体育学院档案员，硕士，研究方向为信息资源管理与利用，E-mail：wangyan@cupes.edu.cn。

纸、纪念品……见证了千万次的梦想和荣耀、成功与失败、拼搏与超越、团结与友谊，当下已经成为一种特别的档案被全世界关注、收藏、鉴赏、研究、开发利用，档案界将其称为奥运档案。

一、国内研究和实践现状

在中国知网用"奥运+档案"进行检索，最早的一篇文章是1987年4月刊发在《湖北档案》题为"法国为奥运选手建立生理档案"的文摘。随着2008年北京夏奥会成功举办，"奥运档案"作为一个完整的关键词出现在奥运"北京周期"里，并在奥运年呈现"暴增"特点，研究较多集中在奥运工程档案方面。2022年北京冬奥期间，为数不多的几篇文章大多集中在"遗产+档案"领域，价值研究居多。根据知网检索结果提示（见图1），奥运档案的研究尚未得到持续性关注。

国内关于奥运档案的研究，大多都基于开发利用价值方面，较少结合档案实体展开研究的案例。究其原因主要是在工作层面能与奥运档案产生直接关联的组织机构为数不多，因为奥运档案一般集中保管于举办城市的档案馆、体育总局、专门的博物馆、高等院校以及民间收藏家（者）手中。

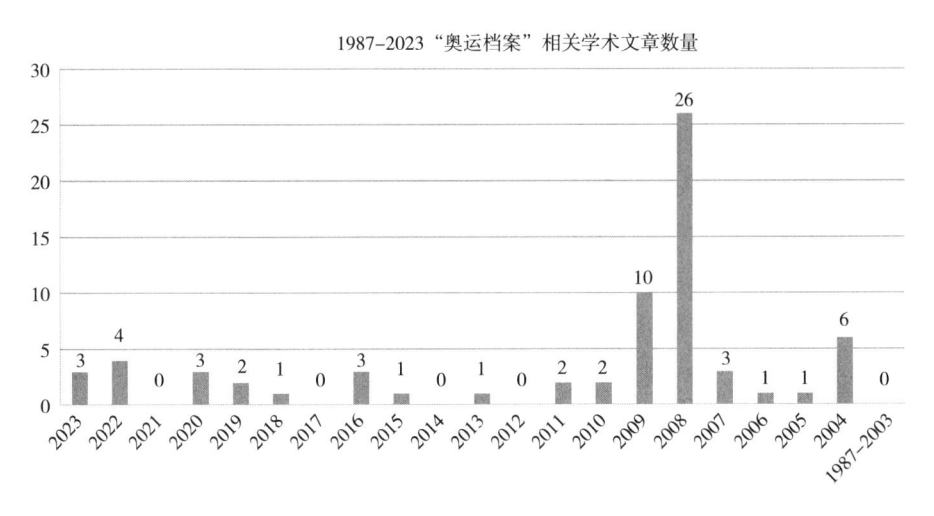

1987—2023"奥运档案"相关学术文章数量

年份	数量
2023	3
2022	4
2021	0
2020	3
2019	2
2018	1
2017	0
2016	3
2015	1
2014	0
2013	1
2012	0
2011	2
2010	2
2009	10
2008	26
2007	3
2006	1
2005	1
2004	6
1987—2003	0

图1　1987.1—2023.3 中国知网与奥运档案相关的学术文章年度数量分布图

二、奥运档案的概况

（一）奥运档案的概念

2022年北京冬奥会和冬残奥会开幕式倒计时50天之际，中国人民大学信息资源管理学院博士生张丹在主题报告《北京奥运档案的遗产价值及管理》中，对档案、奥运档案和北京奥运档案进行了基础概念的辨析。奥运档案[1]是指在申办、筹办、举办奥运会过程中，奥组委各部门、竞赛场馆、开闭幕式运营中心等专门机构，以及相关组织和个人直接产生的各种门类和载体的历史记录。其中，北京奥运档案是指2008年北京奥运会和2022年北京冬奥会所产生的档案集合。

（二）奥运档案的特点

奥运档案内容丰富、价值珍贵，是奥运遗产的重要组成部分，具有来源广泛、数量繁多、内容丰富、形式各异的特点[2]，收集整理与保管难度大。国际奥委会奥林匹克研究中心就是保存和管理奥林匹克档案信息的部门，为当今及未来奥林匹克运动提供成功经验和信息支持。近年来，国际奥委会越来越重视奥运档案的积累、整理与移交工作，从2000年悉尼奥运会开始，明确要求主办城市向国际奥委会移交自申办以来到举办期间形成的全部文件档案。随后，这些奥运档案通过奥运会知识管理项目的形式传递给下一届奥组委。因此，奥运档案还具有届际传承的特点。[3]北京作为"双奥之城"，夏奥会档案为冬奥会的筹办工作提供了有力的参考和借鉴，还实现了双奥"跨届"的传承。

三、奥运档案的管理

2022年4月8日，习近平总书记在北京冬奥会、冬残奥会总结表彰大会上发表重要讲话，全面回顾了7年筹办备赛的不凡历程，深入总结了筹备举办北京冬奥会、冬残奥会的宝贵经验，并对运用好冬奥遗产、推动高质量发展提出明确要求。

首都体育学院作为北京唯一市属体育大学，承担着光荣的时代使命和行业责任，亲历并见证了"双奥之城"的诞生。学校从2001年开始致力于奥林匹克教育研究与推广工作，于2008年北京奥运会开幕式前创建了全球首个"奥林匹克教育博物馆"，时任国际奥委会副主席庞德先生为博物馆揭牌，2018年完成博物馆改扩建。2021年6月学校成功加挂"北京国际奥林匹克学院",成为世界上第三所由国家政府决定成立的奥林匹克学院,同时也是2022年北京冬奥会重要人文知识遗产。学校在长期奥林匹克研究和教育实践过程中积累了丰富的奥运档案,截至2022年12月底,首都体育学院(北京国际奥林匹克学院)奥运实物档案已达1万余件。近年来,学校坚持在《中华人民共和国档案法》规定的框架下有序开展奥运档案的收集、管理和利用工作,最大限度开放服务,取得了显著的社会效益。

1. 坚持合法原则,做好奥运档案资源体系建设和开发利用

根据《中华人民共和国档案法》第十七条:档案馆除按照国家有关规定接收移交的档案外,还可以通过接受捐献、购买、代存等方式收集档案。随着北京双奥的成功举办,奥运档案已经成为档案界和文博届的特色收藏被社会广泛关注。结合2022年北京冬奥组委实物档案委外移交情况,除向国际奥委会例行移交以外,国内也有多家家单位继承了不同数量的冬奥实物档案,包括档案馆、北京奥促中心、体育总局、博物馆和高校等。其中北京奥运档案最为完整的保管单位是北京市档案馆。首都体育学院(北京国际奥林匹克学院)奥运档案来源主要有四种方式:学校师生员工在参与奥运服务工作中直接形成、北京奥组委和北京冬奥组委移交、校友和社会捐赠以及通过购买方式获得。

2. 坚持内容为先,做好奥运档案的整理和著录工作

历届奥运会都会形成数量庞杂的奥运档案,而且每一件档案都不是孤立存在的,而是存在彼此关联联系或届次传承关系的。因此奥运档案在整理和著录环节,应采用"事由优先、兼顾来源"[6]的原则进行鉴定,尽量做到客观全面反映出档案全貌,经得起"四性"检验。即首先从奥运档案所包含的主题内容角度进行整理,最大程度地体现其蕴含的历史价值和研究价值;其次考虑其来源组织机构,同时兼顾奥运档案的利用者、国家、社会等利益相关者,不断赋予其新的价值。

3. 注重分类管理,为安全保管奥运档案提供信息支持

现代奥林匹克赛事体系包含夏奥、冬奥和青奥,均为每四年一届。根据奥运档案的定义,奥运档案字申办开始,包含申办、筹办和举办三个主要过程。首都体育学院(北京国际奥林匹克学院)的1万余件奥运实物档案中,包含自1896年以来的官方报告、徽章、海报、吉祥物、火炬、奖牌、邮品、艺术品、文创、服装等,涉及不同的使用场景。自收集移交鉴定开

始,到正式归档入库,严格登记著录,并伴随着奥运档案的研究与开发利用,持续维护、不断赋予新的增值信息。在保管过程中,应当根据奥运档案载体、材质保管条件的不同,分类存放、区别对待,但由于目前保管条件不够完备,仅能保证专用实物库房,无法保证环境温湿度等的监控。通过数字化方式,可以实现基于不同分类方式的多字段综合检索,灵活查找和利用,通过二维成像技术,保存好奥运档案的数字化副本。[7]

四、奥运档案的开发利用与价值传承

2019年北京冬奥组委发布了《北京2022年冬奥会和冬残奥会遗产战略计划》,指出要通过筹办工作,科学收集、整理、归纳和留存好北京冬奥会文字和实物档案遗产,充分发挥其赛后利用、传承和借鉴作用。北京国际奥林匹克学院作为北京2022年冬奥会的一个重要人文知识遗产保护和传承机构,坚持以教育为核心,在奥运档案价值开发与传承利用方面发挥了重要作用。

1. 以历史发展观的视角做好开发利用与文化传承

现代奥林匹克运动发展至今已逾百年,奥运会作为世界第一大体育盛会,已经超越体育范畴,其影响涵盖政治、经济、科技、文化、教育、社会、城市建设等方方面面。因此,对奥运档案的开发利用,一定要建立在历史发展观上方能彰显其价值。首都体育学院(北京国际奥林匹克学院)将奥运档案直接应用于奥林匹克教育博物馆,以奥林匹克发展史为主线,通过展陈的方式直观呈现历届奥运会的举办情况,并据此反映世界、中国、中国体育的历史发展与演变,折射人类文明的发展与进步。通过奥运艺术品陈列、点火仪式串烧、火炬奖牌设计,将美术、科技、工艺以及东西方文化等融于一体,交相辉映。通过体育生动呈现了中国与世界的关系,有助于教育青少年用全面、整体和开放的思维看待历史、学习历史、理解历史。[4]

2. 以可持续发展为目标做好奥林匹克教育工作

顾拜旦在创建现代奥林匹克运动时就提出:"奥林匹克核心价值在教育"。自20世纪90年代开始,我国开始大力推进素质教育。素质教育的核心理念是"以人为本"。奥林匹克精神在当今世界面临诸多困境的情况下,是全世界认同的一种有助于我们认识人的发展真谛的教育精神。[5]它鼓励人们自信、尊重、宽容、团结向上，与"以人为本"的教育理念有着天然的、本质的联系。首都体育学院奥林匹克教育博物馆就是奥林匹克知识的园地，奥林匹克文化的课堂，是一所教科书式的博物馆，其目标是"培养一代懂体育、爱体育、身心健康的青少年"。首都体育学院奥林匹克研究团队通过对奥林匹克教育课件的研发和教材的编写，将奥运档案里蕴含的榜样故事、规则意识、生活哲理、精神体系等通过鲜活的案例加以诠释，加深理解并指导日常言行。奥林匹克教育博物馆通过组织中小学生奥林匹克文化教育活动，如绘画、书法、手工艺制作、摄影等主题作品征集活动，通过艺术的方式表现奥林匹克精神，并以展览或巡展进校园的方式加以呈现，评选出来的优秀作品由奥林匹克教育博物馆统一收藏。目前这项活动已经成为首都体育学院奥林匹克教育的品牌项目。另外还有奥运知识竞赛活动、演讲比赛、模拟奥运会等丰富多彩的奥运文化教育活动。在全校倡导中华体育精神与奥林匹克精神融合发展的德育课堂和大思政课，在文化育人方面发挥重要作用。

3. 在弘扬奥林匹克精神中培育社会主义核心价值观

核心价值观是一个国家和民族的精神追求和价值追求，社会主义核心价值观是我国在历史的发展和时代的进步过程中被赋予的时代特色和精神指引，也是公民实现自身全面发展的价值指引。社会主义核心价值观作为国家、社会、个人发展的总向导，需要在教育过程中落实、落细、落小。首都体育学院（北京国际奥林匹克学院）通过挖掘、传播和发展奥林匹克精神践行社会主义核心价值观教育。易剑东[8]等在《奥林匹克精神与2008年北京人文奥运》一文中，将奥林匹克精神定义为进取精神、超越意识、整体思想、全球观念、公平原则、艺术追求、科学理念、和合主义八个方面；谢卫东[9]在编著的《一本全民皆读的奥林匹克精神培训手册—奥林匹克精神》一书中，把奥林匹克精神的外延扩充为：胸怀祖国、无私奉献；增进友谊、促进和平；公平竞技、诚信为本；精诚团结、同心协力；自强不息、坚持不懈；超越自我、挑战极限；科学运动、健康生活等多个方面。习近平总书记将北京冬奥精神概括为"胸怀大局、自信开放、迎难而上、追求卓越、共创未来"。[10]胸怀大局，就是心系祖国、志存高远，把筹办举办北京冬奥会、冬残奥会作为"国之大者"，以为国争光为己任，以为国建功为光荣，勇于承担使命责任，为了祖国和人民团结一心、奋力拼搏。

自信开放，就是雍容大度、开放包容，坚持中国特色社会主义道路自信、理论自信、制度自信、文化自信，以创造性转化、创新性发展传递深厚文化底蕴，以大道至简彰显悠久文明理念，以热情好客展现中国人民的真诚友善，以文明交流促进世界各国人民相互理解和友谊。迎难而上，就是苦干实干、坚韧不拔，保持知重负重、直面挑战的昂扬斗志，百折不挠克服困难、战胜风险，为了胜利勇往直前。追求卓越，就是执着专注、一丝不苟，坚持最高标准、最严要求，精心规划设计，精心雕琢打磨，精心磨合演练，不断突破和创造奇迹。共创未来，就是协同联动、紧密携手，坚持"一起向未来"和"更团结"相互呼应，面朝中国发展未来，面向人类发展未来，向世界发出携手构建人类命运共同体的热情呼唤。

五、结语

首都体育学院（北京国际奥林匹克学院）奥运档案的管理、开发利用与价值传承的实践，作为"双奥之城"背景下奥运档案工作的经验之谈，为奥运档案的可存续、可开发和可传承提供保障和支持，未来应该得到进一步的研究。

参考文献

[1] 徐拥军，张丹.北京奥运档案管理的"中国模式"[J].图书情报知识，2022（3）：33-41.

[2] 徐拥军，张丹.论北京奥运档案的遗产价值[J].档案学通讯，2022（1）：4-14.

[3] 王润斌，肖丽斌.奥运档案的届际传承问题探析[J].兰台世界，2015（10）：55-56.

[4] 李欣，王继平.大历史观的内涵、价值与微观实践路径[J].中学历史教学，2023（2）：69-71.

[5] 吕晓丽，魏强，张蕾.北京奥林匹克教育的创新与实践[M].北京：北京体育大学出版社，2009.

[6] 宋魏巍.欧洲大陆国家档案鉴定理论与鉴定方法论发展述评[J].档案学研究，2013（3）：81-86.

[7] 黄明玉，宋文怡.藏品数字化编目及《文物分类主题词表》应

用[J].四川图书馆学报,2022(6):19-26.
[8] 易剑东,吴昌宗.奥林匹克精神与2008年北京人文奥运[J].西安体育学院学报,2002(1):19-21.
[9] 谢卫东.一本全民皆读的奥林匹克精神培训手册——奥林匹克精神[M].中华工商联合出版社,2007.
[10] 新华网.习近平报道专辑"习近平阐述冬奥精神"[EB/OL].(2022-04-08)[2023-05-22].https://www.news.cn/politics/2022-04-08/c_1128541921.htm.

欧洲电子档案信息生态链模型及其启示*
——以瑞典国家档案馆为例

郭 鹏

摘 要：从信息生态视角切入，以瑞典国家档案馆为例，研究信息生态系统的构成，分析电子档案生态链的要素，构建瑞典电子档案信息生态链模型。得出采用先进数字技术，将统一的数据库与多样化的利用服务平台相结合，从而优化生态链的信息环境；提高链中信息人的素质，特别注重发挥研究学者的作用，以实现档案资源的增值；健全电子档案法律法规体系，加强监督和处理力度等三方面的启示。

关键词：档案信息生态；信息生态链；信息流转；电子档案

信息生态学是以人类需求为信息世界的中心来设计和管理信息环境的，是属于信息管理学科的一个分支。它以人、信息和信息环境三要素及其关系为研究对象，关注人们如何集中地创造、描述、理解和利用信息。档案作为一种原生性的社会信息源，赖以生存和发展的生态环境受到自然、社会等因素的影响，特别是数字环境下档案生态系统中的信息孤岛、信息冗余、信息垄断、信息焦虑等生态问题日益凸显，单纯依靠技术手段难以解决。科学、合理的档案生态系统需要实现人、信息和环境之间的最优配置，使系统中的各要素、输入和输出量都处于稳定和通畅状态。

一、瑞典国家档案馆信息生态系统的构成

瑞典国家档案馆（Riksarkivet, The National Archives of Sweden，简称

---

* 本文系北京市高等教育学会档案研究分会2020-2021年度档案研究课题项目"欧洲电子档案管理的生态链模式研究——以瑞典国家档案馆为例（2020DAKTY02）"研究成果。

郭鹏（1983— ），女，河北石家庄人，北京大学档案馆，博士，研究方向为电子档案管理，E-mail：bdguopeng@pku.edu.cn。

NA）建于1618年，最初为瑞典政府办公厅下设的登记处，负责保管政府的重要文书，距今已有四百多年的历史，是瑞典最古老的公共文化服务机构之一。目前，瑞典国家档案馆兼具行政管理、制度规划、档案收集、保管、利用服务等多项职能，是国际档案理事会、北欧档案管理委员会等机构的重要成员，参与欧洲档案格式转换计划、电子档案描述计划、瑞典电子政务项目等多项国际、国家标准的制定，在欧洲档案管理进程中具有十分重要的研究价值和借鉴意义。

基于信息生态学理论，笔者认为瑞典国家档案馆的信息生态系统主要由信息人、档案信息资源和档案信息环境四部分组成。各类档案信息资源是纽带与桥梁，连接着信息生产者、传播者和利用者；档案信息主体是各类产生和传播档案信息的机构和个人。信息消费者是利用者，是通过查找、利用档案信息，满足其利用需求的用户群体。信息分解者则是通过对档案的深度加工、整理，实现档案价值增值。档案信息资源是指瑞典国家档案馆馆藏的各类机构及个人在工作、生活中形成的具有保存价值的历史记录。档案信息环境包括档案资源产生、收集、整理、利用过程中所涉及的政策法规、技术、经费等。

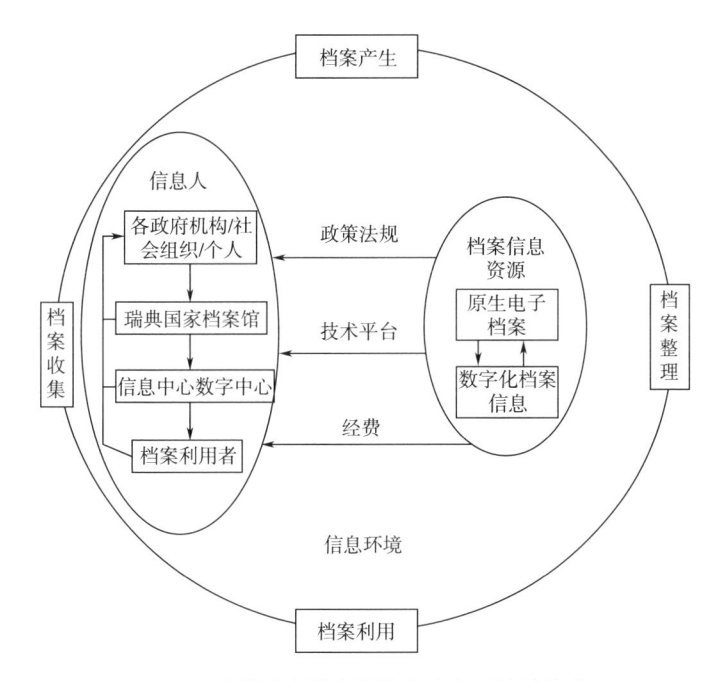

图1 瑞典国家档案的信息生态系统的构成

二、瑞典国家电子档案生态链的要素分析

瑞典国家电子档案的生态链强调通过"人"对电子档案资源和自身行为的管理，充分发挥人的主观能动性。因此，链中的各类"信息人"成为关键要素。

（一）档案生态链中的"信息人"

1.信息生产者——议会、中央机关、各党派、大型企业、重要人物等

档案生态链中的信息生产者可以是一切能够产生档案信息的国家机构、社会组织和个人，他们共同构成了生态链的信息源头。对于瑞典国家档案馆来说，生态链中的信息生产者主要是瑞典议会和各中央机关、党派、大型企业以及政治领袖、贵族、大型庄园主等具有特殊社会贡献的重要人物。近年来，私人企业、小型社会团体、组织和个人越来越多地参与档案活动，逐渐成为瑞典国家档案馆新的重要信息来源。

2.信息传递者——国家档案馆

瑞典国家档案馆作为全国范围内的档案管理部门，主要任务是接收并保管各个归档单位的档案资料，协调处理好信息产生机构、加工部门和利用者之间的关系，并根据用户的需求开展档案收集、整理、存储、检索、利用、传播服务，充分发挥档案资源价值。作为信息的传递者，瑞典国家档案系统共包含两个综合性国家档案馆（Marieberg和Arininge）和一个军事档案馆（Krigsakivet）。其中，Marieberg主要负责全国档案事业行政管理事务和少量档案利用服务，Arininge则主要负责档案的长期保存业务；军事档案馆同时具有档案保管和提供利用双重职能。瑞典国家档案馆作为档案信息资源的拥有者和信息服务的开展者，通过对不同类型档案的开发利用，构建分类明确、内容丰富的档案信息资源体系，传播档案信息。瑞典国家档案馆利用自身的优势，完成不同来源档案信息的整合、挖掘、提取等基础性铺垫工作；同时，采用多种方式将信息传递给相关用户群体及个人。国家档案馆在传播信息的过程中，十分注重人性化、个性化服务的开展，除档案借阅、利用等传统服务形式外，还设有研究人员专用的查档阅览室，方便学者进行较长时间的档案利用活动，并主动提供专业咨询和信息跟踪服务，仅Marieberg每年就接待近两万名研究人员到馆查阅档案，为档案价值的挖掘创造了条件。

3.信息分解者——国家档案信息中心和媒介转换中心

除以上3个国家档案馆之外,瑞典国家档案系统还包含一个档案信息中心(SvenskArkiv information,简称SVAR)和一个数字媒介转换中心(Medie konverterings centrum,简称MKC),专门提供档案数字化和各种形式的档案信息加工与传递服务。从传播角度出发,二者是档案生态系统的中介节点;从文件生命周期角度,它们是档案生命的最终结点;而从信息组织的角度,它们则是信息的分解者。SVAR的信息来源目前已扩及至全国各个不同档案系统和数据库。MKC平均每天可扫描100,000页档案,是欧洲同类机构中单日扫描档案数量最多的机构。MKC通过将大量纸质档案转换成数字影像图片,形成大量电子档案资源,再通过SVAR实现不同来源的异构信息在统一的系统、平台上实现数字化融合,并完成电子档案的在线传输、保存、管理和发布。同时,它们还负责瑞典国家开放数据和公共部门信息门户的开发和管理,工作重点也逐渐转向档案的深度加工和信息组织,旨在将所有不同来源的档案信息加工成为可开放的、机器可读、处理的半结构化、结构化数据。最后,将加工后的数据重新整合到公共部门的开放数据中,形成新的有价值的档案信息,实现档案价值的增值。从这个意义上说,瑞典国家档案信息中心和数字媒介转换中心兼具信息传播者和信息分解者双重身份。

4.信息消费者——档案利用者

档案信息资源的消费者就是档案的利用者,是档案的最终使用者,既可以是机构也可以是个人。瑞典国家档案馆和信息服务中心通过开展档案利用服务,为利用者提供各类档案信息,体现档案工作的价值。同时,利用者还可以将研究成果、服务意见和建议反馈给公共档案馆及形成档案的部门,推动档案机构不断改进服务水平,明确前进方向,共同推进国家档案馆事业的发展进步。

(二)档案生态链中的信息资源

信息资源是信息生态链的客观组成部分,是链接信息生产者和消费者之间的桥梁。档案信息资源是指各类机构、个人在工作、生活中形成的各类有价值的历史记录,主要包括档案馆接收的原生电子档案、传统载体档案数字化后形成的档案数据资源,以及经过档案编研工作形成的二次文献、三次文献等。瑞典国家档案馆信息资源是指瑞典各国家档案馆馆藏各类国家登记册、内阁书籍、土地记录、外交条约以及政府部门、议会和中央政府各类文件的信息总称,根据档案内容不同可以分为两大类:一类是关于瑞典政府的公务档案,是信息资源的最主要组成部分;另一类是私务档案,例如17世纪和18世纪国王的个人档案以及其他政治家和文化名人的档案,过去主要通过没收和查封获得,现在主要依靠个人捐赠。除此之外,瑞典国家档案馆还保存有一些非政府协会和企业的档案。截至2019年底,档案总排架长度已经超过了7.5万延米,1.8亿电子数据。由于每年瑞典议会等中央机关仍不断有大量档案移交进馆,导致档案信息资源的数量不断增加。

(三)档案生态链中的档案信息环境

信息环境是稳定联系、疏通信息流转障碍的保障。瑞典国家生态链中的信息环境主要包括硬件设施、技术平台、政策制度和经费,四者共同为生态链提供支撑和保障。根据信息生态学理论,只有生态系统中各部分都处于相互适应和协调的动态平衡之中,才能维持整个系统输入和输出的相对平衡关系,确保一个健康的生态环境。在档案信息生态链中依附良好的环境背景,才能最大程度地发挥出档案信息的价值,才能促进信息生态链的绩效和档案信息传递水平的不断提高,否则将会导致整个系统的失衡。

瑞典国家档案具有严格的档案管理、开放利用和监督保障制度。例如瑞典的《国家档案馆法》详细规定了档案的产生、整理、销毁、保存和归档各个环节的规范要求。

同时,SVAR国家信息中心和NAD国家档案管理系统提供了统一的电子档案管理和利用服务平台,MKC国家数字媒介转化中心为档案信息组织和加工提供统一的技术标准,帮助实现档案信息在生态链中动态循环。最后,瑞典国家档案馆的资金来源渠道众多,既有国家政府的拨款,也有社会组织的支持。例如,2018年阿卡迪亚研究基金会捐赠了3000万瑞典克朗用于支持MKC的数字化工作。

三、瑞典国家电子档案信息生态链模型

瑞典国家档案馆自19世纪70年代开始接收各类电子档案,并按照国际标准开发了NAD国家电子档案管理系统,实现了电子档案的在线归档、长期存储和利用服务,形成了一套完整的电子档案生态链。笔者通过对电子档案生态链组成要素的研究和分析,构建了瑞典电子档案生态链模型,如

图2所示。

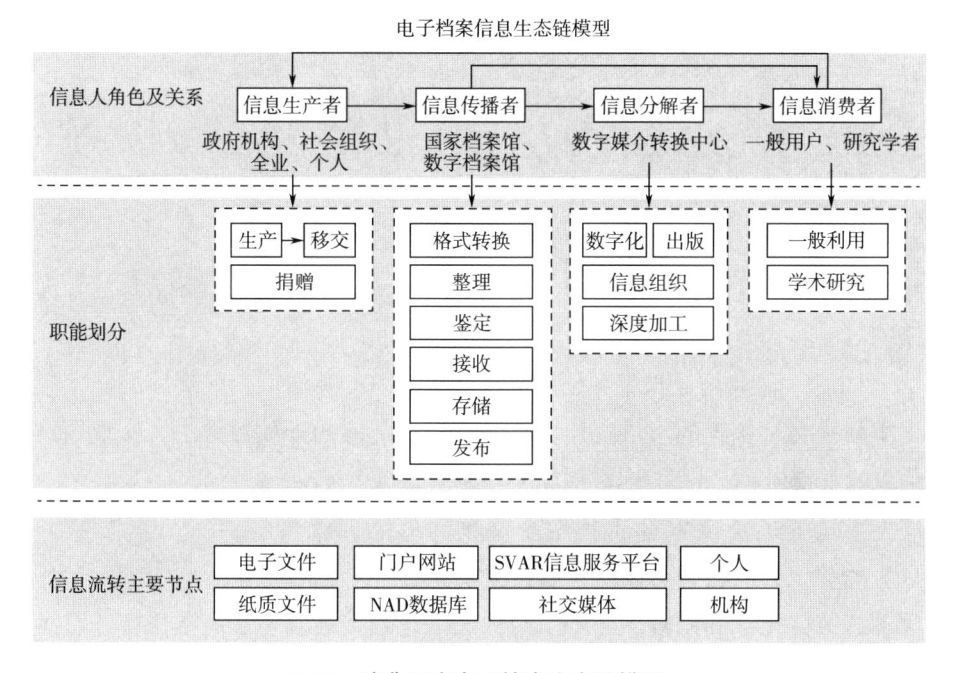

图2 瑞典国家电子档案生态链模型

（一）瑞典国家电子档案生态链的信息流动

档案信息生态链是由于档案信息的流转，信息主体与客体之间以需求为纽带建立的链式结构关系。档案信息以链式结构在信息人之间不断流动、转化，即信息流转。瑞典国家档案馆电子档案生态链上的信息不但可以从档案馆流向利用者，也可以由利用者反馈给档案馆和档案形成部门，从而有效实现了档案信息的双向流动。

首先，瑞典议会、政府部门、社会组织等将业务活动中产生的各类电子档案，通过统一的NAD国家电子档案数据库完成在线归档和移交，实现信息由生产者向传播者的正向流动。国家档案馆接收到电子档案后加以提炼、概括，将原有分散的、异构的、杂乱的档案信息通过格式转换、分类、标引、著录等操作不但升级为更为序化的信息，而且实现了档案信息价值增值。国家档案馆将增值后的档案信息推送至存储库，供SVAR进行信息的深度加工和分解。档案信息被加工次数的增加延长了生态链的长度，进而提升了档案信息生态链蕴含的价值。SVAR瑞典国家信息服务中心和MKC数字媒介转换中心作为链上档案信息流向利用者的最终环节，特别注重以需求为中心，实现档案信息的合理分类和高效流转。SVAR为了促进利用者更及时地获取档案信息，开展档案利用活动，面向不同用户群体开发了不同类型的专题服务平台。对于学术型用户的需求，设计与研究专业、主题有关的历史、知识类档案资料库；对于政府工作人员，提供政务、事务类专项档案信息检索平台；对于咨询查证型用户，提供满足其利用目的的档案及相关说明性材料，并建立规章、制度、生活类政策文件专题库，以更好地发挥档案的凭证价值。通过上述信息的主动推动，促进档案信息的合理流转。

同时，瑞典国家档案馆还鼓励SVAR和MKC将加工、整理后的档案数据重新提交给档案的形成机构，整合到相应部门的开放数据中，实现档案信息的反馈流动，促进档案价值的增值。

（二）瑞典国家电子档案生态链的影响因素

根据上述分析，可以看出瑞典国家电子档案生态链是一个由档案产生、管理、数字化、利用等多个环节组成的一系列档案管理和服务系统。它涵盖了电子档案生命周期的全过程，包括档案的收集、整理、分类、存储、检索、保护、利用、传播等各个环节。档案生态链的目的是实现档案资源的最大化利用和价值的最大化发挥，同时也为社会提供更加便捷、高效、安全的档案服务。档案生态链的建设需要政府、社会组织、公众等多方面的合作和支持，以实现档案资源的共享和互联互通。在信息生态链中，不同种类的信息人身份和作用不同。信息主体和客体之间的关系是由相互交织、相互结合而形成的多元复合关系，信息生产者、传播者和利用者之间互相提供推动力与拉动力，信息生态链作为一个整体实现了信息共享和协同进化。链中信息生产者向利用者的正向信息流和利用者向生产者的反馈信息流并存，信息在信息生态链流转过程中，信息量增减并存。

四、启示和建议

（一）采用先进数字技术，将统一的数据库与多样化的利用服务平台相结合，从而优化生态链的信息环境

以用户需求为中心，有针对性地提供个性化档案服务是信息生态链价值体现的基础。通过在档案馆和利用者之间搭建多条信息生态链路，避免

了单一链接方式而导致的潜在风险。瑞典所有国家档案（含机密档案）均保存在国家档案数据库（NAD）中，利用者通过SVAR的统一平台可以免费检索、浏览和下载所需要的档案。然而，这个平台并不是孤立存在的，而是针对不用利用者的需求尽可能多地链接其他服务系统和平台。通过统一的数据库和多样化利用服务平台建设，不但能够整合现有资源，还可以集成信息组织、分析工具，促进良性信息环境的形成。

（二）提高链中信息人的素质，特别注重发挥研究学者的作用，以实现档案资源的增值

在瑞典，国家档案馆除机密档案及少数档案保存状况不佳不予提供利用外，其余档案均全部面向研究学者提供查询利用。国家档案馆在阅览室中设有研究人员专用的工作间，工作间中配有专用的计算机、档案缩微胶片机以及各类档案拍摄、扫描设备，研究人员只需通过简单的登记申请，就可以免费长期租用工作室间，开展学术研究活动。

（三）健全电子档案法律法规体系，加强监督和处理力度

通过建立专家监管机制，使专家可以独立进行专业评估，或者通过邀请座谈等方式，参与到评估过程中。同时建立版权保护机制，所有电子档案使用权限需要清楚地告诉利用者，数据是否可以在本地被全文查询、阅读、下载或者是否有原始图片信息，原始资料的提供者是谁，可以公开使用的时间范围是多少都需要明确的说明，这对于信息环境的良性发展，促进档案信息的公开和商业化数据使用都具有十分重要的促进作用。

五、结语

伴随着数字技术的发展，电子档案的数量成几何倍数增加，传统单一的管理方法已经不能适应新的形势。借鉴网络信息生态链研究成果，构建电子档案信息生态链模型，从"生态学"视角解读电子档案信息活动，可以有效弥补传统管理模式的不足，并为未来研究方向提供参考意见。目前，电子档案信息生态链研究尚处于起步阶段，伴随着研究的深入，以崭新的视角解读档案管理问题，将会发挥知识创造的价值。

参考文献

［1］江彦.数字档案生态链信息流转机制研究［D］.华中师范大学,

2015.

［2］Prusak L，Davenport T H. Information ecology：mastering the information and knowledge environment［M］. Oxford University Press，1997.

［3］Alexey E. Eryomin A. Information ecology – A viewpoint［J］. International Journal of Environmental Studies，1998（3-4）：241-253.

［4］George Pór. The Knowledge Ecology［J］. Bized，2001.

［5］孙振领.国内外知识生态学研究综述［J］.情报科学，2011（03）：469-474.

［6］Nardi，Bonnie A，O'Day，et al. Information Ecologies：Using Technology with Heart – Chapter Four：Information Ecologies［J］. Serials Librarian，2000，38（1-2）：31-40.

［7］Detlor B. The corporate portal as information infrastructure：towards a framework for portal design［J］. International Journal of Information Management，2000（2）：91-101.

［8］Jones P H. A methodology and system for designing organizational ontologies：Using knowledge-based tools for constructing organizational knowledge［J］. URL：http：//poetics. org/redesign/orgontos. htm，2000.

［9］Jordán F，Scheuring I. Network ecology：topological constraints on ecosystem dynamics［J］. Physics of Life Reviews，2004（3）：139-172.

［10］Capurro R. Towards an ontological foundation of information ethics［J］. Ethics and information technology，2006（8）：175-186.

［11］Weinberg G M. The psychology of computer programming［M］. New York：Van Nostrand Reinhold，1971.

［12］李美娣.信息生态系统的剖析［J］.情报杂志，1998（04）：3-5.

［13］韩刚，覃正.信息生态链：一个理论框架［J］.情报理论与实践，2007（01）：18-20+32. ［14］娄策群，周承聪.信息生态链中的信息流转［J］.情报理论与实践，2007（06）：725-727.

[15] 李佳玉.信息生态链断裂问题研究[J].情报理论与实践,2010(06):15-18.

[16] 慕静,万志成.降低牛鞭效应的信息生态链管理模式及对策研究[J].情报科学,2008(09):1314-1316.

[17] 张向先,耿荣娜,李昆.商务网站信息生态链的运行机制研究[J].情报理论与实践,2012(08):17-20+38.

[18] 集中于2016年1月发表在《图书情报工作》期刊中。

[19] 段尧清,余琪,余秋文.网络信息生态链的表现形式、结构模型及其功能[J].情报科学,2013(05):8-11.

[20] 吴颉.基于演化博弈理论的农村信息生态链研究[J].农业网络信息,2014(08):21-24.

[21] 张天明,江俞蓉,侯昊辰.电子商务网站信息生态链介绍与稳定性初步分析[J].商,2013(10):190.

[22] 宋玮楠,王西,张奥.不同信息共享模式下信息生态链的盈利模式分析[J].情报科学,2014(08):75-81.

[23] 陶水龙.基于系统工程思想的档案信息生态系统研究[J].北京档案,2013(02):9-12.

[24] 张洪双.基于信息生态视角的档案信息资源协同传播研究[J].兰台世界,2013(11):97-98.

[25] 王方,江彦.数字档案生态链信息流转效率衡量指标及其影响因素分析[J].科教导刊(上旬刊),2016(34):179-181.

[26] 马晴,魏扣,郝琦.档案生态系统构成要素及其关系研究[J].档案学通讯,2016(06):20-25.

[27] 王方,王根发,刘晓青.高校档案信息生态链解析及其优化路径选择[J].兰台世界,2016(05):11-14.

[28] 李琴.信息生态视角下公共档案馆信息服务质量评价研究[D].郑州航空工业管理学院,2021.

[29] 沈昊.信息生态视阈下电子健康档案安全研究[D].河北大学,2016.

[30] 蒋录全,邹志仁.信息生态学——企业新管理的新范式[J]图书情报知识,2001(3):3.

高校校史文化的功能定位及其实现研究

佟 杰 张 露 赵一娜

摘 要：高校校史文化作为校园文化教育的一个重要组成部分，对高校的发展和建设起着非常重要的作用。以北京航空航天大学为例，剖析高校校史文化的功能定位主要体现在传承红色基因、助力学生思想政治教育、培养学生爱国荣校等方面，可以采取深入挖掘校史文化，以公众号推广、校史书籍发放、新生校史文化教育等措施加以实现。

关键字：校史文化；功能定位；推广性；思想政治教育

一、引言

高校校史文化作为校园文化的一部分，近些年越来越受到各高校的重视。高校校史作为一个学校的文化脊梁，体现着这个学校的精神和内涵。随着一代又一代建设者的不断挖掘与梳理总结，高校的历史文化底蕴与核心价值日益清晰。

在高校的校史文化被挖掘的过程中，我们会发现很多对学校发展有帮助的史料，这些史料是一个学校发展的历史印记，也是一个学校的灵魂。这些史料可以作为新生思想政治教育的素材，为新生的入学教育提供良好的教育素材。

二、高校校史文化的功能定位

（一）传承历史文化

高校校史文化承载着学校的历史积淀和传统精神，通过传承校史文化，可以使学生、教职员工和校友们了解学校的发展历程、学术传统和价值观念，增强对学校的认同感和归属感。以北京航空航天大学为例，北航自1952年10月25日成立以来，已走过71年岁月，在这71年中，北航从筹建，到成长，再到如今逐步发展成双一流建设高校，其中承载了71年来，北航人艰苦奋斗的历史进程，在这个过程中，一代代北航人通过自己的辛苦努力,建设北航、发展北航、同时又被北航的历史文化激励着。

（二）塑造学校形象

高校校史文化是学校的重要象征和代表,它体现了学校的办学理念、特色和成就。通过展示学校的校史文化,可以向外界展示学校的学术实力、人才培养成果和社会影响力,提升学校的知名度和美誉度。以北京航空航天大学为例,71年来,北航人坚守为党育人、为国育才的初心使命,20多万名毕业生奋斗在祖国各行各业,培养出一大批学术精英、专业人才和治国栋梁,塑造了为国而生、与国同行的光辉形象。

（三）促进学术研究

高校校史文化作为学术研究的重要对象,可以为教师和学生提供丰富的研究资源和学术素材。通过对学校的校史文化进行深入研究,可以挖掘学校的学术传统、学科特色和学术成果,为学术研究提供重要参考和借鉴。71年来,北航始终坚持服务国家、为国铸剑,突破关键核心技术,打造国之重器,淬炼出空天报国的精神。

（四）培养学生综合素质

高校校史文化教育是学生综合素质教育的重要组成部分。通过学习和感知学校的校史文化,可以培养学生的历史意识、文化自信和社会责任感,增强他们的人文素养和社会意识,培养具有良好道德素养和社会责任感的公民意识。

（五）弘扬精神文化

高校校史文化中蕴含着学校的精神文化内涵,如创新精神、求真务实、奉献精神等。通过弘扬这些精神文化,可以引领师生树立正确的人生观、价值观和世界观,激励他们积极向上、追求卓越,在学术研究、社会服务和国家建设中发挥积极作用。回顾北航71年创业兴学的不平凡历程,呈现在我们面前的是北航人筚路蓝缕、艰苦奋斗、敢为人先、励精图治、为国家发展和社会进步贡献智慧和力量的壮丽画卷。

高校校史文化是一所高校的灵魂,体现了高校的发展脉络,以及在这个过程中凝练出来的高校精神,它承担着弘扬校园文化、宣传校园文化的重要作用,随着时代的发展和教育事业的不断进步,高校的校史文化越来越受到高校的重视,而如何深入挖掘校史文化资源,将这些资源转化为学生教育与发展的基石,不仅是对校园文化的传承,也是为校园文化的建设开拓了新的思路,可以说既提供了新的途径,又找到了新的方向[1]。

(一)高校校史文化的育人功能

高校校史文化蕴含了学校发展的精神内核,以北京航空航天大学为例,1952年,新中国第一所航空航天高等学府——北京航空学院成立。在党的坚强领导下,70年来,在19位书记、13位校长和历任领导班子的带领下,北航人砥砺奋斗、创造积累、服务国家,从初创时期的2个系,到今天涵盖10个学科门类、拥有38个学院、60个本科专业、23个博士学位授权一级学科点、40个硕士学位授权一级学科点、20个博士后科研流动站的综合大学,实现跨越发展,结出累累硕果,书写了北航"空天报国"的光辉历史。可以说,"空天报国"作为北航精神的内核,引领着一代代北航人艰苦奋斗,服务国家。

成立之初,第一代北航人听党话、跟党走,把红色航空工程师作为培养目标,把服务国家战略需求作为历史使命,以航空报国的火热情怀投身学校和国家建设,在白手起家、艰苦创业的历史进程中,砥砺奋进。

随着学校的发展壮大,"空天报国"一直扎根在每个北航学子的心中,在校园建设的过程中,北航人"工棚里上课,路灯下读书",以主人翁态度和革命乐观主义精神对待困难,"呈现一片热气腾腾的乐观景象"。为了以最快速度培养出国家急需的航空人才,学校采取"先搬过来后消化"的方针,基本仿照、莫斯科航空学院的教学计划,初创教学体系,组织赴苏留学、安排工厂实习。老师们一边学习俄语、一边编译教材、一边开展教学,生动地形容这是"放下水去学游泳"。

正是这样一段历史,每每为学生讲述,学生都深有感触。可以说,历史是最好的教科书。高校校史是大学的文脉传承,与国家、民族的发展相伴而生,既凝聚着丰富的时代内涵,又具有鲜明的特质,是大学重要的育人源泉。充分挖掘校史文化资源,以大学变迁和发展过程中的标志性事件或者人物故事等为素材创作校史文化产品,以舞台剧、微电影、主题展览等多种形式生动诠释大学的文化与精神,并融入大学课程和文化建设,这对于广大师生校友而言,具有天然的认同、聚合和引领作用,有助于激发师生校友的深厚家国情怀和不懈奋斗精神,进而形成教师、学生和校友教学相长、相辅相成的大学文化育人共同体。

（二）高校校史文化推动校园文化的发展

高校的发展史，是一部高校从成立之初到发展壮大的辛酸血泪史，体现着一所高校的发展历程。彰显着一代又一代的有志青年，不断将青春与热情投入学校发展中的向上奋进的情感。可以说，校史文化作为校园文化的载体，承载着校园文化的价值[2]。

同时，校史文化服务于校园文化。校史文化作为校园文化的重要组成部分，不仅包括了丰富了的物质文化，同时也彰显了一个学校特有的精神文化。校史文化服务于校园文化的发展，可以说，在校园文化建设的过程中，校史文化不停地服务于校园文化，为校园文化建设提供了丰富的史料资源[3]。为校园文化的建设打开了坚实的基础。

当然，校史文化也一直推动着校园文化的发展。校史文化中，体现出的一批批优秀典型，作为广大师生校友的精神榜样，一直激励着大家的成长，正是这种榜样的力量，推动着校园文化的发展和校园文化的建设[4]。

以北京航空航天为例，1952年，学校招收新生499人，在校学生1094人，在首批学生中培养出了大批优秀人才，走出了6位两院院士和1位国际宇航科学院院士。1958年以后，学校力图摆脱苏联教学模式，探索适合我国情况的航空航天教育道路。1959年，建校仅7年的北京航空学院被指定为全国16所重点学校之一，这是党中央对学校办学成果的重要肯定。这一时期，学校成立了全国第一个火箭系，明确了以飞机、导弹并重的发展方向。同时，建立了一批实验室，在新中国流体力学专业奠基人陆士嘉先生等一批科学家的带领下，学校初步具备了为国家科学技术发展作出贡献的能力，揭开了以教学科研共同服务国家战略需求的序幕。在这样的大背景下，学校师生提出了"真刀真枪"做毕业设计，"设计制造一种真实飞机"的想法，得到积极响应，也得到了周恩来总理的支持和肯定。1958年，在武光院长提出的教学与科研、设计、试制"四结合"的引领下，学校师生"大战一百昼夜，送三个型号上天，向国庆献礼"。这里我们用艺术场景再现了师生组装中国第一架轻型旅客机"北京一号"的场景，天花板上悬挂着100盏灯，代表着100个连续奋战的不眠之夜。在徐鑫福、何庆芝、曹传钧、文传源等的带领下，由北航师生设计制造的"北京一号""北京二号""北京五号"先后直上云霄，创下多个型号第一的记录，将学校教学科研推向又一个高潮。

正是这些优秀的建设者和指挥者,以及这些优秀的校友,为后面的师生校友们树立了良好的榜样的作用,带领着广大的师生校友们,不论在什么样的岗位上,都为祖国的建设作出自己的贡献。

(三)适应时代发展,使校史文化的积极作用得以升华

高校校史文化的发展离不开校史研究人员的专业化、信息化水平,只有有了一支专业的校史研究队伍,才能将校史研究适应时代的发展。如何更好地利用信息化手段,依托专业的校史文化研究队伍,推进校园文化建设。在信息化发展的新时代,通过数字技术、网络技术等先进手段,通过公众号、互联网的传播方式,借助手机终端,向广大师生校友展现校史文化的新面貌是我们共同研究的课题[5]。

以北京航空航天大学为例,北航校史馆借助公众号等融媒体平台,通过各个专栏,将口述北航、北航人物、北航故事、北航情怀等专题展现在广大师生校友面前。依托对北航建校以来各个岗位优秀教师的采访,将稿件进行记录、整理、出版,形成《口述北航》图书;通过对校史档案的收集、整理、电子化存档,从而实现校史文化的信息化建设,为后续的学生思想政治教育开辟新领域打下坚实的基础,并以公众号的形式进行推广;通过对校史文化创意产品的研究、开发与制作,成立教师指导、学生参与的校史文化创意开发团队,形成系列文化创意产品,在校庆期间进行宣传推广。

同时,以本研新生为依托,出版校史小故事图书《航路识英》,通过给新生发放校史小故事图书,将校史教育与学生思政教育相结合,创新校史文化建设的功能定位与实现方式,并将这些融入学生思想政治教育中,以校史文化进课堂或者推送等形式,将校史文化建设深入广大学子的心中,以文化人、以文育人,增强广大学生的文化自信、激发广大学生的爱国热情、爱校热情,实现校史文化在学生思想政治教育方面的不断创新。

三、高校校史文化的实现路径

(一)建设校史文化教育体系

高校可以建立完善的校史文化教育体系,包括开设相关课程、组织校史文化讲座和研讨会等形式。通过系统性地传授和宣传学校的历史、传统和文化,使师生深入了解学校的发展历程和精神内涵。

（二）建立校史文化研究机构

高校可以设立专门的校史文化研究机构或研究中心，聚集相关学者和专家，开展深入研究和探索学校的校史文化。这些研究成果可以为学术界和学校管理层提供重要的参考和决策依据。以北航为例，北航专门成立了校史与文博馆，下设校史编研室，用于进行校史文化研究。

（三）创设校史文化教育场所

高校可以建立校史文化教育场所，如校史陈列馆、纪念馆等，用于展示学校的历史文物、珍贵档案和重要文献资料。这些场所可以成为师生了解学校校史文化的重要窗口，也可以吸引校友和外界人士前来参观和学习。2022年10月，在北航建校70年之际，北航新校史馆揭牌仪式举行，历时一年半时间，面积近3000平方米的新校史馆终于与广大师生校友见面，到目前为止，共完成了近23000人次的参观，作为别航校史文化教育场所之一，发挥了重要的作用。

（四）开展相关活动

高校可以定期举办与校史文化相关的活动，如校庆活动、学术讲座、文化展览等。这些活动可以增强师生和校友对学校校史文化的认同感和归属感，也可以吸引外界的关注和参与，推动校史文化的传承和发展。以北航为例，每年新生入学的时候，会为新生发放新生校史小故事丛书，通过送书活动，拉进校史文化与学生之间的距离。

（五）引入多媒体技术

高校可以利用多媒体技术，如虚拟现实、互动展示等，创新展示学校的校史文化。通过数字化的手段，可以将学校的历史故事、名人事迹以生动形象的方式呈现给师生和校友，提升他们的学习和体验效果。在北航新校史馆里，电动沙盘向学生展示了北航从无到有的过程，一座座建筑物的建设，一座座校区的建设，以动画的形式，形象地向学生展示了北航的建设过程。

（六）加强校史文化教育管理

高校可以建立健全的校史文化教育管理制度和机制，将校史文化教育纳入学校的发展规划和管理体系。通过加强组织领导、资源投入和监督评估，确保校史文化教育工作的顺利进行和效果呈现。加强校史文化的制度化建设，也是北航校史文化建设的发展目标之一，到目前为止，我们制定了《北京航空航天大学实物管理办法》和《北京航空航天大学口述管理办法》，为校史文化的规范化管理提供了依据。

高校校史文化是一个学校在发展进程中总结梳理高校精神的素材支撑，以北京航空航天大学为例，71年创业兴学、71年砥砺奋进、71年筚路蓝缕，淬炼践行了"空天报国"精神，在这71年间，学校培养了多名两院院士、航空航天领域杰出人才以及各个领域的杰出校友。可以说，北航用实际行动回答了和回答着"培养什么样的人、如何培养人、为谁培养人"，每个时代都交出了优异答卷。正是这份答卷，将北航的校史文化融入到北航的发展进程中，同时，又激励着一代又一代的北航人不断奋发向前，可以说，将校史文化进行推广，可以更好地建设高校、服务国家。在党和国家的深切关怀下，北京航空航天大学七十载空天报国，新时代逐梦一流，以习近平新时代中国特色社会主义思想为指导，立足两个大局，心怀国之大者，以服务国家为最高追求，落实立德树人根本任务，传承弘扬空天报国精神，奋力探索建设中国特色、世界一流大学的新路，为全面建成社会主义现代化强国贡献新时代的北航力量！

推广高校校史文化就是将校史与发展相联系，将高校精神在发展中得以升华，正是这种升华，可以让学校站得更高，走得更远。

四、结束语

高校校史文化建设是一个持续性的工程，它将伴随学校的发展展示出其独特的功能性和重要性，搭建校史文化的展示平台，更好地将高校的办学传统、文化风貌、历史风采展示出来是我们校史研究者未来的发展方向。

参考文献

[1] 孙喆.校史文化融入高校思想政治教育路径研究［J］.理论观察，2020（1）：54-56.

[2] 蒋旻.发挥高校校史文化的思想政治教育功能探析［J］.教育教学论坛，2017（1）：34-35.

[3] 季卫兵，刘德胜.高校校史教育的功能、内容与途径探析［J］.现代教育科学，2014（7）：62-64.

[4] 章华明.论高校校史研究的学科定位[J].历史教学问题，2018(06)：

104-111.

[5] 赵钊,刘淑妮.基于微信公众平台的高校校史文化研究[J].兰台世界,2017(19):123-125.

后　记

　　为党管档、为国守史、为民服务是档案人的神圣职责和光荣使命。如何在做好档案各项工作、履行好自身职责的前提下，紧跟时代步伐、创新工作局面、推动档案工作高质量健康发展，需要我们档案人认真去思考和探索。

　　2021年以来，北京联合大学档案人以习近平总书记的重要指示和国家档案事业发展规划任务要求为新起点，紧紧围绕数字档案馆室建设、红色档案资源建设等问题进行一系列探索和实践；档案（校史）馆作为学校档案系的实习实训基地，先后承接了2020级和2021级图书情报专业研究生的专业实践教学工作，学生在实践中得到锻炼，教师通过教学获得成长；北京高教学会档案研究分会2020—2021年度科研项目结题，收获了一批在高校档案工作中具有较强推广价值的研究成果。经过精心筛选和专家评审，此次收录44篇成果文章贡献给档案界同仁以参考和借鉴。

　　本书从筹划、汇编到成册历时近三个月时间，期间数次修改完善至最终定稿，得到了评审专家和众多参与人的大力支持。在此向为此书付出辛勤劳动的所有人一并表示感谢。由于我们水平和经验有限，书中必定存在诸多瑕疵，敬请广大读者不吝批评指正。

编者
2023年7月